〈專文推薦〉

我們就坐在宇宙的中心

邱雅惠

在東方的身心保健哲學觀裡，認為一個人的身體出了問題，包括臟器的疾病甚至是細胞突變的癌症，是因為一個人的「氣」不順、阻塞、出問題。所以有許多的人平時會以練氣功來保養身體，如果罹患了疾病，也會加強氣功的療效，轉換好的氣，來尋求自我療癒。

記得前一陣子有位研究磁場的國外學者，專程到台灣來測量台灣幾處的磁場（如：大安森林公園），且提出了「磁場」越強對身體健康愈有益處；還有在台灣也蔚為流行的，並且風靡日本的「風水」，也以各種元素（比如金、木、水、火、土等）的補強、補弱來尋求人與環境之間的平衡與協調，以增進人的健康並祈求財富與平安。

似乎從古至今，各個領域對研究能量的主題，有著高度的興趣，並賦予不同的名稱與效益，想當然爾，科學家更本著想打破一味只是口耳相傳的迷思。提出假設、驗證、科學證據，為能量現象提出合理解釋，如偉大的科學家愛因斯坦最著名的$E=mc^2$方程式，許多的科學家，如本書所提到的

普索夫和海甚，更因為此方程式的啟發，提出更多能量可以轉換質量的科學實驗。事實上，物理實體只有一種：能量。質量並不相當於能量，質量就是能量。既然，無論是世界萬物，我們手中掌握的一切東西，不管是多麼致密，多麼沉重，多麼巨大，在最基礎層級，全都歸結為一群電荷，那我們又該如何更進一步了解這一群電荷，是怎麼主宰著我們的生活？

新時代身心靈導師賽斯是非存在於二次元的意識，對物理學、種種物質實相有其專精的見解，並提出其看法：「每一思想與情感自發地以單一或複雜的電磁單位存在……每個人都無意識地扮演『變壓器』的角色，自動地把非常精密的電磁單位轉化成物質……意識單位帶著電磁電荷組成電磁單位，電磁單位再組成原子，原子再組成分子，分子再組成物質……」也就是我們的思想、情感都是帶著電荷的，這樣的電荷更以其獨特的性質形成強大的引力場，驅動宇宙的無限能量，創造人生的種種事件。

在數年的新時代觀點的洗禮與身心靈實務輔導的經驗裡，我們認為「思想是有力量的」，並藉此來協助癌症個案的療癒，癌細胞可以說是一個人在潛意識裡啟發動了求死的欲望，於是癌細胞就像一股強大的、狂野的能量，除了自身細胞無法正常新陳代謝外，還會侵略其他正常的細胞以帶來毀滅性的效果，所以要回過頭來問這個人的生命出了什麼事？以至於求死的欲望更勝求生的欲望？治療的重點並非只是一味把癌細胞拿掉、操縱物質，而是要更深入這個人的生命內涵，要去轉化的是，是什麼樣的思考模式、情感態度讓一個人想求死？一旦這個人的困頓思想與困境得到了澄清、解決、轉化，而由之升起的是求生的欲望。此刻自身磁場的改變，氣也順了，身體自然會好轉

與療癒。即「以心轉境」、「你，就是世界」等概念，與本書中所列的幾位優秀研究者雅恩等人想證明，在某些層級上心靈是能夠支配物質是不謀而合的。

筆者對本書的結尾深有感觸，科學不只是生冷的數據，而是即將進入一場科學的革命——科學要證明確實有高等意識的存在，人類不只是沒有靈魂的軀殼，我們與所有的生靈全都是息息相關的，我們彼此交流著、共振著存在於宇宙（無論是物質宇宙亦或心靈宇宙）的「電荷」不是嗎？科學不再只是冷感、理性的質疑，更試著帶領我們恢復樂觀的意識，告訴我們始終不是孤單的，始終都是大我整體的一部分，自古以來，我們始終都身處於萬物核心。

邀您一同翱遊這本由理性、感性、超感官能力交織的劃時代作品。

（本文作者為中華新時代協會賽斯學派心靈輔導師）

〈專文推薦〉

充滿靈性的科學佐證

莫雪子

此刻你已經是處在一個療癒場的核心中了，就看你是否察覺到。

新時代的訊息一再告訴我們：思想導引能量，能量跟隨思想，你意識集中的地方，就是能量的焦點，以此思想意識的力量，我們創造了實相。

你可曾想過「思想」是由什麼組成的嗎？人們真能影響他們眼前的現實世界嗎？何謂集體意識、遠距療癒？宇宙的能量共振場是如何形成的？人類意識的相干性可以實際接通宇宙能量場，藉此來保健身心的健康，進而用來療癒別人嗎？心靈治療對肉體的病症又能產生多大的療效？

這些深奧、又帶著些許神祕色彩的大哉問，將在本書中為你一一揭曉。

從多位物理、科學家的文獻中，我們認知人體基本上是碳結構組織，共有二十種不同的胺基酸形成它的生理結構，而大腦是由很多微小的神經細胞所組成，這些神經細胞稱為「神經元」，當神經元伸出微小的觸手和其他神經元相連，組成一個神經網路，而每一處神經元相連的地方，都會蘊

育出一個思想或是一個記憶。這時大腦會透過「聯想記憶」的法則，來建構它各式各樣的概念。

根據普里布蘭姆提出的明證，就一般知覺機能而言，我們的腦部樹突網路從零點場接收資訊的能力有嚴格限制，我們只能調到有限頻率區段。但是每當在靜坐、冥想、放鬆或是在作夢時，我們的「頻寬」也就會相對的擴增，並得以在零點場中接收更多種波長。

威廉・布勞德也認為：我們每個人都能讓願望成真，但要當心你的起心動念。他曾經做過測試，運用意向來促成特定的後果。他發現，只有當他溫和、簡單的許願，而不是運用毅力強求時，測試才能成功。

這就好比你期望自己能夠入睡，你愈努力嘗試，對入眠過程的干擾就愈大。布勞德認為，人類似乎是在一一世間的艱苦、激勵強求，以及在宇宙能量世界放鬆、包容、沉靜的兩個層次中反覆運作。

證據也顯示：心靈能夠支配物質，至少就次原子層級而言。人類意識有力量促使隨機電子裝置有序運作。這也說明為什麼有人對機器有正負面的影響，如果你的電腦、電話包括你所接觸的任何電子用品，在一天當中同時失靈，不要自認是個倒楣鬼，只要重新審視你的心識，扮演好「觀察者」的角色就行了。

書中多位科學家也提供證據，我們的天生自然狀態就是一種「探戈關係」，那是一種相互影響不絕的狀態。如同我們的次原子粒子成分都不能和周圍的空間粒子區隔，生物也不能彼此分離孤立存在。而生命界的自然態顯然就是秩序。

有趣的是，這種「探戈關係」除了擴充到我們的肉身過程，也延伸到我們的思維，無論是在我們的清醒時刻或是夢境中。於是我們和宇宙能量場不停的在進行對話，從那裡取得東西，也讓它更豐富。所以你能理解，我們的智力、創造力及想像力，都不是束縛在我們的腦中，而是與宇宙能量場的互動現象嗎？

在書中第十一章〈蓋亞發出的電報〉一文中也提及，近二十年來，超覺靜坐組織都在進行系統測試、研究，檢視團體冥想是否能夠舒緩世界的暴力和爭端。印度瑜伽大師瑪赫西也認為，個人壓力會導致世界壓力，而團體安寧則會造就世界安寧。

根據「瑪赫西」的效應觀念，規律修習超覺靜坐、團體冥想，會讓你與一種連結萬物的基本源場取得聯繫，而這種概念和零點場相仿，只要投入的人數夠多，協調性就必然會向外傳播、延伸，遍及整個族群。

本書作者琳恩．麥塔嘉，以一個追求真理的人而言，真的值得榮耀。她耗費多時，彙整了幾位窮畢生之力，執著探討及不停辯證的科學家們，他們偉大的科學實驗，為我們啟示浩瀚無邊的「靈性科學」，及壯闊維度的「零點場」如何成為與無垠宇宙聯繫的媒介。

琳恩的這本書，將在新時代的思維中，為我們帶來堅毅的佐證。

（本文作者為臺灣靈氣文化研究協會創辦人、國際卡魯那靈氣臺灣分部負責人、喜馬拉雅生活空間執行長，多年來持續探索新時代的訊息及宇宙能量的研修與運用）

〈專文推薦〉

說奇論異略窺天機

陳國鎮

說到宇宙之大，就覺得自己非常渺小，無數星星和我們總是遙相對望，永遠都觸碰不到。宇宙的年紀有一百三十七億年，而人生一世不及百歲，相形之下可謂剎那即逝。仰望浩瀚長空，不知潛藏了多少神奇與奧妙，窮畢生之力也看不完猜不透，因此常教人不勝唏噓。詩人陳子昂心有所感寫到：「前不見古人，後不見來者，念天地之悠悠，獨愴然而涕下。」芸芸眾生和遙遠的星辰，真的如此漠然疏離嗎？

愛因斯坦的狹義相對論說，任何物體在真空的速率都無法超過光速，人類費了很大的勁才踏上月球，想要再和太陽系其他行星打交道並不容易，想逃出太陽系的束縛，深入無垠的太空和更多星群碰面，那肯定短期內可望而不可及。

人類從遠古以來，就對宇宙萬象充滿好奇、玄想和觀察，有許多民族都知道月運星移，對大地生物的生長收藏有深刻的影響，因此過去的農耕無不順應天時地利，以求取一季或一年的豐收。星

空萬象既然能影響大地的作物，又何嘗不會影響人類？人類會受影響，我們不也和遙遠的日月星辰有所接觸？這樣相連的現象是怎麼發生的，自然科學至今還未能解釋。純粹靠萬有引力嗎？似乎不像！

二十世紀的量子力學，帶給我們許多革新的現象解讀及視野的開拓，讓人了解自然界所蘊藏的可能性。兩屬性相關的東西，經過一段時間後，雖然已經分隔遙遠，但彼此絕非形同陌路、各行其是，事實上它們依舊保有默契，不離不棄。這種「非定域」的性質，不僅出現在微觀世界裡，在宏觀的世界仍然不乏其蹤影，它會不會是除了重力之外，維繫宇宙整體性的另一種連結？

心電感應的現象，自古以來散見在世界各民族的文化裡，為什麼有這種現象呢？因為人類是知覺不錯的生物，在生命的高層次上彼此是互連共源的，所以在生活中，能相知相惜或互相競爭，出現「他心通」的現象。在人類文明史裡，常會發現不同地區的人群，雖然空間相隔遙遠，但是在同樣的時代裡，幾乎一起產生相同的文明活動。這樣的文明同時性，似乎是「非定域」的連結，產生信息共振的結果。

虛空並非虛無空洞，它的零點場潛藏著許多的可能性。根據量子力學的認識，零點場依然是能量起伏震盪，它不是靜止不動的狀態。人類只要能與它產生共振，或許可以為我們找到龐大的能源。現有能源的取得，過度侷限在地球上的物質，對於太空我們的了解還幼稚得很，雖然有數十年太空之旅的經驗，但是那根本不足以掌握太空的實質。

德國科學家波普從實驗中，度量到細胞能夠接收和發射光子。其他科學家的研究也揭示，細胞

並不是靠偶發的碰撞事件來運作，而是仰仗低頻電磁波訊號的媒介與溝通。換言之，細胞的運作要藉電磁波的訊號指揮，因此生命系統的結構雖然極其複雜，但是訊號波在細胞內外的微管中，卻可以保持強度暢行全身，因此溝通上不會發生訊息的交通障礙。這些電磁波波光閃耀，縱橫上下快速地飛馳，傳遞各種美妙的訊息，使生命體成為資訊雲集的動態系統。

水分子是奇妙無比的物質，它們經常隨著環境的變遷而重新組黨結派，形成大小形狀不等的水分子團。不同的水分子團攜帶不同的訊息，對於仰賴水分維生的生物而言，水分子團無疑能深刻而全面影響其生理機能。這種機制可解釋西方傳統的同類療法，為何能採用超高稀釋度的藥液為患者調理身心的機能，進而獲得療癒疾病的效果。

大腦到底怎麼儲存資訊？如何產生認知？怎麼找回記憶？為了解釋記憶資訊遍及全腦的實驗結果，普里布蘭姆將大腦看成全相體，而且將全身細胞也視為記憶體，有些研究者甚至將記憶往上連結宇宙的零點場。這樣的心與腦的認知，對於人類未來的學習、教育和靈感的培養，將會有深廣的影響。這種認知發展更重要的意涵是，眾生的心智活動若交融於宇宙零點場中，則一切生命的表現無非是整體的局部彰顯。於是眾生有同源之親，這不僅能釐清宗教的神祕經驗，也能促進或提升生態保育的發心與作法。

生命有心靈是不爭的事實，科學還不了解這個領域。心靈和物質能否互動？彼此如何關聯的？科學家所能回答的還很有限，但是世界上有些優秀的科學家，已開始謹慎探索這類看似荒誕的問題。首先，他們想確知心靈是否能直接影響物質，也就是想確定「心靈致動」的現象是否屬實。於

是，他們採用亂數產生器做實驗，測試所謂心靈力量較強的人和一般人的影響力。結果發現不假接觸，所有的心靈都能影響亂數產生器，使它變得比較有規律。同時也發現愈是同心同德的人一起做實驗，對亂數產生器的影響也愈大。這不只顯示心物合一不無可能，也說明了心力的協同性，可以增強改變物質的威力。

心靈的功能若能和宇宙的零點場相通，時空概念的建立即來自資訊的讀取、比較和排序，心靈不同的讀取、比較和排序，所得到的時空概念也就不太一樣。何謂過去、現在和未來？其實都是心靈解讀資訊的序列認知。只要心靈功能與零點場的連結方式異動，就會發生許多可能與不可能的時空事件。因此遙遠何異於在眼前，追述往事固然可以，預測未來一樣能夠斷言。

眾生的心靈若能與零點場如此連結，那麼眾生的健康身軀，勢必是順天而昌的系統，當身軀生病時，則它就變成逆天而孤的系統。許多靈療和氣功的調理，就在整頓患者異常的人天連結，使他們能恢復常態的連結關係，於是產生了不可思議的神奇療效。

療癒的方式可近距離施為，也可以透過宇宙的零點場遠距離遙控。這樣的理療原理是現代醫療十分陌生的領域，有些人會認為那是無稽之談而加以排斥。舉凡祈禱、觀想、信仰或真誠的祈求，都有助於整理人天的連結，因此有益於穩定身心或緩解病情，作法恰當者還可能發生奇蹟，讓惡疾轉危為安，從絕症中康復回來。

我們起伏的心念或意圖，也一樣會烙印在宇宙裡，善心惡意都會擾動宇宙的零點場，因此沒有人能完全隱藏自己的心意。古人常說「天會知道」，告誡人們不要輕率升起惡念，如今看來並非虛

擬恫嚇之詞。從善面講，我們所具有的智慧、知識、經驗或心得，何嘗不是宇宙零點場給我們帶來的激盪結果？因此分享生命成長的喜悅，才是順應天道最自然的言行，一切對立、自私、仇恨的對待都違反天道。

宇宙並非了無氣息生機，它是廣大場域的意識體，眾生的意識和它有各種的連結，就像每個細胞和我們有各種意識的連結一樣。山川大地、芸芸眾生各有其意識場，彼此若能相諧就可以生生不息。人類早知道藉由儀式可以強化意識場的連結，於是有些稀奇古怪的儀式所產生的神祕力量，左右著人類文明發展的步調和方向。以研究物質為主的自然科學興起時，這些文明因為無法被化約或量化，常被斥為怪力亂神而大加撻伐掃蕩。

然而，現在是電子和電磁波大量傳遞資訊的時代，電子和電磁波是比較容易受意識場影響的媒介，因此有些科學家以這類媒介做成隨機事件產生器，偵測意識場的存在與其作用力，發現意識場確實能左右這種儀器的運作，使它發生明顯的偏向。科技未來的發展，將更明確揭示宇宙萬物乃一體多面相的事實。此趨勢的進展，在上個世紀初，已經由量子力學揭開了序幕。

全球有無數的神奇事件、意外發現和各種研究的結果，這些異類的探索資訊，實非一般人所能蒐集齊全且條理導讀。今有作者琳恩．麥塔嘉搜集世界各國的科學家以不同角度的科學方法，驗證人與宇宙間能場共振等事實，從而申論意識運作的新看法，實在教人好奇興奮不已。其中運用量子力學的理論，雖然仍有待更中肯清晰的思辨、驗證和詮釋，才可能逐漸解開其中的奧祕機制，但是讀者若能敞開心胸閱讀此書，實可廣拓想像的空間，讓自己的生命及宇宙觀更為豐富、活潑。畢竟

「天地之大，無奇不有」，人生百歲彈指即過，五官的感覺十分狹隘，讓心靈自由翱翔於九天之上尚且迫不及待，又何苦自囚於現有典範的思維中！

（本文作者為東吳大學物理系教授）

〈專文推薦〉

面對真相再學習

章成

大學時代，我對夢很有興趣，有一年半的時間持續每天記錄自己做的夢，還會對夢中的象徵試著進行解譯，想找出和我個人生活或潛意識的關連。有一天我記錄了一個夢，內容很短，夢見了李登輝先生在黑板上寫了許多具有重複性或配對性的數字，並整齊的排列著。我試著去感覺李登輝先生對於我的意義，以及整個場景給我內在的感覺，我在紀錄中猜測，此夢是反映我那時生活中的某種心情。

當時是大三暑假，我因為打算考研究所（我念的是電機工程學系），從台中到台北來補習。記錄了這個夢的第二天，我去補習班上第一天開課的「工程數學」，結果老師一進來，我愣住了，他長得非常神似李登輝先生，接著整堂課都在黑板上寫滿如同我夢見的配對性代號，原來第一堂課就從工程數學當中的「序列」開始複習起。

如同謎底揭曉般，一瞬間推翻我昨天試圖進行的所有心理分析，這是一個預知夢！

很多人都說有過「似曾相識」或是「這個當下好像之前有夢過」的經驗，但由於事前未有確實紀錄，也可以說是死無對證。然而這次我卻證據確鑿地證實了夢可以預知。

然而這其實帶來相當大的心理衝擊，簡單說，如果未來確實不存在，那我就不可能從不存在接收到任何訊息。而我們一直認為夢是睡眠時腦部活動的一種現象，那麼，我們的腦為什麼有能力在事前勾勒出一件，我根本沒有能力去主張的外部事件呢？如果正面的去面對、去思考這個發生，那麼似乎某些很根深柢固的信念將被顛覆。

到了出社會之後，另一件更令自己深深震撼的經歷發生了。當時我住在台北的一個小雅房中，時間大約是中午一點，我坐在床上面對著電視機，床上放著一碗正在泡的泡麵，我開著電視，卻將音量選擇為靜音。

我一向比較喜歡吃泡得半生的泡麵，但是當我受到電視節目吸引了一陣子想起來的時候，泡麵已經泡過頭了，於是我趕緊想拿起筷子來吃，卻找不著剛剛明明就放在身旁的筷子了！我甚至起身仔細搜尋周遭，仍遍尋不著。一兩分鐘後我毫無所獲的坐回床上，腦子已經沒了辦法，然而這時候，一個意念卻在我腦中突然出現：「把電視聲音打開，就能找到泡麵筷子。」

這個非常突然又突兀的意念，讓我清楚地注意到它，本來立刻要去拿電視遙控器的手，卻停在半空中，因為我覺得很荒謬。「為什麼電視機的聲音會跟泡麵筷子有關連呢？這完全沒有邏輯啊！」我停下來想著，聲音是無形的，筷子則是個物體，怎可能只是把電視機的聲音打開，我就能找到泡麵筷子呢？如果聽從這個意念的話，簡直太荒謬了，可是我的心卻怦怦地跳著，其實潛意識

更害怕的是，萬一這是真的。

就這樣杵在那個要不要做的當下一會兒之後，我安慰自己說，雖然我覺得很瘋狂，但反正我周邊沒別人看見（沒有人會笑我），那試試看有何關係呢？於是我伸出右手，轉身去拿被我放在身體右後方的遙控器。

恐怖的事發生了，就在我的右手指尖碰到遙控器的那個精確的同時，因為轉動身體而無意間帶動的左手指尖，掃進了床上的棉被底下，碰到了那一雙免洗筷子！原來它不知道在什麼時候被推進棉被底下了！

我還清晰的記得，我整個人停在那個瞬間的姿勢——扭轉的身體，兩隻相反方向的手，一端摸到遙控器，一端摸到筷子！我說不出話來。因為這個意念不是告訴你筷子在哪裡，而是告訴你去執行一個看似不相干的動作，可是這個動作將會帶動另一隻手，讓這隻手探觸到某一個特定的位置，碰觸到筷子。

誰能去計算出這種事情？我甚至覺得用「高度智慧」也不足以形容，但它確實發生了。我無法解釋這個經驗，當時的我卻覺得我的世界好像要崩裂。

即便我們堅稱，全天下的天鵝都是白的，但要證明這是錯的，只需要遇見一隻黑天鵝就夠了！只需要一隻就夠了。

我並不認為現今許許多多科學家真的具有科學精神，因為他們繼續對那些黑天鵝視而不見，即便有些也曾經出現在他們自己的生命中。但我卻能夠了解那種自己的世界可能崩裂的感覺，不過我

聽過一句話，它說：「當你的內心出現恐懼的時候，那正是告訴你：『該往前走了！』」

距離這兩次經驗，已經又過了二十多個年頭了，現在的我，已經習慣了以超越五官的方式來接收訊息，幫助我的個案，而我的十本書中有四本都是來自信息場的訊息——也就是俗稱的通靈著作。這些對我而言已經是生活的一部分，而我所收到的訊息，與本書所談論的許多觀點也有相通之處。

「面對真相再學習，人生才不會萎縮。」這是高靈曾經告訴我的話，感謝書中這些優秀的科學家敢於面對自己最真誠的心，去碰觸更深邃的宇宙實相。我相信勇於面對真相、追尋真相，人類才能擴展自己的意識，突破時代的瓶頸，在下一個更高的層次與宇宙共同創造。

（本文作者為心靈作家，著有《與佛對話》、《神性自在》）

目錄
contents

目錄
contents

目錄

contents

目錄
contents

目錄
contents

目錄
contents

序言
即將來臨的變革

我們正處於一場革命的開端——和愛因斯坦發明相對論所引發的那場變革同樣大膽，影響同樣深遠。科學最前線的新觀念紛紛浮現，質疑我們對世界運作的一切信念，也挑戰我們對自己的定義。這類發現證實宗教向來的主張是對的：人類的非凡特性，遠遠凌駕肌肉和骨頭的組合。從最根本層次來講，這門新科學對困擾科學界數百年的幾項問題提出解答。從最深遠範疇而論，這就是一門研究超自然奇蹟的科學。

幾十年來，深受尊崇的科學家分就多種專精領域，在世界各地精心設計、執行各式優異實驗，所得結果悍然違背當代生物學和物理學原理。總括起來，這類研究產生了豐富的資訊，讓我們更理解支配人類身體和宇宙其他現象的核心組織力量。

他們的發現令人驚訝莫名。從人類的基本原理來看，我們並不是種化學反應，而是種能量蘊藏。人類和一切生物，全都是一股能量場裡面的能量組合，而且和世界上的其他東西全都彼此相連。這種脈動能量場，就是我們的本質和意識的核心動力機，我們整個存在形式的組成要素。

我們的身體和宇宙之間並沒有「我」和「非我」之二元分際，這其中只有一個基礎的能量場。這股場就是我們心智最高功能的成因，指引我們的身體成長的資訊源頭。那就是我們的腦、我們的心，還有我們的記憶——沒錯，那正是古今世界的藍圖。決定我們健不健康的最後決定力量，並不是細菌或基因，而是必須引用這股力量，身體才能擺脫病痛。我們都隸屬這個世界，投入其間，也無法與之分割，而我們唯一的根本真理，就是我們和世界的關係。「場，」愛因斯坦曾經扼要說明，「就是唯一的實相。」

直到最近，生物學和物理學都還是牛頓的僕役，支持這位現代物理學之父所擁護的觀點。我們對所處世界的一切信念，還有我們在世上的地位見解，全都引申自十七世紀時期構思的觀念，而且時至今日，這依舊是現代科學理論的骨幹。根據這些學說，宇宙間的所有元素都是彼此獨立，可以分割，還完全自成格局。

追根究柢，這些便造就出一種帶分離屬性的世界觀。根據牛頓所描述的有形世界，物質分子是各自遵循若干運動定律，在時間和空間裡面移行——宇宙是一部機器。在牛頓構思出運動定律之前，法國哲學家笛卡兒已經開創新局，想出革命創見，他認為我們（心靈之代表）和構成我們身體的無生命物質是兩回事，身體只是種運作順暢的機器。世界是由一批互不相干的細小物體所構成，而且其個別舉止都能預料。這其中疏離最甚的就是人類。我們身處宇宙之外，冷眼旁觀。儘管基於不明原因，我們的肉體和真正的自我分離，不過我們還有「另一個」我，也就是意識心靈來做觀察。

牛頓的世界或許始終依循定律運行，卻總歸是個孤寂的荒僻處所。世界是個龐大的齒輪箱，不論我們在不在其中，它都會繼續運行。牛頓和笛卡兒只施出幾手靈巧招數，就把上帝和生命從物質世界抽離，也把我們和我們的意識全都扯離所處世界的核心。他們把心、靈都從宇宙撕開，只殘留一堆環釦相連卻毫無生機的元件。而其中最重要的一點，正如丹納．佐哈爾（Danah Zohar）在《量子自我》（*The Quantum Self*）書中所述，「牛頓的見地把我們從宇宙構造撕扯開來。」

隨著達爾文學說發展，我們的自我形象也愈加淒惻。根據他的演化論，生命是隨機出現、掠奪成性，沒有目標的孤寂處境（不過，目前新達爾文派已經做了理論修正）。要嘛就當最好的，不然就別想生存。人類並不是演化偶發產物。歸結到最底層，人類承續自祖先的龐雜生物遺產，只有一項核心向度：求生存。取食或被吃掉。人性精髓就是種遺傳恐怖份子，能夠有效對付比較弱小的所有環節。生命談不上共有分享、相互依存。生命就是要求勝，要搶先抵達。倘若真的存活下來，那麼就要孤寂棲身演化樹的最頂峰。

這種把世界當作機器，把人類當作求生機器的思維典範，促成我們由技術角度來認識宇宙，然而我們對真正的知識，針對我們至關重大的事項，卻幾乎一無所知。就心靈和形上學層次，機器典範卻造就出最絕望又最冷酷的孤寂感受。這種典範也沒有幫助我們認識人類本質的最根本奧祕：我們是如何思考、生命是如何開始、我們為什麼生病、單細胞是怎樣轉變為五臟俱全的人類，還有在我們死後，人類意識會陷入什麼處境。

儘管這種機械式、分離的世界觀難以令人完全信服，也不符合我們的日常體驗，我們卻也只能

繼續倡導。許多人向宗教尋求庇佑，但求脫離我們眼中那種嚴酷又空虛的存在現況，也祈求宗教中所蘊含的和諧、合一與使命等理想或許能夠提供濟助，然而其所憑藉的世界觀，卻與科學信念相互牴觸。追求心靈生活的人，都要陷入這種對立世界觀困境，徒然掙扎，無法調和兩者所持的觀點。

二十世紀初期，就在量子物理學萌芽之時，早就應該徹底毀棄這種分離的世界。當年量子物理先驅瞥見物質最深層核心之時，都對所見大感震撼。最細小的物質元件，根本不是我們所知的物質，甚至還不是固定不易的「某種東西」；事實上，它在某個時候是某種東西，換個時候又變成完全不同的東西。更不可思議的是，那些元件在同一瞬間還經常有機會變成多種不同的東西。不過最重要的是，只有在與其他一切事物都產生關連時，這類次原子粒子才有意義。就最根本層級，物質並不能切割成自成格局的細小單元；追根究柢，物質是完全不可分割的。只有把宇宙當成相互關連的動態網絡，才能夠認識宇宙。一旦產生接觸，萬物便跨越一切時空，始終保持接觸。的確，時間和空間的觀念，本身就顯得反覆無常，不再適用於這種世界層次。我們心目中的時空其實都不存在，就我們眼界所及，萬象都只不過是此時此刻的一片遼闊景象。

量子物理學先驅歐文．薛丁格（Erwin Schrödinger）、韋爾納．海森堡（Werner Heisenberg）、尼爾斯．波耳（Niels Bohr）和沃爾夫岡．包立（Wolfgang Pauli）都曾涉足形上學，對這個領域也有心得。倘若電子和其他萬物，同時都有連帶關係，那麼就整體而言，世界本質便有其深遠意涵。他們觀測次原子世界，發現奇特現象，於是便轉求哲學典籍，設法理解其中所含的深奧真理。包立細究心理分析論和原型思維，還有猶太教的「卡巴拉」（Qabbalah）神祕思想；波耳

則求助於道家思想和中國哲學；薛丁格涉足印度哲學；海森堡則參考古希臘柏拉圖學說。然而，他們還是無法融會貫通，領悟不出量子物理學的心靈意涵。波耳在門口掛了一幅標誌，上書：「工作中，哲學家莫入。」

那時量子論還有一個很實際的問題有待解答。波耳和同僚們所做的實驗及所學的知識，都只能達到一定程度。他們所進行的實驗，都是以無生命的次原子粒子為對象，在實驗室中演示這種量子效應。據此，隨後的科學家自然而然便都假定這種奇特的量子世界只存在於無生命的物質界，所有的生命依舊依循牛頓和笛卡兒的定律來運作，而這種觀點正是整個現代醫學和生物學的資訊根源。就連生物化學也遵循牛頓力學和物體碰撞現象來運作。

那麼我們呢？突然之間，我們已經成為一切自然歷程的核心，卻沒有人能夠完全體認到這點。量子研究先驅已經發現，我們和物質的牽連至關重大。長久以來，次原子粒子都是以一切可能的狀態存在，最後才受到我們（觀察、測量的行為）的干擾，這才終於固定下來，成為某種實體。我們的觀測行為（我們的人類意識），在這種次原子通量過程中扮演最關鍵的角色，促使它們固定落實，然而海森堡或薛丁格卻完全沒有將我們納入他們的數學運算之中。他們看得出基於某種原因，我們是其中關鍵，卻不知該如何將我們納入其中。就科學而論，我們依舊是身處外界冷眼旁觀。

量子物理的學理分歧始終沒有融合構成一貫的理論，量子物理學也降格為極其實用的技術工具，成為製造炸彈和現代電子產品的關鍵。其中的哲學意涵已經完全被人遺忘，只殘存實用效益。由於薛丁格方程式等量子數學十分好用，因此現代物理學界的一般成員都願意採信量子世界的詭異

本質，然而在面對違反直覺的整個量子現象時，他們卻又搖頭表示無法接受。電子怎麼可能同時和一切事物互通音訊？電子怎麼可能不是固定不變的單一物件，而且要等到經過檢視、測量之後才固定落實？既然是團飄渺幻影，又怎麼可能在你開始仔細端詳之際就真的變成具體事物？

而他們對此的回答是，微小物質有一套真相，巨大物質則另有一套，而生物與無生物的情形亦是如此，我們得接受這種明顯的矛盾現象，就像我們接受牛頓的基本公理一樣。這些都是存在於世界的定律，我們就該毫不猶豫去接受它們。只要這套數學理論有用就夠了。

✧

全球各地一小群科學家不甘於墨守成規，死記量子物理準則。他們要更深入求知，解決還沒有答案的多項重大疑問。他們投入鑽研、進行實驗，尾隨量子物理先驅的腳步，從足跡盡頭接著走下去，然後開始更深入探究。

好些人又想起幾則方程式，重新審視這些向來被量子物理學排除在外的式子。這些方程式代表零點場——萬物中介空間裡面的微觀振動汪洋。他們想到，若是在構思物質最基礎本質時，也把零點場納入，那麼宇宙的這種最底層基礎，就是一片能量翻騰大海，是個龐大的量子場。倘若這是事實，那麼萬事萬物就全部相互牽連，就像無形的網絡。

他們還發覺，我們也是由同類基本材料所構成。就最基礎層級而言，包括我們人類在內，一切生物都是量子能包，不斷與外界的無窮盡能量大海互通聲息。生物發出微弱輻射，這就是生物歷程

的最重要關鍵。有關生命一切向度的所有資訊，從細胞溝通到浩瀚的DNA控制陣列，全都是藉由量子能級的訊息交流來傳達。就連我們的心智，照理應該要超乎物質定律的「另一個」我，卻依舊是遵循量子過程來運作。思考、感受（所有高等認知功能）全都和與我們的頭腦、周身同步脈動的量子資訊有關。人類腦部的次原子粒子和量子能量大海彼此互動，因此我們才產生知覺。實際上，我們正是和我們的世界共振。

他們的發現很奇特，背離正統學理。他們一下子就對生物學和物理學的多項最根本定律提出挑戰。他們的發現很可能正是關鍵，可以說明世界一切資訊的處理和交換現象，從細胞之間的溝通，到世界整體知覺全都包括在內。他們的構想能夠解決某些深奧的生物學難題，回答有關於人類形態和生存意識的問題。這種所謂的「死寂」空間，說不定正是生命之鑰的藏身處所。

最重要的是，他們提出證據，顯示在我們的最根本存在層次，所有人彼此都有連帶關係，而且和世界也有牽連。他們以科學實驗證明，或許整個宇宙都瀰漫一種所謂的「生命力」，也有人稱之為集體意識，或者以神學術語來講，那就是聖靈。他們提出一種合理觀點，或許能就各方領域通盤解釋人類在過去幾百年來都堅信不移卻苦無確鑿證據，或無法圓滿解釋的各種信念，好比另類醫學的效用，甚至連祈求死後有生都包括在內。就某種意義來講，他們是為我們建立了一套宗教科學。

他們的見解能提升生命價值，和牛頓或達爾文的世界觀並不相同。這種觀念蘊涵秩序和控制，讓我們更有活力。我們不只是大自然的偶發產物。我們的世界有其目的，也有一貫的道理，我們在世上的地位也是如此，而且我們對世界也有重大的影響。我們之所為、所思都有其意義——事實

上，這也正是世界創生不可或缺的要素。人類不再是彼此分離，我們不再是位於宇宙邊陲，不再是從外界冷眼旁觀。我們可以穩站應有地位，回歸世界的核心角色。

✧

這些觀念都構成叛逆要素。在許多情況下，這群科學家都必須投入必敗戰局，和根深蒂固的敵對體制抗爭。他們的研究持續了三十年，大半都沒有獲得認可，甚至還受到壓迫，卻不是由於研究品質的問題。這群科學家都是來自聲譽卓著的頂尖研究機構，包括普林斯頓大學、史丹佛大學，還有德、法兩國的頂尖研究機構，而且他們還完成無懈可擊的實驗。然而，他們的實驗卻挑戰現代科學的核心理念，危及被奉若神明的幾項信條。這些實驗的發現違背了主流科學的世界觀——把世界當成機器的觀念。要承認這類新觀念，就必須把現代科學的信仰棄置大半，而且從某方面而言，也就是要重頭開創新局。

《療癒場》指名的科學家，只是先驅人士中的少數。另外還有許多人緊隨在後，提出質疑、進行實驗、修正自己的觀點、投身鑽研真正探索者都該從事的研究。科學不應該只因資訊不符現有科學的世界觀就斥為無稽，正統科學必須開始因應資訊，調整現有的世界觀。這時也該適度抑低牛頓和笛卡兒的定位，兩位先知提出歷史觀點，如今則已經落後時代。科學完全是種進程，宗旨是要了解我們的世界和我們自己，科學並非一套恆久不變的定律，每當新思潮湧起，舊觀念往往就必須揚棄。

《療癒場》陳述這場變革的發軔歷程。就像多起革命一樣，剛開始也只有一小群叛逆份子，他們分頭進行集結眾力並凝聚氣勢（在一個領域成就突破，在其他方面產生發現），而非齊頭並進的從事大規模改革運動。儘管他們對彼此所作研究都有認識，不過這群男女都是實驗學家，通常並不喜歡大膽逾越實驗分際，全面檢視所做發現有何蘊涵，或許他們也不見得有空，沒有時間比對最新科學證據來探察究竟。這群科學家分頭踏上發現之旅，也各自找到一桶泥土，卻沒人有勇氣宣布這是一片大陸。

《療癒場》就是這方面的初期代表作品之一，本書試圖整理分歧研究，統合構成完整體系。在此同時，本書也針對大體上都屬於宗教、祕術、另類醫學或新時代思維等領域，採科學方法來驗證虛實。

儘管本書的論述內容，都是以嚴謹科學實驗為憑據，偶爾我還是要揣摩推敲，由相關科學家提供協助，幫我統整拼出全貌。於是我必須強調，就如普林斯頓榮譽退休院長羅勃特．雅恩（Robert Jahn）經常說的，這套理論是一項「進行中的研究」。《療癒場》部分篇幅所提出的若干科學證據，有些還沒有經過其他獨立團體重做驗證。所有新觀念都必須以初期嘗試視之，《療癒場》也是如此，本書試圖彙整個別發現，統合構成模型，其中部分將來必然要再做琢磨。

同時我們最好把一句著名格言謹記在心：正確觀念永遠無法被徹底證實。科學充其量也只能否

定錯誤的觀念。本書詳盡說明的新觀念也歷經考驗，若干知名科學家便曾經以正當實驗作法，多方嘗試想要讓這類觀念名譽掃地，不過至今還沒有人辦得到。除非有證據批駁或再做琢磨，否則這類科學發現依舊成立。

本書是為一般讀者撰寫，為了以淺顯內容來傳達十分複雜的理念，我經常必須借用隱喻，這就只能粗淺顯現真相。有時候，本書所呈現的新觀念相當極端，必須耐心鋪陳，我也無法保證這些部分都很容易讀懂。就篤信牛頓、笛卡兒的讀者而言，書中有些理念會顯得相當艱澀，因為在我們眼中，世界萬物往往都是毫無糾葛的分離單位。

我也必須強調，這些全都不是我的發現。我不是科學家。我只是個記者，偶爾也做點詮釋工作。榮耀要歸於從事實驗工作的男女學者，他們多數都默默無聞，只是在日常工作中發覺、領悟了驚人真相。然後他們的研究成果往往就在他們沒有完全知情的情況下改頭換面，演變成探究不可能物理現象的學問。

琳恩・麥塔嘉，二〇〇一年七月寫於倫敦

第1篇

共振的宇宙

現在我知道我們不是在堪薩斯了。

——桃樂斯，《綠野仙蹤》（*The Wizard of Oz*）

第1章 黑暗中的光明

艾德．米切爾（Ed Mitchell）的遭遇，或許是無重力現象造成的，也或許是由於他的感官全都受到扭曲。當時他已經在返航途中，距離約還有四十萬公里，老家就位於雲層掩映、藍白相間的新月形地表某處，透過阿波羅十四號指揮艙的三角窗間歇可見。

兩天之前，他成為第六個踏上月球的人。旅程圓滿成功：那是第一趟肩負科學研究工作的登月任務，所掌握的九十四磅岩石、土壤證明了那項成就。儘管他和他的指揮官艾倫．薛帕德（Alan Shepard），都沒有登上那座標高約兩百三十公尺的古老圓錐隕石山峰頂，不過其他表定項目則全都實現了。那張羅列詳盡的工作計畫表，就貼在他們的腕部，幾乎是把兩天行程的每分鐘事項全都詳盡列出，而且也都條理完成。

他們還有一點考慮得並不周延，那就是這處重力微弱、又沒有大氣稀釋作用的無人世界對感官會產生何種影響。那裡沒有樹木或電話線一類的路標，事實上，在那片滿布塵灰的景觀裡面，就只有狀似昆蟲的心宿二號金色登月艙，他們對於空間、尺度、距離或深度的感覺，全都受到嚴重扭曲；早先米切爾就已經駭然發覺，在高解析照片上小心註記的每個導航點，距離全都至少是預期值

的兩倍。那就彷彿是在太空航行期間，他和薛帕德都縮小了，而從老家看來似乎是細小凸丘和脊線的月面構造，突然間全都膨脹兩公尺或更高。另外，在他們自覺尺寸縮小之際，同時也比以往都更輕盈。他體驗到一種古怪感受，由於弱重力拉扯，他覺得本身很輕盈，而且儘管身上的笨拙太空裝既沉重又臃腫，但每踏出一步，他卻都有浮力撐持的感覺。

那裡還有太陽的扭曲效應，在這個沒有空氣的世界裡，陽光清亮不受絲毫擾動。在這種眩目陽光之下，就連較寒冷的早晨，在還沒有達到攝氏一百三十度最高溫度之前，隕石山、地標、土壤和地面（甚至連太空本身）整個一片澄澈，醒目浮現。就習慣於大氣柔和濾鏡作用的人而言，那種鮮明陰影輪廓，那種青灰色土壤的變幻色彩，完全是在玩弄詭計矇騙雙眼。有一次他和薛帕德距離圓錐隕石山邊緣還不到十九公尺，大約只剩下十秒鐘路程，他們卻深信自己沒辦法及時抵達，結果便掉頭返回——這項疏失後來讓米切爾痛自悔恨，因為他一直期盼能夠到那裡看個仔細，好好打量月面高地那處直徑三百三十五公尺的穴內景觀。他們的眼睛不知道該如何詮釋這種超視覺狀態，視野所及沒有東西存留，卻也沒有東西藏匿不見，而所有東西也都少了細節。放眼所見盡是鮮明對比和陰影，讓眼睛不知所措。就某種意義來說，他雙眼所見比他歷來所見全都更鮮明，卻也更加模糊。

發自內心的理性領悟

排定的密集活動執行期間，他們幾乎都沒有時間反思懷想，或者針對這趟旅程更恢宏的目的做任何思索。他們在宇宙間的航行距離已經超過之前的所有人，然而肩上的重擔卻令人氣餒，他們知

道自己每分鐘都要花美國納稅人二十萬美元，老是覺得得不斷注意時間，時時檢視休士頓為他們規畫的繁忙進度，把表定細項逐一完成。直到登月艙和指揮艙重新接合，以兩天行程返航地球時，米切爾才能夠把沾滿月球土壤的太空裝脫下來，身著長內衣褲放鬆心情，設法釐清思緒，把他的挫敗和紛雜心思稍做整理。

小鷹號緩慢轉動，就像鐵叉上的烤雞，這是為了平衡太空船各側船身所承受的熱效應；而在緩慢繞轉期間，透過窗戶可以看見地球間歇進入眼簾，在吞沒一切的暗夜星辰當中，地球只是顆渺小的新月星體。從這個角度來看，當地球和太陽系其他範圍變換位置，進出視野，這時的天空並非只是位於那群太空人的上方，它和我們平常所見不同，是一種無所不包的實體，從四面八方把地球包覆在內。

就在那時，米切爾朝窗外凝望之際，經歷了這輩子最奇特的體驗：那是種「相連合一」的感受，彷彿所有行星和歷來所有的人，全都以某種無形羅網交結相依。片刻，那種恢宏格局讓他幾乎喘不過氣來。儘管是照常轉動旋鈕、壓摁按鈕，他卻覺得自己脫離了身體，彷彿是另一個人在執行導航。

似乎是有種強大的力場把所有的人連結起來，把他們的意向和思維，還有每隻動物，連同一切無生命物質形式，上下古今完全包納。他所有的舉止思緒全都會影響無垠宇宙的其餘部分，而且無垠宇宙間的一切事件，對他也都會有雷同影響。時間只是一種人為構造。他覺得自己過去所學有關於宇宙，還有人類與事物有別的一切道理全都錯了。沒有偶發事件或個別意向。歷經幾十億年綿延

不絕的自然智慧，冶煉出他這個人的構成分子，同時也促成他本人這趟航行。這不只是一種心智的理性領悟，更是發自他內心深處，排山倒海的感受；就彷彿是肉身向外延伸，跨出窗外，直抵無垠宇宙所能企及的最遙遠疆界。

他並沒見到上帝的臉孔。那不像是正規的宗教體驗，還不如說是了悟至理的眩目顯現——東方宗教常以「一體忘我」稱之。在那一剎那，米切爾彷彿發現且感受到了「至高力量」。

他偷覷薛帕德和阿波羅十四號任務的另一位太空人斯圖．羅薩（Stu Roosa）一眼，尋覓他們是否也有這類體驗的蛛絲馬跡。不過，此時薛帕德和斯圖顯然都正下意識地從事他們分內的工作，因此他完全不敢提起，沒有談到他心中開始湧起的感受，他覺得那是他生命當中至關重要的關鍵時刻。

祕密實驗

在整個太空計畫當中，米切爾一向有點特立獨行，而且以他四十一歲的年紀，儘管還是比薛帕德年輕，在阿波羅計畫成員當中肯定算是比較年長的一員。噢，就這部分，他的模樣和舉止都很適切，他一頭黃棕色頭髮，闊臉，中西部人長相，而且語氣慵懶，講話慢條斯理，就像是商務航機駕駛員。

不過，在旁人眼中，他還帶點知識份子氣息：成員中唯一同時擁有博士頭銜和試飛員資格的人。他進入太空計畫的途徑肯定算是異數。他認為在麻省理工學院拿到天體物理學博士學位，會讓

自己變得無可取代（他就是這麼審慎地為進入航太總署鋪路），但他卻是直到事後才想到，以自己在海外累積的飛行時數，還要再做增補才能取得資格。不過，提到飛行，米切爾可算是行家。他和其他同事一樣，也曾經到莫哈維沙漠（Mojave Desert），在查克．葉格（Chuck Yeager）「飛行馬戲班」中隊待了一段時間，讓他們所駕駛的飛機凌駕原本的設計構想，極致發揮性能，甚至還一度成為同儕的教練。

不過在他心目中，與其認定自己是名試飛員，他寧願自許為探索者：當代的真理探詢者。他對科學的興趣，始終和年輕時代對浸信會基本教義派的熱情相持不下。他成長於新墨西哥州羅斯韋爾市並非偶然，那裡正是人類目睹第一起疑似外星人事件的發生地點——距離美國火箭科學之父羅勃特．哥達（Robert Goddard）的住家，只超過約略一公里半路程，而跨過山脈幾公里之外，也正是原子彈最早的試驗場地。科學和靈性在他身上並存著，彼此角逐地位，不過，他期盼兩者能以某種方式握手言和。

此外，他還對組員隱瞞了某些事情。那天傍晚過後，當薛帕德和斯圖在吊床上就寢，米切爾悄悄展開行動，繼續執行在這整趟探月往返航程中持續不絕的實驗。近來，他一直沉浸在意識和超感官知覺實驗，花時間學習約瑟夫．萊因博士（Dr Joseph B. Rhine）的研究成果。萊因是一名生物學家，他針對人類意識完成多項超感官領域實驗。米切爾最近結交了兩位擁有博士學位的朋友，也都針對意識本質不斷進行可靠的實驗。他們都意識到米切爾這趟探月旅行將為他們帶來獨一無二的機會，得以試驗人類傳心術是否能超過萊因博士在實驗室裡使用的距離。這是千載難逢的良機，探知

這種溝通法是否能夠延伸至遠達地表所能夠企及的距離之外。

從就寢時間算起，已經過了四十五分鐘，如同他在航向月球兩天期間的作法，米切爾取出一個小型手電筒，在寫字夾板紙上任意寫下幾個數字，分別代表萊因博士著名的齊納符號（Zener symbols），包括：方形、圓圈、十字形、星形，還有一對波形線。接著他有條不紊，逐一對著數字凝神專注，試圖把他所選的項目「發送」回老家給那群同事。儘管實驗令人感到振奮，他卻守密不宣。

曾經有次，米切爾想和薛帕德討論意識的本質，不過他和這位上司並不是十分親近，而且其他人也不像他同樣熱中於這樣的話題。脫離地球進入太空的太空人，有些曾經想到上帝，而且太空計畫的所有成員也都了解，自己是在尋覓宇宙運作方面的新事物。倘若薛帕德和斯圖知道米切爾努力在把自己的思維發送給地球上的人，他們將會比以往還更加確信他就是個怪人。

米切爾完成當晚的實驗，打算在隔天傍晚再做一次。不過，經過稍早的經驗，他幾乎不覺得還有必要再做了；當時他在內心已有定見，深信人類心智彼此相連，人類和世界上其他的一切全是相連的。他直覺接受這點，但他另一部分科學的理性卻覺得還不夠。往後二十五年間，他一直期望倚靠科學對自己闡明真相。

米切爾平安返家。對當時而言，任何在地球上進行的自然探勘，都無法和前往月球相提並論。

隨後不到兩年時間，最後三次探月航行都由於資金短缺而取消，於是他離開了航太總署，展開一趟真正的旅程。事實將會證明，探勘內太空＊將遠比登月行動或尋訪圓錐隕石山耗時，也困難許多。

米切爾並沒有按照計畫完成所有六次實驗，而且過了若干時間後，他才把自己完成的四次資料拿來和同事在地球上的六段猜測過程所得數據進行比對。結果確認雙方的相符程度顯著，僥倖發生的機率為三千取一。他的超感官知覺小實驗成功了，當時確實違反一切邏輯推理，產生某種溝通現象。這些成果和萊因早先在地球上所完成的同類實驗結果相符。

米切爾在太空中電光火石的瞬間體驗，大大影響他原本的信念，在內心引發細微裂痕。不過，那次經驗最讓米切爾感到困擾的，是科學就生物學提出的最新解釋，特別是就意識方面的學理。如今這方面的理論似乎是簡約到令人不可思議。儘管他在麻省理工學院的那幾年還讀過探究宇宙本質的量子物理學，如今生物學看來卻依舊深陷泥淖，困守四百年前的世界觀。當代生物學模型的基礎，似乎依舊沿用牛頓的質能古典觀點，實際存在的分離物體在沒有東西的空間，採可預測的方式移動。另外有些人則採取笛卡兒的觀點，認為身體和靈魂（或稱為心靈）是彼此分離的。在這種模型裡面，沒有任何東西能夠精確映現真相，包括一個人的真正複雜特性、人和所處世界的關係，或最具體而言——人的意識；實際上，人類和組成身體的各個部位，依舊被當成機械裝置。

有關生物深奧謎團的生物學解釋，大半都是解構研究對象，細分至渺小的顯微尺度，企圖藉此來認識整體。據推測，身體是由於遺傳銘印、蛋白質合成和盲目突變，才長成現有的模樣。根據現代神經科學家所言，意識存在於大腦皮質區——這完全只是化學物質和腦細胞混合產生的結果。在

我們腦中播放的畫面，就是化學物質生成的；而觀賞電視的那個「它」，同樣也是化學物質所生成。由於人體本身錯綜繁複的機械性運作，我們才得以認識這個世界。由此可見，現代生物學並不認為這個世界終究不可細分。

量子世界

米切爾曾在麻省理工學院研究量子物理學，當時他便了解，就次原子層級來看，牛頓觀點，或就是古典觀點（認定萬物都是採令人安心的可預測方式運作的理念）早就被更混亂也更不確定的量子論所取代。根據這項理論來推斷，宇宙本身和運作方式，全都不像科學界過去所設想的那般條理井然。

在最基礎層級，物質並不能細分為獨立存在的單元，甚至還不能做完整描述。次原子粒子和撞球不同，並非實際存在的細小物件，而是種尚未確立的振動能包，這類封包不能精確定量，其本身也無從認識。其實它們都像是患了精神分裂症，有時候舉止像是粒子（侷限在小空間內的固定事物），有時候則像個波（比較會擴散的振動事物，還會跨越大片時空向外延展），而偶爾則同時又像波又像粒子。

＊：內太空（inner space），指地球的深海環境。

量子粒子還無所不在。例如，電子從一種能態躍遷進入另一種能態時，似乎會同時針對所有的可能新軌道做充分測試，猶如想買房子的人試圖在同時間住進街區的所有房子，接著才選定自己最後在何處落腳。萬事萬物都不確定，也都沒有確切的位置，只能說你或許可以在某個位置找到如電子等的事物；也沒有確立的事件，只能說某事件可能會發生。在這個現實層級，沒有任何事物是必然的；科學家必須甘願只能靠機率來揣測。做計算時，充其量也只能得出機率——也就是當完成某項測量，擁有若干比例次數得出某項結果的可能性。

因果關係在次原子層級已不再成立。看來牢靠的原子，或許會突然經歷某種內在分裂，卻沒有明顯起因；電子無端從一種能態自行朝另一種能態躍遷。一旦你愈來愈靠近地端詳物質，會發現它甚至已不是物質，亦即並非你碰觸得到、描述得出的實體，而是一群不確定的自我，全都同時列隊四處遊行。

在物質的最基本層級，並沒有靜態確立的宇宙，其實世界本身和各種關係都不確定、不可預測，那是種純粹潛在的、無限可能的狀態。

科學家可以接受宇宙間萬物普遍相連的現象，但只適於量子世界：也就是說，只適於無生物領域，而不適於生物界。量子物理學家發現，次原子世界的一種奇特屬性，稱為「非定域性」，這是指量子實體（好比單一電子）在任意距離之外，瞬時影響其他量子粒子的能力，而實際上，彼此之間卻沒有任何作用力或能量的交流。這暗指一旦量子粒子相互接觸，儘管後來彼此分離，卻依舊保持聯繫，而且不管兩者分離多遠，其中一個有任何行動，始終都會影響到另一個。愛因斯坦詎稱之

為「鬼魅超距作用」（spooky action at a distance），而他之所以認為量子力學並不可靠，這也是其中一項主因。不過自一九八二年以來，已經有幾位物理學家檢驗這個現象，並確立這是事實。

非定域性撼動了物理學的最底層根基。物質不能再以分離物件視之，行動不必然是源自可觀測空間某處的可觀察起因。愛因斯坦所認定的最根本公理錯了：「在物質的特定階層，東西能夠以超光速移行。」一次原子粒子細分時並無意義，只能夠藉由相互關係來了解。世界的最根本層級，就是一片糾結相依的複雜網絡，永遠不可細分。

這種宇宙相互關連的最關鍵成分，或許就是在一旁觀察的生存意識。按照古典物理學的觀點，實驗者是個分離的實體，這群男女實驗者藏身玻璃窗後默默觀測，試圖了解這個不管有沒有自己在觀測都仍持續運轉的宇宙。然而，量子物理學研究卻發現，一旦做了觀察，完成測量，這時任意量子粒子的一切可能狀態便全都瓦解，構成一個不變的實體。

為了解釋這類奇特狀況，量子物理學家提出假設，認為在觀察者和被觀察對象之間有種連帶關係——這類粒子原本只能視為「或許」存在於時空之中，然後當它們「受到擾動」，這時觀察和測量動作，便迫使它們凝成固定狀態——就像果凍凝固變硬。

這種驚人的觀測結果危及了現實的本質，也隱含令人不安的意涵。這暗指觀察者的意識，造就了被觀察對象。宇宙萬物全都要受到我們的知覺影響，沒有一件是真正獨立的「東西」。我們每天、每分鐘都在創造我們的這個世界。

挑戰科學常規

看來，米切爾心中面臨的主要矛盾在於，物理學家怎麼會要人們相信棍棒石塊與內部的原子粒子竟然分別遵循不同的物理定律，而且竟然有一套定律規範細小物體、一套規範大型物體、一套定律規範生物，以及另一套則規範無生物！

當然，古典定律肯定適用於運動的基本特性，可以用來描述骨骼是怎樣把我們撐起來，或者我們的肺部是如何呼吸、我們的心臟如何搏動、肌肉如何負荷重物。同時，身體的多種基本歷程，好比進食、消化、睡眠、性功能，確實都要受到物理定律規範。

然而，古典物理學或生物學，並不能說明其他的基本課題。好比，我們為什麼能夠思考？細胞怎麼組織起來？為什麼眾多分子變化歷程，都是在瞬息之間同時展開運作？既然手臂、腿肢的基因和蛋白質並無兩樣，為什麼卻是分別發展出臂、腿的樣子？我們為什麼罹患癌症？我們這部機器為什麼這麼神奇，能夠自行療癒？還有，什麼叫做知道？——我們怎麼知道我們知道什麼？科學家或許能夠明察秋毫，認識螺釘、螺帽、關節和各種輪子，然而他們對推動引擎的力量卻是一無所知。他們或能處理身體的最細微機制，然而對最基本的生命之祕，卻顯然還是一無所悉。

如果量子力學定律不只適用於次原子世界，對整個世界也一體適用，不只適用於物質世界，也能在生物學應用，那麼正規生物學顯然有種缺失，因此才無法解釋生物組織原理——講不出人類意識之所以然。到頭來，牛頓的理論還是由量子論學者著手修正，同樣，或許海森堡和愛因斯坦兩人也都錯了，或至少只有部分正確。倘若量子論的生物學應用範圍還能擴大，那麼就可以發揚一種觀

點，認為我們是一種複雜的能場網絡，而且和體內的細胞系統也有活潑互動。就如米切爾在外太空的體驗，世界成為一種相互關連、不可細分的矩陣。

米切爾開始大量閱讀討論宗教體驗的書籍，鑽研東方思想以及意識本質方面的瑣碎科學證據。他和史丹佛的幾位科學家，合作發起幾項初步研究；他創辦了一個名為「知性科學研究院」的非營利組織，宗旨是要資助相關研究，並開始彙整意識科學研究寫成一本書。不久之後，他便心無旁鶩，其他課題絕口不談，沉浸其中流連忘返，婚姻還因此破裂。

儘管米切爾的研究並沒有燃起革命火花，不過他肯定播下了火種。世界各地的知名大學零星冒出溫和異議人士，他們反對牛頓和達爾文的世界觀，駁斥物理學二元論與人類知覺的現有觀點。米切爾在研究進程中，開始和聲譽卓著的科學家接觸，他們分別在耶魯、史丹佛、柏克萊、普林斯頓和愛丁堡等多所知名重要大學服務，而且都有違反常理的研究發現。

米切爾因為自身經歷了主顯體驗才滋長出新的世界觀，而這群科學家卻非如此。他們完全是因為研究結果違反常理，與公認的科學理論不符。研究實驗得到方形結果，但理論卻是圓的，不管付出多少努力，硬是想套用理論來說明結果（在許多情況下，這群科學家都希望能夠套用理論，或者就乾脆狡辯來解釋發現），結果始終無法自圓其說。這些科學家多半是偶然得出這類結論，彷若他們搭火車卻下錯了站，身為真正的探險家，就算是偏離預定行程到了其他地點，探勘行動仍是要繼續下去。

這些研究人員都有一項重要特質，他們完全願意放下猜疑，對真正的發現抱持開放態度。就算

必須挑戰既有常規，讓自己不見容於同儕，或者遭受責難還毀掉學術前程也都在所不惜。如今，掀起科學革命就等於是和學術自殺打交道。儘管學界倡言自由，鼓舞實驗，其實整個科學架構大體上還是要靠公認的科學世界觀才能續存。研究資助體系競爭劇烈，加上著作發表和同儕審閱系統，每個人都必須認同這套世界觀。這套體系所鼓勵進行的實驗，宗旨往往都與現存事理觀點相符，或者能夠進一步開發產業技術，至於能夠促成真正改革的項目則屏除在外。

從事這類實驗的科學家，全都覺得自己瀕臨緊要關頭，認知到這將會徹底改變我們對現實和人類的認識。然而，當年那群少數科學家在沒有羅盤指引的環境下，進行了先驅探勘。少數幾位科學家在獨立研究上雖發現零星線索，卻惶然不敢交換意見。他們找不到共通語言，因為他們的發現，絕非語言所能形容。

然而，當米切爾和這群人接觸，他們的零散研究成果便開始聚攏，構成一套另類理論，勾勒出演化、人類意識和一切生物的動態關係。產生出最有發展前景的一統世界觀，並不只是一種抽象學說，它還有實驗和數學方程式作為實證基礎。

米切爾資助若干研究，樂於運用他的名流地位，以國家英雄身分來推廣這類研究，讓這群科學家相信，其實他們並不孤單。

這些研究匯聚構成一個重點——「自我」擁有一種場，能影響世界，也受世界影響。另外還形成一點共識：這些被執行完成的實驗就像柄利刃，刺入現有科學理論，直指最根本核心。

第2章 光明之海

比爾・邱奇（Bill Church）的車子沒油了。換做平時，這種情況並不會毀了你整天時間。不過把時空移到一九七三年，美國第一次深陷石油危機，要讓汽車加滿汽油得靠兩件事情：當天是星期幾，還有車牌號碼末尾是哪個數字。車牌尾數是奇數的人，可以在週一、週三或週五加油；偶數的人則是在週二、週四和週六加油，週日休假不賣油。邱奇的車牌尾數是奇數，而當天是週二，也就是說，不管他要去哪裡，不管他的會議有多重要，他都只能困在家裡，成為中東少數當權人士和石油輸出國家組織的人質。就算他的車牌帶有週二加油尾數，他還是要排隊等候，說不定要從幾條街之外開始大排長龍，蜿蜒繞行等上兩個小時。當然，他還必須先找到開放營業的加油站。

當時的前兩年，燃料還相當充裕，足夠把米切爾送上月球再回航。但到了一九七三年，美國有半數加油站停止營業。尼克森總統還對全國發表演說，呼籲全國民眾把恆溫器溫度調低，安排共乘車輛，而且每週開車用油不要超過三十八公升。他還籲請各公司行號，把辦公區的照明減半，並減少使用廊道和倉儲區的燈光。華府還做了榜樣，把白宮前院草坪的國家聖誕樹裝飾燈熄掉。

這個國家曾臃腫癡肥自鳴得意，像飽食起司漢堡那樣習於揮霍能量，這下可就大受震撼，第一

次被迫節食。傳言當時還有配給手冊付梓印刷。五年後，卡特總統還說那是一場「道德戰爭」，這種感受普見於美國多數中年人。從第二次世界大戰之後，才免除限量供應汽油。

尋找嶄新能源

邱奇衝回家裡，撥了電話向哈爾・普索夫（Hal Puthoff）訴苦，邱奇沮喪大吼：「絕對有辦法改善這種處境。」普索夫是邱奇的學界知交，是名雷射物理學家，經常聽他傾吐心聲。

普索夫同意所見，也覺得這時應該起步研究新能源，找尋可以用來取代化石燃料的新方法來推動交通工具——不要只仰賴煤、木材或核能。「但是還有哪種方法？」邱奇說。普索夫唸出一長串可能選項。其中包括光伏電池（採用太陽能電池）、燃料電池和水電池（將水的氫成分轉化為電池電力的嘗試）、風，還有工業垃圾，甚至還有甲烷。然而事實證明，沒有一樣堪稱理想，就連其中比較奇特的選項，最後也都行不通。

邱奇和普索夫都認為，要想完全符合需求，就必須找出嶄新能源：一種源源不絕的廉價能量，或許是至今都還不為人知的能量。他們經常偏離主題，做了許多相關理論推測。大致上，普索夫偏愛尖端科技，未來風格愈強愈好。他並非尋常的物理學家，說他是發明家還比較恰當，才三十五歲就已經擁有可調紅外線雷射的專利。普索夫幾乎是自力更生白手起家，父親在他十歲左右便去世，隨後他只能靠自己完成學業。他就讀佛羅里達大學，畢業於一九五八年，也就是史潑尼克一號衛星（Sputnik I）發射之後一年。在甘迺迪執政期間，他已經到達法定年齡，和同世代許多年輕人一

樣，他也衷心關切甘迺迪的主要隱喻，認為美國當時正邁向全新疆界。

在那幾年期間，普索夫對自己的工作以及科學對人類未來所扮演的重要角色，始終一本謙遜態度，抱持理想主義觀點，即使後來太空計畫由於興趣不再、資金短缺而光環消散，他依舊是不改初衷。普索夫堅信科學能推動文明發展。他的個子很矮，身體健壯，模樣和演員米基・魯尼（Mickey Rooney）有幾分相像，還長了滿頭濃密栗色鬈髮。從外表看來，他顯得沉靜謙虛，然而內心卻潛藏昂揚生機，不時採橫向思維來考量各種可能性。乍看之下，他一點都不像拓荒型科學家。然而，普索夫卻很認真看待先驅研究，並認為這些先驅研究對未來不可或缺，可以啟迪教學、促進經濟發展。他也樂意走出實驗室，設法運用物理學來解決日常問題。

儘管邱奇的生意做得有聲有色，不過他和普索夫同樣帶著理想主義態度，認為科學能促成文明進步。他就像十五、十六世紀熱中贊助藝術家的梅迪奇家族，對普索夫這位達文西提供些許資助。邱奇自己原本也想做研究，後來受家族企業徵召，學術生涯中輟，改經營邱奇炸雞1來和肯德基炸雞對陣，也為德州人爭一口氣。他花了十年經營生意，還帶領邱奇企業公開上市。他賺了錢後，總想回頭追求年少時代的抱負，但是礙於自己沒有那種教育背景，只能找別人代他圓夢。

他覺得普索夫是個理想替身，這位物理學家很有天分，還願意鑽研一般科學家碰都不想碰的冷

1：Church's Fried Chicken，即台灣現有的德克士炸雞。

門領域。一九八二年九月，邱奇送給普索夫一支金錶，紀念兩人的合作經歷，上面刻上：「給冰河天才，積雪致贈。」代表普索夫是名寧靜的改革家，就像冰河那樣頑強、冷靜，而邱奇則像「白雪」，紛飛飄落、密集堆疊，不斷對他拋出新的挑戰。

浩瀚無盡的零點場

「我們還沒談到一種壯闊的能量儲備，」普索夫說。他解釋所有量子物理學家都熟知的零點場。量子力學證明，沒有所謂的真空或空無一物。我們往往認為，若某片空間完全沒有任何質能，那裡便完全是一片空無；而當你檢視恆星之間的太空，也往往要這樣想。然而，就次原子層級來看，那裡卻有蜂擁不絕的活動。

根據量子理論的主要創論人之一海森堡所發展的「測不準原理」來推測，沒有任何粒子是完全靜止不動的，由於能量基態場和所有的次原子物質都是互動不絕，因此所有粒子都持續運動。這就表示，宇宙的基本次結構是一片量子場之海，憑藉已知的物理定律，也完全無法屏除這種說法。

我們心目中這個穩定的靜態宇宙，其實是個波瀾壯闊的漩渦，裡面不斷有次原子粒子倏忽閃現、霎時湮滅。提到海森堡的原理，最常令人聯想到針對次原子世界的物理性質做測量時總要出現的「不準量」。儘管如此，測不準原理還有另一層意義：我們無法同時了解一顆粒子的能量和壽命，因此，在瞬息片刻中發生的一起次原子事件，便牽涉到不定額能量。

大體上，這就是根據愛因斯坦的理論和他著名的方程式$E=mc^2$推導出來的。這個學說確立質能

關係，一切基本粒子都彼此互動，藉由其他量子粒子來交換能量，而且據信這群粒子都是無中生有，瞬息彼此結合、倏忽相互毀滅（精確而言，只存續十的負二十三次方秒），這樣一來便無端生成隨機能量起伏。這種在剎那間瞬息生滅的粒子稱為「虛粒子」，它們和實粒子不同，虛粒子只存在於交換階段，也就是測不準原理所描述的「測不準」時段。普索夫喜歡把這種過程比擬為澎湃瀑布的水花噴濺。

儘管這種次原子探戈躍動為時極短，但一旦把宇宙全境加總起來，所生成的能量卻可以超過全世界一切物質所含的能量。另外，物理學家也用「真空」來指稱零點場，之所以稱為「零」，是由於場中的起伏現象在絕對零度依舊偵測得到，而絕對零度正是能量的最低可能態；照理來說，場中物質完全被移除時，其中也不該有任何東西進行運動。

「零點能」是最虛無空間所可能出現的最低能量，再也沒有能量可以從中移除——這就是次原子物質運動最接近零的狀態。然而，根據測不準原理，這裡卻由於虛粒子交換，始終殘留些許動盪。物理學家處理物理方程式時，便會採用「重整法」步驟，把這種麻煩的「零點能」減除。

幾年以來，普索夫對零點場一直很感興趣，後來他在一家物理學圖書館中，恰巧翻到紐約市立大學提摩西．波伊爾（Timothy Boyer）的幾篇論文。波伊爾證明，只要結合古典物理學和零點場的不停歇能量，就可以解釋許多由量子論引發的奇怪現象。如果波伊爾的結論可信，那就表示不需要把物理學劃分為古典牛頓式和量子定律形式，就可以解釋宇宙的性質。只要把零點場考慮在內，就可以用古典物理學來解釋量子世界的一切現象。

普索夫愈深入思考，就愈相信零點場符合一切判別準則，這正是他要的：不受約束、無窮無盡，而且不汙染任何東西。或許零點場正代表某種尚未利用的龐大能源。「倘若你真的能夠取用這種能量，」普索夫對邱奇說，「說不定你還能推動太空船。」

邱奇喜歡這個構想，願意提供資金做點探索研究，況且他也不是沒贊助過普索夫更瘋狂的方案。對當時三十六歲、有點不知該何去何從的普索夫而言，這個時機可說是十分恰當。他的第一次婚姻破裂，也才剛和別人合作完成一本書（後來這本書還成為量子電子學的重要教科書）。五年前，他由史丹佛拿到電機工程博士學位，如今也在雷射研究取得成就。他覺得學術生涯太過乏味，轉換跑道，目前在史丹佛研究院

擔任雷射研究員。這家機構是研究界的遼闊市場，當時正與史丹佛大學通力合作，本身就像是一所大型綜合大學。當時史丹佛研究院是全世界第二大智庫，研究課題幾乎毫無限制，只要拿得到獎助金，任何人都可以在那裡做研究。

普索夫投入幾年功夫研讀科學文獻，從事初步計算工作。他也鑽研關於真空的其他相關領域，還由基礎更深入探究廣義相對性。普索夫算是比較沉靜，總是克制自己只做純理性思考，不過，偶爾也擋不住思緒，任其飛揚超前。儘管還是在初步階段，但他知道自己碰上了物理學的重大議題。這是個驚人突破，說不定能促成量子物理學的大規模實務應用，還可能發展出一套全新的科學領域，凌駕雷射，超出他所做過的一切課題。這種感覺就有點像是愛因斯坦發現了相對論一般。他瀕臨一項重大的發現，顯示次原子世界的「新」物理學或許錯了，或至少必須做大幅修正。

就某種意義而言，普索夫的發現或許根本不能算是一種發現，而只是物理學家一向等閒視之的情況。物理學界在一九二六年對這種能量起伏現象就有所認識，但認為它無關緊要而予以棄置。就量子物理學家而言，這是一種干擾，必須屏除不予理會；而就宗教或祕術人士而言，這代表科學證明了超自然奇蹟。

量子計算結果顯示，我們和宇宙等於在一片運動之海（量子光明之海）裡面呼吸、生活。海森堡在一九二七年發展出測不準原理，按照他的學理，由於自然界先天就有起伏表象，因此一顆粒子的所有性質（好比位置和動量）並不可能同時得知。由於能階變動不絕，於是一切已知粒子的能階層級都不能精確得知。這項原理還有部分內容，規定次原子粒子可以受約束而完全靜止，不過一樣始終都會殘留微弱運動。

多年以來，科學界都知道，採用這種起伏現象便可以說明為什麼微波接收器或電子電路要出現無規雜訊，從而侷限訊號的放大程度。就連條狀照明燈，也必須有真空起伏才能發光。

設想有一顆次原子粒子裝在無摩擦的細小彈簧上（物理學家都喜歡用這種方式來構思他們的方程式），粒子會上下彈跳一陣子，接著在絕對零度低溫便會停止運動。然而，海森堡之後的物理學家卻發現零點場中的能量不斷對粒子產生影響，因此粒子始終都是在彈簧上不斷運動，永遠不會靜止下來。

亞里斯多德時代的人相信，空間沒有任何東西，他卻力排眾議，主張空間實際上是充滿物質（滿布萬物的背景次結構）。隨著十九世紀中期，科學家法拉第（Michael Faraday, 1791-1867）引入電場和磁場觀念，還認為能量的最重要向度並不是源頭，而是其周圍的空間，還有彼此藉由某種力所生成的交互影響。按照他的觀點，原子並不是硬實的細小撞球，而是作用力的最密實核心，而且這種力會跨越空間向外延伸。

「場」與能波

「場」是跨越空間連接至少兩點的基質或媒介，通常是藉由重力或電磁力等力量來產生作用。這種力通常是以場中的漣漪（或就是波）來表示。試舉一例，電磁場純粹是由一個電場和一個磁場交織而成，能以光速發出能波。任意電荷（簡而言之，就是電子過剩或不足現象）周圍都會構成一個電場和一個磁場。電場和磁場都各有（正、負）兩極，而且兩者都會吸引或排斥其他的帶電物體，這要取決於電荷是相反（一正一反）或相同（兩正或兩反）而定。「場」就是指能夠偵測到這種電荷和效應的空間範圍。

電磁場純粹是科學界為了方便研究而發明的理念（採用一組「力」線來表示，並以方向和形狀作為記號），科學家便是藉由這種抽象概念，來探究看似驚人的電、磁作用，來理解電磁為什麼能夠跨越全無可測物質的空間，超距影響物體——更精確而言，還能深入無窮遠處。簡而言之，「場」是指一種影響範圍。曾有一個兩人研究團隊形容得好：「在你每次使用烤麵包機時，機器周

圍的場便對最遙遠星系的帶電粒子產生最微弱的干擾。」

英國物理學家詹姆斯・麥克斯韋（James Clerk Maxwel, 1831-1879）率先提出一項觀念，認為空間充滿傳遞電磁光的以太（ether），這種說法主導學界，直到波蘭裔美國物理學家艾伯特・邁克生（Albert Michelson, 1852-1931）以光實驗證明，物質並不是存在於以太介質之間。邁克生在一八八一年完成光實驗，六年之後，再與美國化學教授愛德華・莫利（Edward Morley, 1838-1923）協力重做光實驗，徹底推翻以太說。愛因斯坦本人原本相信空間完全是一片空無，後來他根據自己的各項觀念，發展出廣義相對論，證明空間確實是滿布各種作用。然而等到一九一一年，量子論的奠基者之一，麥克斯・普朗克（Max Planck, 1858-1947）完成一項實驗，物理學界才了解，虛無空間其實充滿激盪活動。

量子世界的量子場並不是藉「力」來傳播，而是以能量交換來遞送，而能量則是變化動盪不斷重新分配。這種持續交換現象，就是粒子的一種內在性質，所以就連「實」粒子，也只不過是能量的細小節點，倏忽浮現，迅即消失，回歸底層場中。根據量子場論，每個實體都是瞬息萬變，那是種不真實的暫態，粒子和周遭的虛無空間密不可分。愛因斯坦本人便察覺，物質本身是「極端強烈」（就某種意義而言，那是「完全隨機性」的一種擾動），而唯一的基本現實就是底層本質——也就是場本身。

原子世界起伏漲落，促使能量就像打乒乓球那樣往返通行永不停歇。能量交換就彷若你借給某人一塊錢：你少了一塊錢，他多了一塊錢，接著他還了一塊錢，於是角色互換。這種虛粒子的發射

和再吸收，不只適用於光子和粒子，對宇宙間所有量子粒子也一體適用。零點場是所有場、所有基能態、一切虛粒子的倉儲庫房——零點場可說是萬場之場。所有虛粒子的一切交換都放射出能量。電磁場中任一次交流的零點能，都弱小到無法想像——相當於光子能量的一半。

不過，倘若把宇宙間生滅不絕的各色粒子全都加總起來，那麼將會得出以下結果：一股浩瀚無盡的龐大能源（而且密度與原子核中的能量相等或更高）全都不動聲色地存在於我們周圍的虛無空間裡，藏身在這片無遠弗屆、壯闊非凡的背景布幕當中。根據計算，零點場的能量總和超過物質所含一切能量，倍數達到十的四十次方。偉大物理學家理查·費曼（Richard Feynman, 1918-1988）曾試圖以比喻解釋這種恢宏尺度，他說一立方公尺空間內的這種能量，就足夠把全球各大洋的海水煮沸。

寄予厚望的能量之海

在普索夫心目中，零點場代表兩種誘人的可能性。當然，這代表能量研究的聖杯。只要找出方法取用這種能量場，大概就能取得一個人一輩子所需的所有能量，不只能供應地球所需燃料，還能作為太空推進動力飛往遙遠星體。就目前而言，要脫離太陽系航向最接近地球的恆星，就必須有太陽那般大小的火箭，才能帶足所需燃料。

不過，這種浩瀚的潛在能量之海，還有另一個更博大的含意。既然有零點場，便暗示宇宙間的所有物質都彼此相連，這是藉由遍布時空擴散不止的波動，將宇宙的一個部分與其他所有部分串連

起來。或有人說，「場」的觀念只是對許多形上學理念提出一項科學解釋，包括中國「氣」的理念，古代若干典籍對此都有著墨，內容就像是在講述能量場。這還附和《舊約聖經》所述，回應神的第一句名言：「要有光」，接著就從這裡造出物質。

最後普索夫還寫成一篇論文，投到物理學界數一數二的權威期刊《物理學評論》（*Physical Review*）發表，證明物質穩態的存在基礎是取決於次原子粒子和持久零點能場的這種動態互換。研究量子論時，物理學家總是要面對一項難題絞盡腦汁，這牽涉到原子為什麼穩定的課題。這項問題向來都以氫原子為研究對象，並採用實驗室實驗或數學分析解答。氫是宇宙間最簡單的原子，只含一顆電子和一顆質子，很容易解析。量子科學家苦思鑽研，想了解電子為什麼像行星繞日運行那樣環繞質子運轉。就太陽系而言，繞日穩定軌道可以用重力來解釋。然而在原子世界，所有帶電的移動電子卻都不像繞軌運行的行星那般穩定，而且所含能量最後都要輻射發散完全耗竭，接著便迴旋落入核心，於是物體的原子結構便完全崩陷。

量子論的另一位奠基者，丹麥物理學家尼爾斯·波耳（Niels Bohr, 1885-1962）則宣稱否認這種情況的存在。波耳提出解釋，他認為電子只在跳躍跨越軌道之時才有輻射，而且軌道能階必須有相當差異，才能解釋光子的光發射現象。波耳自行構思一項定律，說明其實「並沒有能量，這不得出現。我不准電子崩陷」。

這句名言和所含假說進一步導出其他的假說，描述質能同時具有波形式和粒子形式特性，可以束縛電子各就定位，逗留在特定軌道，到最後這還促成量子力學的發展。至少就數學而論，波耳確

實能夠正確預測這種能階差異。

然而，根據波伊爾的明證，參照當時普索夫做出的成果，只要把零點場納入考量，那麼就不必聽信波耳的格言。你可以用數學來證明，電子是不斷由零點場取得能量，迅即發散，構成動態平衡，並取得均勢留在正確軌道。電子能夠從虛無空間的起伏漲落補充燃料，獲得能量來維持運行而不會遲緩下來。換句話說，零點場可以說明氫原子的穩性，然後由此引申出所有物質的穩定性。普索夫證明，只要截斷零點能，所有原子結構都要崩陷。

普索夫還藉物理運算來證實零點場波的起伏漲落驅動次原子粒子運動，接著宇宙所有粒子的一切運動又反過來生成零點場，這就像是一種遍布無垠宇宙的自生成反饋迴路。在普索夫的心目中，這種狀況就像貓追逐自己的尾巴。他在一篇論文中寫道：

> 零點場互動構成一種根本、穩定的「基礎梯級」真空態，其間更有零點場進一步互動，在動態平衡基礎上，完全按照現存狀態複製重現。2

普索夫表示，這段話的含意就是「宇宙彷彿呈現出一種自行生成的壯闊基態」，它會不斷自我更新，而且除非受到某種干擾，否則都能維持恆定。這也表示，我們和宇宙的所有物質都名符其實與無垠宇宙的最深遠範圍互有聯繫，而其媒介則是最壯闊維度的零點場波。

次原子層級的波動是以在某種介質中傳播的週期振盪來表示，這和海浪波盪或池塘漣漪的情形

很像，而就次原子波動的情況而言，其介質就是零點場。這類波動都是以典型的橫擺S形（也就是正弦曲線）來表示，就像是握住跳繩兩端並上下扭動所呈現的形狀。波的振幅等於曲線波峰到波谷長度的一半，而單一波長，或一「周波」，則相當於一次完整振盪，或就是兩個相鄰波峰或兩個相鄰波谷的間距。頻率是每秒之周波數，通常是以赫茲度量，一赫茲等於每秒一個周波。美國電力的傳輸頻率為六十赫茲，也就是每秒六十個周波；而英國則採用五十赫茲。行動電話的發射頻率為九百或一千八百兆赫。

當物理學家提到「相」（phase），他們是指波在振盪行程中所達定點。若有兩波在振盪行程同時達到波峰或波谷位置，則稱此兩波為同相，就算兩波的頻率或振幅不同也沒關係。同相就是同步。

波有一個極重要的向度，那就是它們能夠把資訊譯為密碼，還能夠攜帶資訊。當兩波同相，彼此還部分重疊（術語稱為「干擾」），則兩波的複合振幅大於個別單一振幅，這時訊號就變得更強，結果便構成銘印（也就是資訊交換），稱為「建設性干擾」。若一波達到波峰，而另一波達到波谷，兩波便往往會彼此牴銷，這種過程就稱為「破壞性干擾」。一旦發生碰撞，各波便包含了另

2：出自普索夫 "The Energetic Vacuum: Implications for Energy Research," *Speculations in Science and Technology*, 1990; 13: 247-57。

一波的相關資訊（這是種能量編碼資訊），也包括它所含的其他一切資訊。最後干涉圖樣便不斷累積資訊，而波的貯藏容量也幾乎是永無止境。

倘若世上一切次原子物質，都和這種周遭基態能量場不斷互動，那麼場的次原子波就會不斷銘印萬物造型並留下紀錄。零點場銘印了所有波長和一切頻率並對外通報，彷彿就是古今宇宙的影子，也就是歷來一切事物的鏡像和紀錄。就某種意義來說，真空就是宇宙萬物的起始和終點。

✧

儘管所有物質四周都有零點能，均勻轟擊特定物體，不過在某些狀況下，卻有辦法精確測量場內的這種擾動。零點場所造成的這類擾動之一稱為「蘭姆移位」（Lamb shift），名稱得自美國物理學家威利斯．蘭姆（Willis Lamb, 1913-2008），這項發現是在一九四〇年代運用戰時雷達裝備發展而成形的。結果顯示，電子因零點起伏在軌道略微移動，頻率移位約一千兆赫。

在一九四〇年代還發現了另一種情況，當時有位叫做亨德里克．卡西米爾（Hendrik Casimir, 1909-2000）的荷蘭物理學家，他證明兩片金屬板緊鄰擺放就會產生吸引力。這是由於當兩板彼此緊鄰擺放，中間的零點波便受侷限，基本上只能跨越兩板間距。由於場的波長受限，部分振幅不會出現，結果場的平衡受到干擾，能量也失去均勢，兩板之間的能量低於外側虛無空間，於是外側的高密度能量，便把兩片金屬板推在一起。

還有一種經典演示可以證明零點場的存在，稱為「凡得瓦效應」（van der Waals effect），名稱

來自發明它的荷蘭物理學家約翰尼斯・凡得瓦（Johannes Diderik van der Waals, 1837-1923）。他發現原子和分子間的吸力和斥力是源自電荷分布方式，而且最後還發現，這與場平衡的局部不均衡狀態也有關係。這種特性使某些氣體得以轉變為液體。由於不明原因，原子會衰變並發出輻射，這種現象稱為「自發射」，如今證明，自發射也是零點場的一種效應。

重力對上零點能

首先，我們知道波伊爾的論文點燃了普索夫的靈感火花，這位物理學家還鑽研次原子物質的「鏡中映像」（Through-the-Looking-Glass）特質，這些都令物理學家絞盡腦汁，構思出一套奇特的量子定則。波伊爾證明，只要把零點場也納入考量，其中的多項特質，很容易就可以用古典物理學來解釋。測不準性、波粒二象性（wave-particle duality）、粒子起伏運動（the fluctuating motion of particles），這些全都和物質與零點場的交互作用有關。普索夫甚至還開始推敲，能不能以此來解釋最神祕、最惹人嫌惡的一種力：重力。

重力是物理學的要命課題。不斷有學者探究物質和宇宙的這項基本性質，試圖找出其根源，結果卻讓許多偉大的物理天才苦惱不堪。就連愛因斯坦也不例外，儘管他導出相對論，能夠極精確描述重力，卻仍然沒辦法解釋重力來源。多年以來，包括愛因斯坦在內的許多物理學家，都投注心力設法確定重力的電磁本質，還把重力定義為一種核力，或甚至為它建立一套量子定則，結果全都無功而返。

後來在一九六八年，著名的蘇俄物理學家安德烈・沙卡洛夫（Andrei Sakharov, 1921-1989）徹底顛覆傳統假說，設想重力並非物體之間的交互作用，而只是種殘留效應。這時的情況為何？講得更明白一點，倘若重力是零點場的一種後效，是由於物質出現，產生副作用而導致場的變化，那麼情況又是如何？

在夸克[3]和電子層級，所有物質都有輕微顫動，這是肇因於物質和零點場的交互作用。根據電動力學的一項定則，起伏的帶電粒子會發出一種電磁輻射場。這就表示，除了初始零點場本身之外，還存有這種次級場。這種次級場會在兩顆粒子之間生成一種吸引源頭，沙卡洛夫認為，這和重力有連帶關係。

普索夫開始推敲這項理念。倘若這種說法能夠成立，那麼物理學家之所以出差錯，就是由於他們都想證明重力是種獨立存在的實體。但其實應該把重力看成一種壓力。他開始把重力當成一種長程的卡西米爾效應（Casimir effect），其中有兩件物體局部遮擋零點場波，於是兩者便彼此相吸，這甚至還有可能就是種長程的凡得瓦力，就好像相隔特定距離的兩顆原子之間的吸引力。

由於零點場中的粒子會與零點場互動，於是粒子便開始顫動；兩顆粒子不只是個別自行顫動，而且其他粒子（所有粒子也都各有顫動）所生成的場，對它們也造成影響。於是這種粒子所生成的場（因為粒子在無遠弗屆的基態零點場中構成局部屏蔽）便產生吸引力，從而構成我們心目中的重力。

針對這些概念，沙卡洛夫只發展到假設階段；普索夫則更往前推，並開始做數學分析。他證

明重力效應完全是由零點粒子運動所構成，也就是德國人所稱的「往復運動」（zitterbewegung）或「顫振運動」（trembling motion）。重力和零點能兩相結合，結果便解決了物理學界歷經幾個世紀都束手無策的幾項難題。舉例來說，這能解釋重力為什麼很微弱，還有為什麼重力無法遮擋（無所不在的零點場，本身就無法完全屏蔽）。這也能解釋，為什麼我們只有正質量，卻沒有負質量。最後，這還讓重力得以結合其他的物理力，好比核能和電磁，構成一種令人信服的統一理論，而這正是物理學界一直迫切渴求，卻始終一無所成的領域。

普索夫發表他的重力理論，獲得有節制的禮貌回應。儘管沒有人急著想參照他的數據來重做研究，至少也沒有人嘲笑他；然而，他在這幾篇論文裡面所陳述的內容，實際上撼動了二十世紀物理學的整片床岩基礎。

量子物理學中最著名主張是：除非接受觀察然後接受測量，否則粒子同時也可以是波。觀測之際，粒子的一切可行潛在狀況便完全崩解，於是塵埃落定構成實體。然而根據普索夫的理論，粒子始終都是粒子，只因為粒子和這種背景能場是不斷互動，於是看來就像呈現不定態。量子論還認定電子等次原子粒子都有另一種先天的性質，那就是「非定域性」，也就是愛因斯坦的「鬼魅超距作用」。這項特性或許也可以用零點場來解釋。普索夫認為，這就好比把兩根棍子插在海濱沙中，等

3：夸克（quark）是一種基本粒子，也是構成物質的基本單元。

候大海湧浪沖刷。如果你對海浪一無所知，當兩根棍子分別被海浪沖倒，這時你或許就會設想，其中一根棍子是在一段距離之外影響到另一根，便稱為非定域效應。然而，倘若起因是零點起伏，也就是這種底層機制對量子實體產生作用，導致其中一個實體影響到另一個，這時又該如何解釋？倘若這是真的，那就表示宇宙的所有部分都有可能與其他八方範圍瞬間產生接觸。

✧

普索夫一邊在史丹佛研究院繼續其他研究，同時也在北加州海岸線上的佩斯卡達羅市建立了一間小型實驗室，坐落地點是一處山麓丘陵，就設在才華橫溢的實驗室技師肯・修德爾斯（Ken Shoulders）家中。普索夫認識修德爾斯多年，後期才聘請他來幫忙。普索夫和修德爾斯開始研究凝聚電荷技術，這是摩擦生電術的先進版本，就像拖著腳步走過地毯，若是碰觸金屬就會觸電。電子一般是彼此排斥，不喜歡被推擠得太靠近。不過，只要把零點場計算在內，就可以把電荷緊密聚攏，零點場偶爾會把電子推擠在一起，就像是極弱的卡西米爾力。於是就可以研發出非常細小空間之電子學應用。

普索夫和修德爾斯鑽研這種能量的應用方式，並開始發展出各種巧妙用途，然後拿他們的發現去申請專利。後來他們開發出一種特殊裝置，可以在皮下注射針頭安裝一個X射線元件，供醫療人員深入體內隙縫拍攝照片；接著還推出一種高頻訊號產生器雷達裝置，這種無線電發射源的尺寸不比信用卡大。後來他們還設計出一種平面電視，成為這項產品的研發先驅之一。他們的專利申請全

都獲准，專利證上還說明能量的最終源頭「顯然是真空連續體的零點輻射」。

普索夫和修德爾斯的發現還意外獲得助力。當時五角大廈評比新科技對國家的重要程度，結果凝聚電荷技術（零點能研究的舊名）名列國家重大課題清單第三位，只落於隱形轟炸機和光學電腦運算之後。過了一年，凝聚電荷技術還排進第二順位。跨部會技術評估組深信，普索夫的研究攸關國家利益，而且唯有從真空吸取能量，航太事業才能進一步發展。

普索夫和修德爾斯有美國政府為他們的研究背書，得以挑揀願意贊助研究的私營公司。最後，他們在一九八九年選中波音公司。波音對他們的細小雷達裝置很感興趣，打算出資發展並將它納入一項大型計畫。這項計畫苦撐數年，後來波音失去贊助，而其他公司多數都要先看到全尺寸原型才願意贊助計畫。普索夫決定自行創辦公司來開發X射線元件，直到做了一半才想到這麼做得走遠路，不旦違背他的意願，恐怕還要花掉大筆資金。然而，他對這項計畫之所以感到興趣，只是想得到資金來投注他的能量研究。建立及經營這家公司，至少要耗費十年歲月，算起來和他投入比爾家族企業的那十年光陰同樣漫長。普索夫當下打定主意，專注尋找資金來挹注能量研究，隨後一本初衷，專注於利他目標——最後還完全賭上他的終生事業。先提供服務，再獲得榮耀，最後（真有的話）再獲取報酬。

一通狂妄留言

普索夫等了將近二十年，才有別人重做研究並擴展他的理論。對他的肯定，是從一通電話留言

開始。那是在清晨三點鐘錄下的留言，就多數物理學家而言，這種舉止似乎顯得過於傲慢，甚至是無理取鬧。伯尼．海甚（Bernie Haisch）正要結束他在帕羅奧多市洛克希德辦公室的工作，等最後幾項細節工作收尾，就準備動身前往德國加興鎮，到普朗克研究院履約上任。海甚在洛克希德擔任天體物理學家，當時他盼望能在暑期從事星體X射線發射研究，而且也覺得自己很幸運能夠抓到這次機會。海甚兼具兩種不搭調的個性，舉止刻板拘謹，私底下卻熱情奔放，還寫民歌抒發感情。但是在實驗室中，他喜歡用誇張語調，這和他的朋友阿方索．魯埃達（Alfonso Rueda）很像。魯埃達是位知名的物理學家暨應用數學家，任職加州大學長堤校區，海甚那通半夜的電話留言就是他留的。

留在海甚答錄機上的訊息表示：「喔，老天，我想我剛導出了F=ma。」

就物理學界而言，講這句話就相當於宣稱自己已經導出數學方程式證明上帝存在。就這個例子來講，上帝是牛頓，而F=ma就是第一誡命。F=ma是物理學界的核心信條，這是牛頓於一六八七年在他的《自然哲學之數學原理》（*Principia*）書中提出的假設，這本書成為古典物理的聖經，而這個公設則是運動方程式的基礎。這是物理學說的重要核心，是種假定事實，不是可以證明的現象，而且完全假定為真，也從來不必去質疑。力等於質量（或慣量）乘以加速度，或也可以說，任意設定一力，所得的加速度都與質量成反比。慣性（指的是一種傾向：當物體靜止不動便難以開始移動，而且一旦物體開始移動便難以停止）會和提高某物體速率的能力相抗衡。物體愈大，使其移動所需之力便愈強；拋擲一隻跳蚤飛越網球場所需力氣，不夠移動一頭河馬。

重點在於，還沒有人能用數學來證明誡命。誡命是整套宗教的構成根基。自從牛頓以來，所有物理學家全都認定這項基本假說，並以這片床岩為基礎來搭建理論、進行實驗。基本上，牛頓的公設為慣性質量下達定義，並為過去三百年來的物理力學奠定基礎。儘管並沒有人能夠實際證明，然而我們全都知道這是真的。

現在魯埃達卻在答錄機上留言，宣稱物理學界這項僅次於$E=mc^2$第二有名的方程式，經過他多月以來的日夜鑽研、瘋狂進行數學計算，終於得出最後成果。他將細部資料寄到德國給海甚過目。

儘管沉浸於航太研究領域，海甚卻也讀了普索夫的幾篇論文，而且也對零點場產生興趣，希望能利用它作為太空遠航的能源。海甚經常參酌英國物理學家保羅．戴維斯（Paul Davies）和不列顛哥倫比亞大學威廉．盎魯（William Unruh）的研究成果，一向都能從中獲得靈感。他們發現，如果以恆速穿越真空，那裡會看似全無變化，不過只要一加速，真空就開始改觀，隨著向前移行變得像是一片熱輻射微溫海洋，在眼前向外發散。海甚開始推敲，慣性是不是就像這種熱輻射，也是由於在真空中加速所致。

後來海甚在一次研討會上遇見魯埃達，這位知名物理學家也擁有深厚的高等數學底子，儘管生性嚴肅，不過在海甚鼓舞慫恿之下，魯埃達便著手進行分析，深入鑽研零點場和一種理想化振子（oscillator）等相關課題。這種振子可以當作一種基本元件，用來研究物理學的多項古典問題。儘管海甚本人也具備專業技術，不過還是有必要借助高等數學專家做計算。他對普索夫的重力研究深自著迷，也曾經想過慣性和零點場或許有連帶關係。

幾個月後，魯埃達完成計算。他發現，當振子受力加速通過零點場便要承受阻力，而這種阻力強度便與加速度成常比；看來，這似乎完全能夠說明為什麼F=ma。從此科學家們不必只因為牛頓恩准這樣的定義就照單全收。倘若魯埃達對了，那麼這個世界的一項基本公理，就降格成為可以從電動力學導出的東西；不必做任何假定，只要把零點場納入考量，就可以證明牛頓是對的。

海甚一接到魯埃達的計算結果，馬上和普索夫聯繫，於是三人便決定攜手合作。海甚寫成一篇非常冗長的論文，投給權威主流物理學期刊《物理學評論》，接著經過一陣拖泥帶水，這篇論文才在一九九四年二月一字不改刊出。報告證明，實體宇宙間的所有物體，全都具有的慣性根本就是種阻力，於是物體在零點場中移行之時便會抗拒加速。他們在這篇論文中，證明慣性就是俗稱的勞倫茲力（Lorentz force），也就是粒子在磁場中移動時令其減速的力。就這個例子而言，磁場是零點場的構成要素，並與帶電的次原子粒子起作用。物體愈大，所含粒子愈多，於是場便愈能維持物體靜止。

基本上這就表示，我們稱為物質的有形東西是一種假象。而自牛頓以降，所有物理學家都認定物質天生具有質量，結果質量也是種假象。這一切都要歸咎於這種與加速度抗衡的背景能量之海，每當推動物體，這種能量都要扯住次原子粒子。在他們眼中，質量是種「簿記」裝置，一種「臨時性位置固定機」，用來產生比較普遍的量子真空反應作用。

普索夫和海甚都了解，他們的發現，對愛因斯坦著名的$E=mc^2$方程式有連帶影響。這個方程式向來暗含能量（宇宙間的重要物理實體）可以轉換為質量（另一種重要的物理實體）之意。如今他

們看出這種質量和能量的關係式，且還不只陳述（我們所稱的物質所含之）夸克與電子和零點場起伏互動所產生之能量。採用物理學的溫和、中性說法，根據他們所得出的結果，物質並不是物理學的根本特質。愛因斯坦方程式純粹是種配方，說明必須有多少能量才能創造出這些物質表象。這就表示，並沒有兩種基本的物理實體（其中一種是物質，另一種則是非物質），事實上，物理實體只有一種：能量。世界萬物，不管多致密，多麼沉重，多麼巨大，在最基礎層級全都歸結為一群電荷，而且全都和背景電磁場之海以及其他的活躍能場互動——那就是一種電磁阻力。後來他們便寫道：質量並不相當於能量，質量就是能量。或講得更徹底：根本沒有質量，只有電荷。

✧

知名科學作家亞瑟·克拉克（Arthur C. Clarke）後來還預言，海甚、魯埃達、普索夫等人的論文有一天將會被當成標竿，他還在《三〇〇一：太空漫遊》（*3001: The Final Odyssey*）書中表彰他們的貢獻。他創造出一艘以慣性牴銷引擎推進的太空船，還把這種引擎命名為「沙哈魯普」（SHARP，S代表沙卡洛夫、H代表哈爾和海甚、AR代表阿芳索·魯埃達、P代表普索夫）。克拉克以底下敘述來解釋他為什麼要讓他們的理論留名青史：

他們提出一項十分基礎的問題，質疑大家通常都視為理所當然、只能聳肩表示「宇宙構造就是如此」的課題。

海甚、魯埃達和普索夫提出：「物體的質量（或慣量）從哪裡來，於是物體必須受力才會開始移動，而且必須有相等的力才能恢復其原有狀態？」

他們的暫設解答以（踏出物理學象牙塔）幾乎不為人知的驚人事實為藍本。所謂的虛無空間，實際上卻是一大鍋翻騰能量——零點場。……海甚、魯埃達和普索夫主張：慣性和重力或許都是電磁現象，產生自與這種場的交互作用。

遠溯至法拉第時代，迄今想要把重力和磁性串連起來的嘗試無可計數，儘管有許多人都宣稱實驗成功，卻從來沒有人能驗證他們的結果。然而，若能證實海甚、魯埃達和普索夫的理論，這將會開啟一道門路（不管機會有多渺茫），落實反重力太空引擎構想，甚至還可能造就慣性控制的更奇幻成果。這或許會帶來若干極有意思的情況：只要你輕輕碰觸某人，他就會以每小時幾千公里速率瞬間消失，然後在幾分之一毫秒之後，等他撞上房間另一側才會停止。而這時將根本不可能發生交通事故：不管是以哪種速率發生碰撞，汽車和乘客全都會安然無恙。

此外，在一篇討論未來太空旅行的文章裡面，克拉克還寫道：「倘若我是航太總署官員……我就會派我最好、最聰明，也最年輕的人員（超過二十五歲的都不得申請）投入多年苦工，鑽研普索夫等人的方程式。後來，海甚、魯埃達和IBM公司的丹尼爾·柯爾（Daniel Cole）協力發表一篇論文，證明宇宙本身的構造出自零點場。根據他們的觀點，真空造成粒子加速，接著加速作用促使粒子凝集，構成濃稠能量，而這就是我們所稱的物質。

零點能潛力向度

就某種意義來說，沙哈魯普團隊完成了愛因斯坦本人未能企及的成就。他們證明一項宇宙基本定律，還發現一項解答來解釋宇宙的一項極奧妙謎團。事實證明，零點場是幾種基本物理現象的基礎。

海甚擁有航太總署背景經歷，他眼光緊盯這種可能潛力，只要讓慣性、質量和重力全都與幕後這種能量之海緊密相連，就有機會促成太空旅行。他和普索夫都獲得研發基金，要設法從真空吸取能源。而就海甚而言，航太總署因為迫切希望推動太空旅行才提供贊助。

如果在宇宙任何位置都能夠從零點場吸取能量，那麼就不必攜帶燃料隨行，只需要在太空中揚帆航行，必要時便接通猶如一種宇宙風的零點場。普索夫還在另一篇（也是和ＩＢＭ的柯爾合作的）論文中說明，原則上，熱力學定律完全不排除從真空吸取能量的前景。另一種觀念是設法操控零點場波，讓波產生類似單向力的功能，推動你的載具前進。海甚想像，將來或有那麼一天，說不定只需要裝好零點轉換器（波動調準裝置）就可以啟程。不過，說不定還有更奇特的用途。若是能夠更改或關閉慣性，那麼或許只需要極微弱能量，就可以讓火箭啟航，但是必須先更改不使火箭移動的作用力。或者還能夠使用非常高速的火箭，不過要調節太空人的慣性，這樣他們才不會被重力壓扁。然後，倘若還有辦法關閉重力，那麼就能夠改變火箭的重量，或調節加速所需動力。這其中有無窮的潛力。

但是，談到零點能的潛力向度，這可不是唯一的範疇。普索夫在他的其他著作當中，還碰觸到懸浮研究。現代人對此都抱持質疑態度，認為懸浮現象都是騙人的伎倆，或是宗教迷信引發的幻覺。不論如何，想要揭開其中奧祕的人相當多，卻全都失敗了。普索夫找到幾份有關於這種事例的詳盡記載。以他的物理專業背景，碰上任何情況，他都要拆解檢視細節，就好像他幼時也曾經把無線電裝置拆開來一樣。根據那些筆記所述，懸浮似乎是種相對性現象。懸浮被歸入心靈致動範疇，也就是人類不以任何已知力量，便能夠移動物體（或他們本人）的本領。普索夫偶然讀到一些懸浮案例記載，根據物理學原理，那只有採某種方式來操控重力才可能實現。儘管多數量子物理學家都認為這實在沒道理，不過，倘若這種真空起伏果真是可以隨心所欲、任人駕馭之物（不論是作為汽車燃料，或光憑凝神專注就可以移動物體），那麼它就不只是種潛在燃料，而且對我們生活的所有向度，都有可能產生深遠影響。或許它還最接近電影《星際爭霸戰》裡所說的「原力」[4]。

普索夫做專業研究時相當謹慎，嚴格遵循物理學理論，絕不踰越傳統規範。不過他私底下相信有種背景能量之海，也開始了解其形上學意涵。如果物質並不呈穩態，而只是種基本要素，周遭瀰漫無規能量之海，按照他的構想，零點場應該可以作為一種空白基質，得以在上面錄下同調模式，更何況零點場也正是藉由波干涉編碼，把古今世上一切現象全都銘印下來。這種資訊或許可以說明粒子和場的同調構造。不過，說不定還有一道階梯，可以攀援探究其他的潛在資訊結構（比如說生物四周的同調場），或發揮宇宙的非生化「記憶」功能。甚至還可能藉由某種意志作用，來條理組織這類起伏現象。克拉克曾經寫道：「也許我們已經有非常小規模的運用：這說不定就可以解釋部

分『超效率』異常現象，說明為什麼聲譽卓著的工程師紛紛提出報告，表示多種實驗裝置都呈現奇怪結果。」

普索夫和海甚這兩位物理學家都絕不會讓思緒脫序失控。不過，一旦任憑心思徜徉片刻，他們便領悟這其中所代表的意義完全不下於宇宙的一統概念。這顯示萬物都有若干牽連，並與無垠宇宙的其他範圍全都保持均衡。

宇宙或許就是以學識資訊作為交流通貨，而且是銘印在這種反覆無常的流動資訊場中。宇宙能量場證明，宇宙的真正通貨（宇宙穩性的根本起因）就是能量的「交換」。倘若我們都是藉著場來彼此相連，說不定就有辦法連上這種龐大的能量資訊庫，並從中抽取資訊。只要有辦法駕馭這種龐大的能量庫藏——也就是說，只要人類具備某種量子結構，可以藉此來取用這種能量，那麼萬事幾乎都有可能辦到。但這其中的障礙是，我們的身體必須依循量子世界的定律來運作。

4：原力（The Force）是《星際爭霸戰》（*Star Trek*）系列作品中的核心概念。它是種虛構、超自然而又無處不在的神祕力量，是所有生物創造的一個能量場。

第3章 光的存在

弗里茨—艾伯特．波普（Fritz-Albert Popp）認為自己發明了一種癌症療法。那是在一九七〇年，就在米切爾飛向月球的前一年，當時波普任職於德國馬堡大學，從事理論生物物理學研究並講授放射線醫學，也就是研究電磁輻射與生物體系交互作用之學問。當時他正在鑽研對人類危害最大的致癌物質之一苯并甲芘（benzo[a]pyrene），這是一種多環碳氫化合物，而且用紫外線照射便會發光。

波普以光線隨性做了大量測試。他從烏茲堡大學就學期間就開始迷上電磁輻射對有生命系統的作用。波普讀大學時也在威廉．倫琴（Wilhelm Röntgen）待過的那棟建築裡做過研究，甚至偶爾也使用倫琴發現X射線的那個房間，並在那裡意外發現可以照出身體堅硬構造照片的某種頻率射線。

波普一直想確定以紫外線照射苯并甲芘這種致命化合物會激發出哪種作用。他發現，苯并甲芘具有一種怪誕的光學屬性。這種化學物質會吸收紫外光，接著卻發射出頻率完全不同的光，這就好像中央情報局探員截獲敵方通信訊號後，接著把資料混雜處理。這種化學物質同時也是一種生物干擾物質。接著波普又取苯并乙芘（benzo[e]pyrene，也是種多環碳氫化合物）進行相同實驗。就各方

面而言，苯并乙芘和苯并甲芘幾乎一模一樣，只除了其中一個化合環上有個細微差異，但這卻讓苯并乙芘無害於人類。這種特殊化學物質可容光線通過，而且成分不會改變。

波普不斷苦思這種差異，也不斷拿光和各種化學物質隨性進行測試。他還以其他三十七種化學物質來進行實驗，其中有些會致癌，有些則不會。經過一段時間，他已有辦法預測哪種物質會致癌；所有會致癌的化合物質，接受光照時全都會吸收紫外光並改變其頻率。

這類化合物還有另一種古怪特質。這類致癌物質只對特定波長——三百八十奈米的光線做出反應。波普始終不解為什麼致癌物質同時也是光頻率干擾物質。他開始閱讀學術文獻，特別是討論人類生物反應的著作，正好讀到「光修補」現象的資料。這種現象在生物學實驗室實驗中極為常見。如果用紫外線轟擊一顆細胞，使細胞百分之九十九（連同DNA）受損，這時只需要用波長相等的極弱光線照射這顆細胞，所有損傷幾乎都可以在一天之內完全修復。傳統科學家至今還是不了解這種現象，不過，也沒有人斥為無稽。波普也知道，罹患「色素斑乾皮病」皮膚症狀的病人，由於光修補系統失靈，無法修復日曬傷害，最後便死於皮膚癌。波普駭然發現，光修補機能在三百八十奈米波長表現最強，恰好，致癌化學物質也對這種波長起反應，還會干擾其頻率。

波普從這裡大幅向前推演該理念。大自然太完美了，這不可能只是巧合。倘若致癌物質只對這種波長起反應，這肯定和光修補有某種連帶關係。若真如此，致癌化合物質想必是擋住了這種光，還干擾其頻率，導致光修補機能不再運作，因此才誘發癌症。

波普每思及此，心中都要大感震驚，當下打定主意以此作為終生職志。他寫成論文，卻幾乎不

對任何人提起，所以後來當一份癌症專業方面的知名期刊同意刊出時，他還覺得欣慰，但也不是真的很意外。論文刊出之前好幾個月，波普顯得極為煩躁不安，擔心有人剽竊他的觀念。一旦不小心讓旁人聽到他的觀點，說不定那個人就會拿波普的發現去申請專利。而當學術界得知波普發現了一種治療癌症的作法，他霎時成為當代最著名的科學家。那是他第一次涉足新的科學領域，後來還因此榮獲諾貝爾獎。

事實上，截至當時為止，波普受獎已經成為常態，他所贏得的眾多獎項，幾乎囊括學術界的一切榮譽。就連他的大學畢業論文也獲頒倫琴獎，論文內容是討論小型粒子加速器的建造作法。這個獎項以波普的偶像倫琴為名，每年頒發給烏茲堡大學物理系大學部最優秀的學生。當年，波普就像中邪一般奮發研讀，比其他學生更早通過資格考。他還打破紀錄，在很短期間取得理論物理學博士學位。一般而言，德國大學生在畢業後都必須再研究多年才能取得教授職位，其中多數學科都要苦讀五年，而波普卻只花了兩年多一點的時間。波普在發現這種治療癌症的作法時，在同儕間已經相當出名，有少年鬼才之稱。會有這稱號不僅是因為他天資聰穎，也是因為他外表俊俏又充滿朝氣。

論文發表時，波普三十三歲，儀表堂堂，有著剛毅的下巴線條，雙眼澄藍目光懾人，一副好萊塢巨星神氣模樣，還長了張娃娃臉，怎麼看都比實際年齡年輕好幾歲。他確實還有值得誇耀的一面；同學們都知道他是校園最佳劍術家，歷經多場決鬥。

人們很難從波普的長相和舉止看出他的堅定意志。他就像米切爾，既是名科學家，同樣也擅長哲理思考。波普小時候還曾經嘗試了解世界至理，希望找出某種普世道理，解答他生活上的一切問

題。他甚至還打算研究哲學，後來一位老師告訴他，如果想要找到單一方程式來破解生命之祕，物理學領域或許更有機會得到成果，他於是才改變心意。然而，古典物理學卻斷言，現實是獨立於觀察者之外的一種現象，波普對於這點非常懷疑。波普贊同康德的哲理，認為現實有生命系統創造，觀察者肯定是他所處世界的創造核心。

波普的假設

波普的這篇論文讓他馳名於世。海德堡德意志癌症研究中心邀請他參與一場為期八天的全方位癌症研討會，對十五位世界頂尖的癌症專家發表演講。他身著嶄新西裝到場，裝扮極為講究，在討論會上無出其右，然而他的語言能力卻其差無比，只能艱澀地用英語表達他的意思。

就學術來講，波普的提報和論文都無懈可擊，但唯一的問題是論文中假設生物體內會發出三百八十奈米波長的弱光。就研究癌症的人看來，這項細節等於是個玩笑。他們告訴波普，如果體內真的有光，難道到這個時候還會沒人注意到嗎？

只有一位研究人員深信波普並沒有錯，她是在居里夫人研究院從事分子致癌活性研究的光化學專家。她邀請波普前往巴黎與她協力研究，但卻在與波普展開合作之前因癌症病逝。

癌症研究人員質疑波普，要他提出證據。於是波普因應挑戰，只要他們能幫他建造合用的設備，他就可以證明那種光從哪裡發出。

不久之後，一名叫做貝恩哈德．魯斯（Bernhard Ruth）的學生來找波普，希望波普指導他的博

士論文研究。

「沒問題，」波普說，「不過你要證明身體裡面有光。」

魯斯認為這項提議很荒謬，身體裡面當然沒有光。

「那好，」波普說。「那就給我證據，證明身體裡面沒有光，然後你就能拿到博士學位。」

這次會面為波普帶來好運，因為魯斯正是一名傑出的實驗物理學家。他開始動手建造設備，後來靠這套裝備，徹底證明身體並不會發光。他不到兩年時間就製成一台大型的X射線偵測器，內裝有光電倍增管，可以逐一清點光子數量。至今，這台機器還是「場」研究的頂尖設備，它必須極為靈敏，才能夠用來測量波普假想的極弱光放射。

一九七六年，他們進行了第一次嘗試。在實驗前他們種植了幾種植物，採收小黃瓜擺在機器裡面。光電倍增管偵測到秧苗射出的光子（或就是光波），而且強度高得出乎意外。魯斯深感懷疑，他認為這和葉綠素有關，波普也抱持相同看法。他們決定下次進行實驗（採用馬鈴薯）時，要在黑暗環境中培養秧苗，不讓植物進行光合作用。然而，這批馬鈴薯擺進光電倍增管之後，所登錄的光度還比第一次的結果更強，證明這種效應和光合作用完全沒關係。另外，根據他的檢視結果，有生命系統裡面的光子具有高度相關，超過他所見的其他一切事例。

就量子物理學領域，量子相干性是指次原子粒子能夠協同運作。這種次原子波或次原子粒子不只彼此知道對方，還藉由尋常電磁場帶緊密互聯，於是它們便能相互溝通。它們就像全都開始共振的大批音叉，隨著波動調和同相或同步運作，它們便開始像一股壯闊波動和一顆巨大的次原子粒子

那樣運作，這時的它們很難區辨彼此。許多見於單波的詭異量子效應，也適用於整體。對其中任何一個次原子波或次原子粒子有所作為，也會影響到其他的次原子波或次原子粒子。

相干性構成溝通，這就像是次原子電話網絡。相干性愈好，電話網路也愈精密，電話機的波圖樣也會愈細緻。最後的結果便是類似一支大型管絃樂隊，所有光子各自扮演一種樂器，單獨奏出分部曲調的合奏演出，但聽眾很難從中區辨任一樂器。

波普還目睹一種更奇妙的現象，他發現有生命系統的潛在最高階量子序，或就是相干性。這種相干性稱為玻色—愛因斯坦凝聚（Bose-Einstein condensate），通常只能在超流體或超導體等原料物質才觀測得到，而且必須在非常低溫、只高於絕對零度幾度的實驗室才行，在溫熱、雜亂的生物環境是無從觀測的。

身體指揮家——光子

波普開始思考自然界的光。植物裡當然會有光，而這些光就是用來進行光合作用的能源。他認為，當我們吃植物糧食，我們自然也攝取光子並儲存起來。比方說，我們吃了一些青花菜，接著把它消化代謝為二氧化碳和水，以及它先前經由光合作用儲存起來的陽光。我們吸取二氧化碳，排出水分，至於光（屬一種電磁波）則必須儲存起來。當光子被身體吸收，其所含能量便會耗散，最後從最低到最高頻率，均勻分布於整個電磁波譜。於是，這種能量便成為我們體內一切分子的驅動力量。

光子啟動身體的處理程序，它們就像指揮家，分別啟動每件樂器，集結構成合奏。它們在不同頻率分別扮演不同的功能。波普進行實驗，發現細胞分子對特定頻率產生反應，而且特定頻率區間的光子振動也會激發身體的其他分子，產生各種不同的頻率。還有，藉光波也能解釋為什麼身體能夠瞬間以不同部位來應付繁複功能，或者同時進行兩件或更多事項。他後來將其稱之為「生物光子發射」，這類作用可以構成完美的溝通系統，在生物體內傳輸資訊到許多細胞。不過，其中還有一項最關鍵的疑問：光子是從哪裡來的？

我們知道，當在DNA樣本上施用溴化乙錠（ethidium bromide）染色劑，這種化學物質會自行嵌入雙螺旋的鹼基對中促使螺旋鬆開。因此波普一位資稟優異的學生說服他試做一項實驗，這位學生提議在施用溴化乙錠後，設法測量樣本發出的光量。波普發現，當他提高溴化乙錠濃度，鬆開的DNA就愈多，發出的光也愈強烈，而當施用的量愈少，發射的光則愈微弱。他還發現，DNA能夠射出的頻率範圍極大，而且有些頻率還似乎與若干功能有連帶關係。倘若DNA能夠儲存這種光，那麼鬆開時所發射的光量自然也會更多。

根據這些實驗和其他若干研究，波普了解，DNA是最重要的光儲備和生物光子發射來源之一。DNA肯定就好比生物體內的最主要音叉，能夠擊出特定頻率，於是其他若干分子也會隨之共振。照這整個情勢來看，波普很有可能找到了近代DNA理論的遺失環節，而且還可以用來解釋人類生物學中無與倫比的重大奇蹟：單一細胞轉變為完整人身的方式。

難解謎團

生物學的一項重大謎團是人類以及其他所有生物是如何構成幾何造形？現代科學界大致上都能了解人類如何長出黑眼珠並擁有七尺之軀，甚至還能明白細胞如何分裂。不過這群細胞到底如何判斷在建構過程的每個階段該如何自處，讓手臂長成手臂而非腿部的問題就難解得多。另一個謎團是細胞的組織機制如何能夠條理聚集，組成類似人形的立體造形？

科學界提出的解釋通常都牽涉到分子間的化學交互作用，而且也會提到ＤＮＡ盤繞成雙螺旋的遺傳編碼，包含身體蛋白質和胺基酸的藍圖。每條ＤＮＡ螺旋（或稱為染色體）都包含核甘酸長鏈，核甘酸也稱為鹼基，由四種成分構成（縮略分別為ATCG），而且每個人體內的鹼基排列方式都不同。人體內的一千兆顆細胞，每顆都有完全相同的二十六對染色體，也全都包含核甘酸。最為人採信的觀念是基因按照一種遺傳「程式」來共同運作並決定造型，或者根據理查．道金斯（Richard Dawkins）等新達爾文派學者的觀點，這群基因就像芝加哥惡棍般無情，還有能力塑造外形，我們都是「生存機器」——經過盲目規畫的自動控制載具，目的就是要保存稱為「基因」的利己分子。

這個理論倡言ＤＮＡ是人體內部的飽學之士（同時身兼建築師、營造大師以及核心引擎室的角色），它只需運用蛋白質建材作為工具，便能夠進行這種奇妙的活動。按照現代科學觀點，ＤＮＡ有辦法採用某種方式來製造身體，並且只要有選擇性的關閉或啟動若干段落（也就是基因），就可以全盤導引身體的一切機能活動。基因的核甘酸（或遺傳指令）先選出若干ＲＮＡ分子，接著便由

RNA負責從胺基酸系統當中選出遺傳「單字」，以此來製造特定蛋白質。照理這些蛋白質便能夠建造身體，同時也能夠啟動或關閉細胞內部的所有化學過程，最後便是以這些化學作用來控制身體運作。

蛋白質肯定對身體機能有重大影響。然而，達爾文派學說仍無法解釋DNA如何知道何時該進行這種協調工作，也無法解釋這一切盲目碰觸、相互誘發的化學作用為什麼都能在同時發生。平均而言，每顆細胞每秒都要經歷約十萬種化學反應，這一套過程同時在身體所有細胞裡面一再重複，任一時刻都有幾十億種化學反應，此起彼落不斷上演。這個關鍵時機肯定大有講究，因為在全身幾百萬顆細胞裡面，一旦一項化學過程略有偏差，只需幾秒鐘，那個人就要自行瓦解了。然而，遺傳學家卻都沒辦法說明，身為控制室的DNA，它是靠哪種回饋機制才得以協調各個基因和每顆細胞的活動，讓它們構成系統協同運作？是哪種化學或遺傳過程告訴特定細胞要長成手部而不要變成腳？以及哪種細胞過程該在何時出現？

倘若所有的基因就像某種無從想像的大型管絃樂團那樣協同工作，那麼是誰，或是什麼東西來負責指揮？還有，倘若這些過程全都肇因於分子間的簡單化學碰撞，那麼速度怎麼會那麼快，還能夠促成生物在每一分鐘的生活歷程中表現出一致的行為？

當受精卵開始複製並發展出後代細胞，它們便根據最後所要扮演的角色，開始組成身體的各式

構造和機能。儘管所有後代細胞全都包含同一套染色體，並具有相同的遺傳資訊，每種細胞立刻就「知道」該運用不同的遺傳資訊分別表現不同的行為。所以，每種基因肯定都能「知道」何時該輪到它們上場演出，而不該由其他同伴表演。此外，基於不明原因，這些基因也都能知道該在正確部位製造出多少顆各式細胞。因此，每顆細胞都必須認識周遭的細胞才能了解自己該如何納入這個整體架構。要辦到這點，細胞之間自然擁有一套巧妙的溝通作法，而且是在胚胎發育的非常早期階段就已經擁有。這種細胞間的巧妙溝通，在我們生活中繁複的每個片刻全都不可或缺。

遺傳學家都能體認細胞分化的根本要件，就是細胞必須在早期就知道該如何特化，接著還有辦法記住自己與眾不同，並且把這項極重要的資訊轉達給後代細胞。但是這究竟是如何辦到的？尤其步調又是如何能夠如此快速？目前的科學家都仍只是無奈聳肩。

道金斯自己也承認：「最後究竟是怎樣發育為嬰兒，其中內情足夠讓胚胎學家花上幾十年時間，說不定還要幾個世紀才能真正了解。然而這卻是實際發生的事實。」

換句話說，科學家面對這個問題就像是束手無策但求結案的警察，沒有經過辛勤蒐證，就先逮補最可疑的嫌犯，其中的細部確鑿證據，有關於蛋白質是怎樣自行完成這一切成就，依舊全無正確認識。至於細胞過程的協力運作，生化學界其實根本沒有想過這項問題。

✧

英國生物學家魯珀特・謝德瑞克（Rupert Sheldrake）針對這種研究途徑，持續不懈提出極嚴苛

的挑戰，他論據表示，用基因活化以及蛋白質來解釋外形發育實在是說不通，也不比用營建工地的建材運輸作業來說明那處房屋建物的結構更高明。他還說，現有的遺傳理論也無法解釋發育中的系統如何自動調節，以及當系統在成長歷程增添或移除某一部分時，又是如何正常發育，而且理論也不能解釋生物如何再生——替換遺失或受損的構造。

謝德瑞克在印度參加苦行團活動時，突然湧現高度靈感，他設想一種「構形因果假設」，認為自組織型活物（從分子和有機體到社會，甚至包括完整星系）全都是由「形態場」（morphic field）塑造成形。這種場和縱貫文化和時間的相仿系統構成一種形態共振（也就是一種累積記憶），因此各種動植物都不只能夠「記得」該呈現哪種相貌，還知道該怎樣作用。謝德瑞克採用「形態場」一詞，還自創了一整套語彙，描述從分子到社會體等生物體系的自我組織特質。根據他的觀點，「形態共振」就是「同類物之跨時空相互影響」。他相信這類場（他還認為這類場的數量很多）天生記得正確的外形和形式，並能迴響跨越世代，因此和電磁場並不相同。我們知道得愈多，其他人就愈容易追隨我們的腳步。

謝德瑞克構思出的理論既漂亮又簡單。然而，他自己也承認，這項理論並沒有說明一切現象背後的物理學原理，也沒有解釋這些場怎麼有可能儲存這類資訊。

就生物光子發射課題，波普認為他能夠解答這種形態發生問題，還能說明「完形建構作用」（細胞的協調和溝通作用）——這種現象只出現於具有單一核心協調單元的完整體系。波普以實驗證明，這類弱光發射便足以協調身體運作，而且由於這類溝通都是發生在量子能級，因此發射強度

必須很弱，同時也只有在較大尺度世界，才能感受到較強的光度。

波普開始鑽研這個領域，他發現之前已經有眾多前輩為自己奠定基礎。根據他們的研究推測，有種電磁輻射場，不知為何便能夠引導細胞體生長。「有絲分裂輻射」的初步發現成就，得歸功於蘇俄科學家亞歷山大．古爾維奇（Alexander Gurwitsch）。古爾維奇於二〇年代在洋蔥根內發現這種輻射，名字也是他起的。古爾維奇假定，促成生物體形成構造的起因或許就是種場，並不只是化學物質而已。儘管古爾維奇的研究成果大半都屬於理論範疇，後來的研究人員則能夠證明，組織發出的弱輻射能夠激發同一有機體內的相鄰組織成長。

到了四〇年代，耶魯大學的神經解剖學家哈洛德．伯爾（Harold S. Burr），針對這種現象做了其他幾項研究，而如今已經有許多科學家重做這類早期研究。伯爾研究、測量生物周圍的電場，並特別以蠑螈類為對象。伯爾發現，蠑螈具有一種能場，其造型就像隻成年蠑螈，而且就連未受精卵也都具有這種藍圖。

伯爾在各式各樣的生物周圍，也都發現這種電場，從黴菌到蠑螈和蛙類，甚至連人類都包括在內。電場的改變和多種現象，包括成長、睡眠、再生、光、水、暴風雨、癌症滋長，甚至連月亮盈缺都有關連。他針對植物幼苗做了實驗，結果他所發現的電場和發育後期的成熟植物電場相仿。

二〇年代初期還有一項有趣的實驗，那是德克薩斯大學的研究員埃爾默．倫德（Elmer Lund）研究水螅類群所得的成果。水螅是一種細小的水生動物，擁有多達十二個頭部，而且都具有再生能力。倫德（以及後來的其他人士）發現，施以極微弱的電流通過水螅的身體便能控制再生作用。倫

德使用了較強的電流，超過這種生物本身的電力，結果原本應該長出尾巴的部位就會長出一個頭。五〇年代，馬什（G. Marsh）和畢姆斯（H. W. Beams）進行了幾項研究，他們發現，只要電壓夠高，就連扁蟲也會開始重組——頭部會變成尾部，反之亦然。然而，另有其他研究也證明，若是取非常幼小的胚胎，把神經系統切斷，嫁接到另一個健全胚胎身上，結果牠還是會存活下來，就像是連體雙胞胎，貼著健全胚胎的背部存活。另有其他幾項實驗也證明，施以微弱電流通過蠑螈的身體，還能逆轉其再生過程。

整形外科醫師羅勃特・貝克（Robert O. Becker）的研究焦點，主要是試圖刺激或加速人類和動物的再生歷程。不過，他也在《骨骼和關節外科期刊》（*Journal of Bone and Joint Surgery*）發表了許多實驗報告，顯示腿肢被截除的蠑螈等動物，殘肢部位會出現電荷改變，而且這種電壓攀升現象會持續到新的肢體長出為止。

✧

許多生物學家和物理學家都發展出一種觀念，認為輻射波和振盪波讓細胞同步分裂，也促使染色體指令傳遍全身。這其中最有名的，或許就數利物浦大學的赫伯特・佛羅利希（Herbert Fröhlich）。他曾經榮獲威望顯赫的普朗克獎章，還獲頒德國物理學會年度獎，表彰他投身物理研究生涯的傑出成就。佛羅利希極早就引進一項觀念，認為有某種集體振動促成蛋白質彼此合作，協力執行ＤＮＡ和細胞內蛋白質指令。佛羅利希甚至還預測，蛋白質內部所生成的這種振動，能夠在

緊貼細胞膜內側的部位產生某些頻率（如今稱為「佛羅利希頻率」）。小規模蛋白質作用應該就是以波交流方式來完成，好比胺基酸的作用就是一例，而且波交流也應該可以當作蛋白質與整體系統同步活動的優異運作方式。

佛羅利希本人還完成若干研究，證明一旦能量達到某個門檻，分子就會開始和諧振動，直至全都達到某種高相干層級為止。一旦分子達到這種同調態（相干態），便具有若干量子力學特性，包括非定域性。這時它們便能夠協同運作。

義大利帕多瓦大學物理學家雷納托・諾畢利（Renato Nobili）投入實驗，累積動物組織發出電磁頻率之相關證據。他實驗時發現，細胞內液帶有電流，也能產生波圖樣，而且結果和偵測腦皮質與頭皮所得腦電圖（EEG）讀數相符，波圖樣兩相一致。俄國諾貝爾獎得主艾伯特・山特—捷爾吉（Albert Szent-Györgyi）提出假設，認為蛋白質細胞的作用就像半導體，能夠保藏電子能量，並將能量轉換為資訊向外傳布。

然而大體而言，這些研究多半都被人忽略，古爾維奇的初期研究也不例外。究其原因，大半是由於設備不夠靈敏，在波普的機器發明之前，沒有儀器能夠測量這種纖細的光粒子。此外，由於內泌素的發現，加上生物化學初創，於是在二十世紀中期，凡是涉及運用輻射來做細胞溝通的理念，最後全都被擺到一旁，因為當時一味認為這一切都能以內泌素或化學反應來解釋。

等到波普製成光機器時，他在DNA輻射理論界已稱得上是孤立無援。不過他頑強投入，加緊從事實驗，對這種神祕光的特性也了解愈深。他更深入測試，發現的就更多，得知一切生物全都不

斷射出光子流（從最基本的動植物到極端繁複的人類全都包含在內），且發射的電子數從幾顆到幾百顆都有。發射的光子數和生物的演化等級地位似乎有連帶關係：生物愈複雜，發射的光子數愈少。原始的動植物，每秒每平方公分的光子發射數量往往可以達到一百顆，波長為兩百到八百奈米，相當於非常高頻的電磁波，明顯落於可見光區間。就人類而言，以相等面積、時間和頻率而論，發射數量只為十顆。他還發現了另一種古怪現象，當光線照射於活細胞，這時細胞便會吸光，然後延遲一陣子，接著才發出強光——這種過程稱為「延遲發光」。波普推測這可能是種矯正設計，有生命系統必須維持微妙的光均衡。就本例而言，當生物接受太多光照轟擊，便會將額外部分排除。

神祕光子流

世界上很少有地方是完全漆黑。只有圍蔽包殼才算得上是漆黑，裡面只剩下幾顆光子。波普就擁有一處包殼，那是一個十分黑暗的房間，裡面每分鐘只能檢測到極少數光子。這是唯一適合用來量度人類光的實驗室。他開始以幾名學生作為對象，研究他們的生物光子發射模式。他要其中一名實驗者（二十七歲的年輕健康女士）每天都坐在室內，為期九個月，並由他檢測她手部和前額小範圍的光子讀數。波普分析所得資料後，其結果讓他大感驚訝。他發現光發射是遵循一套模式——呈現七、十四、三十二、八十和二百七十天的生物節奏，這些日子的發射作用完全一致，甚至在一年之後依舊不變。左右兩手的發射情況也有關連，倘若從右手射出的光子數增加，則左手的發射數量

同樣也會增加。就次原子層級而言，兩手是以同相波動。談到光，右手知道左手的作為。發射似乎還遵循其他的自然生物節奏；就日、夜、週、月，都可以察覺到雷同特性。看來身體除了本身自有節奏之外，還依循世界的生物節律。

至此，波普只針對健康人進行研究，並發現了量子能級的微妙相干性。不過，生病的人會發出哪種光？他針對一批癌症患者進行實驗，結果顯示所有癌症病人全都喪失這種自然週期節律，連他們的相干性也消失，內部溝通線路全都受到干擾。他們不再能夠與世界聯繫。事實上，他們的光逐漸熄滅。

多發性硬化症的情況則剛好相反：多發性硬化症是種秩序過度的狀態。罹患這種疾病的人吸收太多光，協調合作太甚，結果便失去彈性和個體性；這就像是部隊齊步過橋之時，由於人數太多，便把橋給踏垮。完美的協調合作正是一種界於混亂和秩序之間的最佳狀態。協調合作太甚，就像是樂團裡的個別成員無法再做即興演出。多發性硬化症患者是被光淹沒了。

波普還檢視了壓力的影響。生物光子發射作用在壓力狀態下便會增長——這是一種防衛機制，目的是要設法讓患者恢復均衡。

這一切現象讓波普開始構思，他認為生物光子發射具有矯正作用，這是零點場起伏之有生命系統的運作機能。所有系統都希望自由能量達到最低程度。理想世界裡的波動全都藉由破壞性干涉彼此牴銷，然而就零點場而論，這卻不可能實現，因為場內會不斷出現細微能量起伏來干擾系統。發射光子是一種補償作為，目的是要制止這種干擾，並設法取得某種能量均勢。就波普的想法，零點

場迫使我們成為蠟燭。最健康的身體發光最弱，也最接近零點態，這就是有生命事物最嚮往、最接近空無一物的狀態。

這時波普便了解，他這一向所進行的研究，不單單只是癌症療法或完型建構實驗。他進行的實驗是一種模型，可以比當代的新達爾文理論更妥善解釋地球上為何會演化出這一切生物。這並非是一種完全仰賴隨機誤差，只憑運氣才僥倖構成的系統，倘若ＤＮＡ是採用各式各樣的頻率來作為資訊工具，據此便可推知，這是種能夠進行理想溝通的回饋系統，藉由波來編碼並傳遞資訊完成交流。據此或許也能夠解釋身體為什麼能夠再生。遠溯自三〇年代，便有實驗以蠑螈為對象，將牠們的肢體、雙顎之一完全截除，甚至摘除單眼晶體，結果這些器官依舊能夠完整再生，就好像遵照潛藏的藍圖重新長出。

這個模型或許也可以解釋幻肢現象，這是截肢人士一種強烈身體感覺，截肢以後覺得失去的手臂或腿肢仍舊存在。許多截肢人士都訴說他們喪失的肢體出現真實的強烈痙攣、疼痛或搔癢感受。他們體驗的肉體感受或許是真的，那是肢體依舊存在的幻影，就銘印在零點場。

波普逐漸想通，或許體內的光還握有健康和疾病的關鍵。有一次波普以雞蛋做實驗，他取得自由放養和層架圈養母雞下的蛋，比對兩批雞蛋所發射的光。結果發現自由放養母雞所下的蛋，光子相干性遠超過取自層架雞籠的雞蛋。接著他還以生物光子發射為工具來測量食物的特性。最健康的食物所發射的光強度最低，而且相干性最高。每當系統出現干擾，光子發射數量全都會提高。健康狀態就是理想的次原子溝通態，健康不良則是溝通瓦解的狀態。當波動不再同步，我們就會生病。

顛簸的研究之路

波普才發表他的發現，很快便引來科學界攻伐。波普在科學界的許多德國同胞都認為他的耀眼才華終究光輝不再了；在他所任職的大學裡，凡是想研究生物光子發射的學生，都開始遭受譴責。到了八〇年代，波普的助理教授合約期滿，大學託辭要他離職。就在他任期終止前兩天，大學行政人員結隊進入他的實驗室，要求他交出所有設備。所幸，有人對波普透露臨檢消息，讓他事前獲得一名學生同情協助，把他的光電倍增管藏在學生宿舍地下室，他的寶貝設備才得以完整無損隨著他離開校園。

馬堡大學對待波普就像是處理罪犯，並沒有給予公平審判。波普擔任助理教授數年，以他這些年來的服務，理應獲得相當額度的津貼，但馬堡大學卻拒絕支付。他只好訴諸法律，求償學校欠他的四萬馬克。他雖要回了這筆錢，但他的事業生涯頓成泡影。那時他已經結婚，有三名年幼子女，事業前程茫無頭緒。當時沒有一所大學打算與他接觸。

看來，波普的學術生涯似乎已經終結。他在羅德勒藥廠（Roedler）待了兩年，那是一家製造順勢醫療*用藥的私營藥廠，也是極少數採信他這套離奇理論的機構之一。不過，以波普在自己實驗

*：順勢療法（Homeopathy）的原則就是類同醫治類同（like cures like），如果健康的人大量服用一種物質會導致某些疾病和症狀，那麼讓病者少量服用這種物質就可以醫治這些病症。

室中的頑強獨斷作為，他依舊堅持不懈，深信他的研究正確無誤。最後，他終於獲得凱澤斯勞騰大學沃爾特·納格爾（Walter Nagl）教授的贊助，延攬他協力合作。結果波普的研究又惹惱該大學教職員，並被要求辭職，理由是他的研究有損大學清譽。

最後，波普在凱澤斯勞騰理工中心謀得一職，該機構大半都靠政府資助從事應用研究。此後他花了二十五年才逐漸扭轉學界人士觀點。慢慢地，全球各地都出現少數科學家，逐一開始考慮身體的溝通系統或許是種複雜的共振頻率網絡。他們還建立了生物物理學國際研究院，包括十五個科學家團隊，分別來自世界各地的國際核心機構。這時波普也已經在杜塞爾多夫附近的諾伊斯為他的新團隊找到辦公處所。當時有一群遍布世界各地的知名科學家，至少都開始贊同他的主張，包括一位諾貝爾獎得主的兄弟、古爾維奇的孫子、一位任職波士頓大學並兼在日內瓦歐洲核研究中心核子研究實驗室服務的核物理學家，還有兩位中國生物物理學家。波普至此時來運轉，突然間，世界各地的若干知名大學陸續提出合約，希望延攬他加入。

用光溝通

波普和他的新同事繼續研究光發射，他們以同種動物的不同個體為對象，首先是針對一類水蚤（屬名為*Daphnia*，中譯為「溞」）來做實驗。他們的發現令人震撼不已。光電倍增管檢測結果顯示，水蚤會吸取其他水蚤所發射的光。波普以小魚試做相同實驗，發現牠們也有相同作為。而根據他的光電倍增管讀數，向日葵就像是生物真空吸塵氣，會轉向面朝陽光最強的方位來吸取光子。就

連細菌也會吞噬自己所處媒介中的光子。

波普開始醒悟，了解到體外的這類發射有其目的。波共振不只用來做體內溝通，還可以用來做生物間交流。兩個健康的生物，藉由光子交換從事波普所稱的「光子吸取作用」。波普認為這種交換作業或許能夠揭開動物界若干最難解的謎團：魚群、鳥群如何在瞬間表現出完美的和諧動作。研究動物返家能力的許多實驗者都證明，動物這項本領完全不是遵循慣用路徑或嗅聞氣味行進，甚至和地球的電磁場也毫無關係，其實這是種無形的溝通方式，就像彼此間有條無形的橡皮筋，甚至當動物與人類相隔幾公里，也都能發揮作用。就人類而言還有另一種可能效用，倘若我們能夠吸取其他生物的光子，或許就能夠運用這項資訊，於是當我們的光偏離常態時，便得以藉此進行矯正。

波普已經開始針對這項觀念進行實驗。倘若致癌化學物質能夠更動身體的生物光子發射，那麼說不定有其他幾種物質能夠重行強化溝通作用。波普想要知道，是否有某些植物萃取物質能夠改變癌細胞的生物光子發射特徵，這樣一來，癌細胞就會與身體的其他部位再啟交流。

他開始進行實驗，鑽研幾種據稱能夠用來治療癌症的無毒物質。但除了槲寄生之外，其餘物質都只會增加腫瘤細胞發出的光子數量，對身體的致命危害更甚。槲寄生似乎能幫助身體，讓腫瘤細胞的光子發射作用「再社會化」，並使其恢復常態。波普針對許多個案做實驗，其中一名受試者是罹患乳癌和陰道癌的三十多歲女性。波普取槲寄生和其他植物的萃取物，試用於她的癌組織樣本。結果發現，某種槲寄生藥劑能夠促使樣本組織產生與身體相仿的相干性。那位女士徵得醫師同意，除了這種槲寄生萃取物之外，不再接受其他任何治療。過了一年，她的實驗室檢驗數據結果差不多

全都恢復正常。這名原本已經放棄希望的末期癌症女性患者，只採用一種草藥，便使她的光恢復正常。

就波普的看法，順勢療法也是光子吸取作用的實例。他早就開始把這種療法當作一種「共振吸收器」。解鈴還需繫鈴人是順勢療法的基礎理念，若有某種植物萃取物，以完整活性可以導致身體罹患蕁痲疹，那麼這種物質經過極度稀釋，便可以用來治療這種疾病。倘若體內有種劣質頻率能引發某群症狀，那麼，能夠引發同類症狀的某種物質，經過大幅稀釋，也依舊帶有這種振盪頻率。對症順勢解藥就像是共振音叉，或許能夠吸引不當振盪，然後予以吸收，如此便得以促使身體恢復正常。

波普認為，說不定還可以用電磁分子訊號發射來解釋針灸的效能。根據傳統中醫理論，人體帶有一套經絡系統，深植於組織內部，而且華人所說的氣（生命力）是一種隱形的能量，順著經絡通行並流遍全身。按照學理，氣是通過針刺穴位進入身體，循此流入（與西方人類生物學所述並不吻合的）深處器官構造並供應能量（因此也供應生命力）。每當經絡路徑出現能量阻塞便要引發疾病。按照波普的見解，經絡系統的作用或許就像波，能夠引導特殊身體能量傳達至特定範圍。

科學研究證明，體表許多針刺穴位的電阻都很低，和穴點周圍皮膚之電阻值有很大的出入（穴點中央為一萬歐姆，而周圍皮膚則為三百萬歐姆）。還有研究顯示，以低頻刺激穴位時，身體會釋出具鎮痛效果的腦內啡，還有稱為皮質醇的類固醇。若是改以高頻刺激，則會釋出重要的情緒調節神經傳導物質，好比血清素和正腎上腺素等。而刺激穴位周圍的皮膚，就不會出現這類現象。然

而，另有項研究則證明，針灸能夠擴張血管，提高輸往體內遠方器官的血流流量。還有一項研究證明經絡存在，並顯示針灸對多種疾病都有療效。

整形外科醫師羅勃特．貝克針對身體電磁場完成大量研究，他設計了一種專用電極記錄器，很像是切割披薩的器具，可以沿著身體滾動。經過多項研究，結果顯示在每位受試者的相同部位，全都可以測得電荷，而且位置和中國的經絡穴點完全吻合。

許多現象都可以深入探究，有些或能獲得成功，有些則否。不過，波普深信一點：他的ＤＮＡ和生物光子發射理論正確，而且光子發射還能驅動身體處理過程。他心中篤定堅信生物學是由他觀測到的量子過程驅動，他只欠其他科學家的實驗證據來顯示這是如何成真。

巴黎城郊稱不上時髦的克拉瑪區一棟白色移動式小屋內，一顆心臟擺在特製的細小臺架上繼續搏動。這要歸功於一小群法國科學家，提供適度比例的氧氣和二氧化碳來維持心臟生機，這正是最先進的心臟移植外科手術所採用的一項技術。不過，這次並沒有捐贈者，也沒有受贈者；那顆心臟早就從主人體內移除，原本屬於一隻盛年的雄性天竺鼠（哈德萊品種）。科學家只對器官本身感興趣，他們已經對它施用乙醯膽鹼和組織胺，兩種都是大家熟知的血管擴張劑，接著又使用阿托品和美吡拉敏，這兩種藥劑都能夠增益其他藥物的效用，最後則量度冠狀動脈血流量及心搏速率等變化。他們想知道心臟會表現出哪種反應。

這裡並沒有發現意外之事。一如預期，組織胺和乙醯膽鹼都提高冠狀動脈的血流量，而美吡拉敏和阿托品則產生抑制效果。這項實驗唯一不尋常處是，促成改變的原動力，其實並不是藥劑化學物質，而是細胞的電磁訊號低頻波，而這組訊號波是採用特別設計的轉換器，由一台配備聲效卡的電腦記錄下來。實驗就是以這組訊號施用於天竺鼠的心臟，也就是這種頻率低於兩萬赫的電磁輻射來促使心臟加速，而這種結果也正是這類化學物質本身能夠生成的效應。

這種訊號能夠有效取代化學物質，因為訊號就是分子的識別標誌。這群成功以訊號取代化學物質的科學家團隊，默默地領會這項成就的爆炸性本質。藉由他們的努力，分子發訊尋常理論以及細胞如何彼此「交談」的理論，全都出現重大改變。他們開始在實驗室中證明波普不久之前所提出的觀點，顯示宇宙間的每顆分子全都有種獨特頻率，而分子和世界談話所採用的語言就是共振波。

當波普推敲生物光子發射的恢宏意涵之時，一位法國科學家也在檢視這種光對個別分子的影響。波普認為生物光子發射能夠協調一切身體過程，而那位法國科學家則是發現了這種作用的巧妙運作方式。波普在身體內部觀察到的生物光子振動，能夠促成分子振動並發出本身獨有的識別頻率，得以發揮獨有的驅動力量，也構成分子的交流手段。早先這位法國科學家便曾凝神傾聽這種細微振盪，聽見宇宙的交響樂章。我們身體內的每顆分子都奏出一個音符，並傳遍全世界。

這項發現意味著法國科學家雅克．賓文尼斯特（Jacques Benveniste）的事業生涯就要徹底改觀，邁向艱鉅路途。截至八〇年代之前，他都是依循光明坦途成就傑出事業。賓文尼斯特是位醫師，在巴黎醫院體系完成住院實習階段，接著便投入過敏症研究，成為過敏症和發炎症狀專家。他曾被指派擔任法國國家健康暨醫療研究院（INSERM）的研究主任，並由於發現了一種與氣喘等過敏症作用機制有關的血小板活化因子而名噪一時。

五十歲時，賓文尼斯特已傲視全球。無疑他也期盼能夠在既存體制博得國際聲譽。在這個領域中，他以身為法國人為榮，因為自笛卡兒時代以降，投入這一行的同胞人數恐嫌不足。當時謠言滿天，都說賓文尼斯特有可能獲得提名競逐諾貝爾獎，其躋身少數法國生物學家候選人之一。他的論

文經常被國家健康暨醫療研究院的科學家引述，而這就是榮譽和地位的表徵。他還獲得法國國家科學研究中心（CNRS）的銀牌獎，這是法國科學界最具聲望的榮耀之一。賓文尼斯特的五官分明，相貌堂堂，舉止高雅，言辭俏皮幽默，而且他已結婚達三十年。不過，無論是他的婚姻狀態或是他的圓滿現況，都完全約束不了他無傷大雅的花心傾向，身為法國人，他認為這種特質多少是一定要有的。

然而在一九八四年，這條通往光明前程的康莊大道卻意外偏離正途，起因於一個小小的運算錯誤。那時賓文尼斯特在國家健康暨醫療研究院的實驗室研究嗜鹼性細胞脫粒作用——特定白血球對過敏原的反應。有一天，伊莉莎白．戴夫納斯（Elisabeth Davenas，他的頂尖實驗技師之一）來找他，告訴他根據她的紀錄，儘管溶液中的過敏原分子數極少，白血球卻依舊出現反應。這個發現完全始於運算時的一項小錯，她誤以為原始溶液的濃度較高，於是再加稀釋，想調配得到正常濃度。她就這樣偶然把溶液大幅稀釋，最後只殘留極少數原有的抗原分子。

賓文尼斯特檢視資料，然後毫不留情地把她轟出辦公室。他宣稱她所提出的結果絕對不成立，因為該溶液裡並沒有抗原分子。

「妳根本就是用水在做實驗，」他告訴戴夫納斯，「回去重做一遍。」

後來她設法重做實驗，用相同溶液得出相同結果，這時他才了解，戴夫納斯這位一絲不苟的研究人員或許是發現了值得探究的現象。往後幾個星期，戴夫納斯一再帶著無從解釋的結果回到他的辦公室，顯示從效力極度弱化的溶液，產生出強大的生物學作用，然而以溶液的抗原含量，卻不可

能造成這種效果。於是賓文尼斯特便構思出各式牽強學理，試圖以眾所周知的生物學理論來解釋這類結果。他認為可能是後來有另一種抗體產生作用，也或許這是對第二種不明抗原所產生的反應。

他的實驗室助教群中的一位順勢治療師觀察這些結果後，信口表示這些實驗結果和順勢療法的原理非常接近。那套醫療體系把活性物質溶液大幅稀釋，直到原始物質幾乎一點不剩，這時便只留下其「記憶」。當時，賓文尼斯特根本連順勢療法是什麼都不知道——他這位醫師就是這麼傳統。不過，潛藏在他心中的那位研究科學家卻對此燃起熊熊的研究欲望。他要戴夫納斯進一步稀釋溶液，讓裡面完全不留下絲毫活性物質。這組新研究所用的溶液完全是純水，然而不管溶液稀釋到什麼程度，戴夫納斯卻是不斷獲得一致的結果，彷彿裡面依舊保有活性成分。

由於賓文尼斯特具有過敏症專家背景，他的研究都採用標準過敏症原檢測法，目的是要使人類細胞產生典型過敏反應。他分離出嗜鹼性細胞，也就是表層含有E型免疫球蛋白抗體的白血球。正是這類細胞，令過敏症患者產生過敏反應。

賓文尼斯特選定E型免疫球蛋白，因為這種免疫球蛋白對花粉或塵埃等過敏原都會產生靈敏反應，並由其細胞內細粒釋出組織胺，此外它們對於某些抗E型免疫球蛋白抗體也很容易產生反應。如此一來，若是這類細胞會受到某種東西的影響，就不太可能會錯過。同時E型免疫球蛋白還有項長處，賓文尼斯特可以採用他本人在國家健康暨醫療研究院開發的專利檢測法，來測試其染色性質。由於嗜鹼性細胞的外觀和多數細胞同樣都類似果凍，因此在實驗室中研究這類細胞時，都必須先做染色才能分辨它們。不過，染色作業會造成改變，就連甲苯胺藍（toluidine blue）一類的標準

染料也是如此，這其中有許多影響因素——染色對象是否健康，以及其他細胞對原有細胞的影響。當E型免疫球蛋白細胞接觸到抗E型免疫球蛋白抗體，它吸收染料的能力便會改變。抗E型免疫球蛋白號稱為「生物性染料去除劑」，能夠抑制染色功能，效果十分明顯，幾乎要讓嗜鹼性細胞又隱身不見。

賓文尼斯特選擇抗E型免疫球蛋白的另一項理由和尺寸有關，原因是這類分子都相當大。如果實驗宗旨是要斷定，當把水中所含抗E型免疫球蛋白完全濾除，是否連純水也依舊保有效用，那麼採用大型球蛋白就不可能有任何分子意外殘留下來。

這組研究是在一九八五年到一九八九年進行，戴夫納斯也在實驗室筆記中留下這四年期間的艱辛紀錄。賓文尼斯特團隊取抗E型免疫球蛋白製成高度稀釋溶液，作法是將原有的溶液倒進另一支試管裝滿十分之一，接著添加九份標準溶劑。隨後每次都將管中稀釋液用力搖晃（術語稱為振盪），作法就類似順勢醫療界製作藥劑的方式。總之，該團隊就是採用這種一份溶液對九份溶劑的稀釋液，接著再不斷稀釋，最後便稀釋成一份溶液對九十九份溶劑，甚至一份溶液對九百九十九份溶劑。

他們把這種高度稀釋液逐一添入嗜鹼性細胞劑中，然後在顯微鏡下清點數量。結果令所有人驚訝，連賓文尼斯特也大感意外，他們發現，染料吸收抑制效應的讀數竟達百分之六十六，甚至連添水稀釋達含量只為十的一百二十次方比一的溶液也是如此。後來的實驗還以每次百倍連續稀釋溶液，最後達到十的六十次方比一的稀薄含量，這時根本連一個E型免疫球蛋白分子都完全找不到，

結果嗜鹼性細胞卻依舊受到影響。

最出人意表的現象還沒有上場呢！儘管抗E型免疫球蛋白的效能，在濃度為千分之一（第三次十倍率稀釋）時達到最高，接著就開始隨著每次稀釋而減弱（或許這就和合理預期相符），不過實驗到第九次稀釋時，局勢卻出現逆轉，高度稀釋的E型免疫球蛋白效能逐步提高，而且隨著稀釋倍率提高，效能還不斷增強。這就是順勢醫療界一向的主張：溶液愈稀薄，效果愈強大。

「水的記憶」事件

賓文尼斯特和分別位於法國、以色列、義大利與加拿大四國的另外五家實驗室協力合作，他們重做實驗，全都獲得相同結果。隨後，這十三位科學家共同具名，把四年合作成果投遞給聲譽卓著的《自然》雜誌（*Nature*），並於一九八八年某期刊出。結果顯示，若是將抗體溶液一再稀釋，直到連一顆抗體分子都找不到，這時抗體溶液依舊能夠激使免疫細胞做出反應。作者群歸出結論，認為從剛開始那份溶液稀釋到若干階段，原有分子連一個都找不到了，然而：

> 在稀釋／搖晃過程中，肯定有特定資訊經過傳送。或許水分可以作為分子的模板，例如，藉由無止境的氫鍵結網絡或電場和磁場……這種現象的詳細特性仍然無法解釋。

見此論文發表，大眾新聞媒體緊抓不放，在他們看來，賓文尼斯特是發現了「水的記憶」，而

且他的研究還廣泛被視為順勢療效的明證。賓文尼斯特本人也清楚這個結果所引發的反響遠遠凌駕一切非傳統醫學理論。如果水能夠銘印、儲存分子資訊，那麼我們對分子的認識便要受到衝擊。還有，既然人類細胞裡面的分子，周圍當然都有水環繞，因此這也要影響到我們對體內分子是如何彼此「談話」的知識。在一切有生命的細胞裡面，每有一顆蛋白質分子，相對都存有一萬顆水分子。

《自然》雜誌肯定也了解這項發現對公認生化定律的潛在影響。編輯約翰·馬多克斯（John Maddox）同意發表那篇文章，不過他事先採取空前未有的步驟，在文章底下附註編輯補遺：

編輯異議聲明

讀者或許會與多位審閱過本文的專家同樣感到懷疑，而且在過去數月期間，這批專家也曾經針對本文幾個版本發表評論。本結果之要義為，一種抗體之水溶液，經過高度稀釋，依舊能夠引發生物反應，然而任何樣本稀釋到這種程度，裡面存有單一分子之機率都微不足道。這種活性並無確鑿基礎。鑑於賓文尼斯特教授的協同研究方式，《自然》雜誌便安排獨立審查團隊來觀察實驗重做結果。這項審查報告將於近期刊出。

馬多克斯還在他本人的社論當中，敦請讀者在賓文尼斯特的研究中找碴。

賓文尼斯特生性自負，有勇氣面對面挑戰既存體制。他不只願意大膽露臉，選擇在整個科學界最保守的期刊上發表研究，而且當體制提出質疑，他也毫不遲疑接下戰書，他同意所請，要在他的

實驗室再做出相同結果。

論文發表之後四天，馬多克斯親自蒞臨，隨行的還有賓文尼斯特所稱的科學「揭弊小組」，組員包括著名的庸醫終結者沃爾特．史都華（Walter Stewart）和專業魔術師詹姆斯．蘭迪（James Randi）。蘭迪經常獲邀揭穿科學研究騙局，指出其中的舞弊伎倆。賓文尼斯特納悶，魔術師、記者加上一名庸醫終結者，真的是最能夠評估生物學實驗微妙變化的團隊嗎？在他們監視之下，戴夫納斯進行了四次實驗，其中一次是採盲目設計（實驗者事前不知所用材料或對象為何之實驗設計）。按照賓文尼斯特的說法，四次全都成功。然而，馬多克斯和他的團隊卻駁斥實驗發現，並決定更動實驗協定，改採更嚴密的編碼程序，甚至還誇張作秀，用膠帶把代碼貼在天花板上。史都華堅持親自進行若干實驗，而且儘管賓文尼斯特認為史都華對這類實驗一無所知，卻還是執意修改部分設計。

於是按照他們的新協定，以及在質疑國家健康暨醫療研究院團隊暗藏玄機的緊張氣氛之下，他們又進行了三項測試，結果全都失敗。這時馬多克斯和他的團隊已有定論，並迅即離去，臨行前還向賓文尼斯特索取一千五百份論文影本。

他們的五日訪問行程結束後不久，《自然》雜誌發表一份標題為〈高度稀釋實驗是場騙局〉的報告，內容宣稱賓文尼斯特的實驗室並沒有妥當遵循科學協定。文章並不採信其他實驗室的佐證資料。馬多克斯對此表示驚訝，因為那批研究並沒有全部成功，其實生物學研究原本就是如此——而這也是賓文尼斯特在發表結果之前，執行超過三百次實驗的原因之一。馬多克斯在判決文中也沒有

指出染色實驗極其敏感，只要實驗條件稍有變動就可能失靈，因此，就連高濃度抗E型免疫球蛋白溶液，對某些捐贈血液也不會構成影響。他們還寫道，賓文尼斯特的共同執筆人當中，竟然有兩位接受順勢治療藥物廠商的贊助，令人感到驚愕。他們是否暗示，這些研究是為了取悅贊助機構而竄改結果？賓文尼斯特對此提出反駁，說明產業贊助是科學研究界的常態。

賓文尼斯特慷慨激昂發動反擊，還籲請科學界要敞開心胸：

> 類似塞勒姆村獵殺女巫1或麥卡錫2的控訴作為都會扼殺科學。擁有自由環境，科學才能昌盛……要明確證實矛盾結果，唯有重複為之。儘管出於善意，說不定我們全都錯了。這並非罪行，這是科學的慣例。

《自然》雜誌的結論讓賓文尼斯特信譽掃地，也危及他在國家健康暨醫療研究院的地位。研究院的一個科學委員會針對他的研究提出譴責，並發表幾項幾乎獲得全員同意的聲明，主張他早該進行其他實驗，否則就不該斷言經過兩百年來的化學研究，竟然還有某些現象成為漏網之魚。國家健康暨醫療研究院不讓賓文尼斯特提出抗辯，不聽信他有關《自然》雜誌審查作法的異議，還制止他繼續研究。流言四起，說他心理失衡還舞弊造假。信函如雪片投至《自然》雜誌等出版媒體，稱他的研究為「曖昧科學」，是種「惡毒騙局」和「偽科學」。

賓文尼斯特好幾次都得到台階下，可以從這項研究優雅脫困，而且就專業方面，他也沒有理由

繼續鑽研。若是堅守原有研究結果，肯定就要毀掉他點滴建立的事業生涯。賓文尼斯特在國家健康暨醫療研究院已經發展到顛峰，但沒有意願擔任院長。他向來沒有事業企圖心，只希望能繼續進行他的研究。到這種地步，他也覺得自己已經別無選擇，瓶中精靈已經出閘。

他發現了證據，把他在細胞溝通方面所學的一切信念全都徹底毀棄，這時已經無法回頭。不過，這其中也有不可抗拒的興奮悸動。這是他所能想到，最令人放不下的研究，是他想像中最具有爆炸性的成果。誠如他引為樂事的講法，這就像是偷看大自然的裙底風光。賓文尼斯特離開國家健康暨醫療研究院，設法從私營機構取得贊助，其中一家是數位生物企業（DigiBio），由於這家公司，他和巴黎中央理工學院的天才工程師狄迪耶·紀耀奈（Didier Guillonnet）才有辦法繼續從事研究（紀耀奈在一九九七年加入賓文尼斯特的陣營）。經過《自然》雜誌慘敗羞辱，他們起步投入

1：Salem witchhunts，一六九二年美國麻薩諸塞州塞勒姆村一名牧師的女兒突然得了怪病，隨後與她平素形影不離的七個女孩相繼出現了同樣的癥狀。當時人們普遍認為，讓孩子們得了怪病的真正原因，是村裡一名黑人女奴和另一個女乞丐，還有一個從不上教堂的孤僻老婦人。人們對這三名女人嚴刑逼供，「女巫」和「巫師」的數量也一步步增加，先後有二十多人死於這起冤案中，另有兩百多人被逮捕或監禁。後來引申為，根據不足或不相干的證據，而對國家進行不忠、顛覆及其他不法行為所做的嚴密調查。

2：麥卡錫（McCarthy）為美國五〇年代初期的參議員，憑藉著自己的影響力，透過非理性的毀滅手法成就自己的政治野心，當時民眾只要政治不正確就會被扣上間諜的帽子，成為顛覆份子。許多知名演員與科學家皆因此受到迫害。

「數位生物學」，兩人之所投入這個領域無關絲毫主觀靈感成分，完全是經過了八年的嚴謹實驗，依循邏輯推演而出。

當初水的記憶研究，促使賓文尼斯特深入有生命的細胞，檢視內部分子的溝通作法。不管從哪方面來講，生物分子彼此肯定都有對話。當一個人激動起來時，腎上腺便分泌出較多腎上腺素，這肯定會通知特定受體，藉此讓心臟跳得快些。根據一項普通理論（稱為定量結構—活性關係），構造彼此匹配的兩顆分子會交換特定（化學）資訊，並且是發生於彼此相遇之際。這就很像是鑰匙尋得匹配的鑰匙孔（因此這個理論也常稱為鑰匙和鎖孔模型，或者鎖鑰互動模型）。生物學家依舊篤信笛卡兒的機械論理念，認為要產生反應，只能藉由接觸，或就是某種衝力，才能竟其功。儘管他們採信重力，卻排斥其他一切超距作用理念。

倘若這類事例是偶然所致，那麼考慮到細胞的浩瀚數量，就統計而言，這幾乎是毫無指望。就一般細胞，每有一顆蛋白質分子，相對就存有一萬顆水分子，細胞內分子彼此推擠四處翻騰，就像一批網球在游泳池中四處漂浮。現有理論的主要問題是，這太過於仰賴機率，也必須花上相當時間。理論一開始就無法解釋喜、怒、哀、懼等生物過程為什麼發生得這麼快。不過，倘若每顆分子都各有特殊的識別頻率，其受體或具有匹配特徵頻譜的分子，便能夠調節到這個頻率。這就很像是把收音機調到某家電台的頻率，甚至還能夠跨越遼闊距離，也很像音叉，可以讓頻率相等的另一個音叉開始振盪。兩者開始產生共振——其中一個物體之振動，受到頻率相等或相近之另一物體的振動影響而強化。當這兩顆分子以相等波長共振，接下來，兩者便開始與該生化反應中的其他分子產

生共振。於是按照賓文尼斯特的講法，這就構成一種以光速移行的電磁衝量「級聯」（cascade），這就比偶然碰撞更能解釋為什麼幾乎在瞬息之間就能夠激發生化連鎖反應。而這也是延續波普研究的合理引申走向；如果體內的光子，能夠在電磁頻譜完整區間激發各式分子，那麼合理推斷，光子本身便具有特殊的識別頻率。

賓文尼斯特的實驗明確顯示，細胞並不靠偶發碰撞事件來運作，而是仰仗低頻電磁波（低於兩萬赫）的電磁訊號發射。賓文尼斯特研究的電磁頻率與聲音範圍頻率相符，然而，它們並沒有真正發出我們察覺得到的聲響。地球上的所有聲音（溪流漣漪盪漾聲、爆雷聲、槍聲、鳥鳴聲）都屬於介於二十到兩萬赫之間的低頻聲音，是人類聽力所及的範圍。

於是，根據賓文尼斯特的理論，兩顆分子便彼此同步振動，甚至還相隔遠距以相同頻率共振。接著，這兩顆共振分子還會生成另一種頻率，於是這種頻率便會在下個生物反應階段與另一顆（或另一群）分子共振。按照賓文尼斯特的觀點，這就可以解釋為什麼分子的細微變化（好比縮氨酸機能之啟動關閉）會引發劇烈效應，遠超過分子的實際作為。

想想我們對分子振動方式的了解，就知道這樣講並不牽強。特定分子和分子間鍵結都會發出特定頻率，而且藉由最靈敏的現代望遠鏡，便能夠在幾十億光年之外感測得到。長久以來，物理學家都承認有這類頻率，然而在生物學界，除了波普和同好先驅之外，卻沒有人凝神思索這類頻率是否真有某種用途。除了賓文尼斯特之外，包括羅勃特・貝克、西瑞爾・史密斯（Cyril Smith）等前輩人物，都曾經進行周延實驗，研究生物的各種電磁頻率。賓文尼斯特也做出貢獻，證明分子和原子

各具獨特頻率，並以現代科技來記錄這種頻率，還運用紀錄所得來做細胞溝通。

分子識別頻率

自一九九一年開始，賓文尼斯特便證明，只要使用一具放大器和電磁線圈，就可以傳送特定分子訊號。四年後，他已經能夠用多媒體電腦來記錄、重播這類訊號。賓文尼斯特和紀耀奈完成幾千次實驗，把分子的活動記錄在電腦上，接著以平常對該物質便有靈敏反應的生物系統為對象重播訊號。該種生物系統每次都上當，誤以為自己是與該物質本身互動，並據此做出反應，啟動生物連鎖反應。

另有其他研究也顯示，賓文尼斯特團隊能夠運用交變磁場來消除這類訊號，從而制止細胞內活動。這是他們與法國國家科學研究中心美優東（Medudon）實驗室共同進行的研究。這不可避免要歸出一項結論：誠如波普所構思的理論，分子是以振盪頻率來彼此對話。看來，零點場會生成一種介質，於是分子便能夠在霎時之間，彼此進行非定域性對話。

數位生物企業的團隊採五類研究來測試數位生物學理：嗜鹼性細胞活化、嗜中性活化、皮膚檢驗、氧活性，還有最新的血漿凝結作用。血漿是取自血液的淡黃色液體，和全血（未抽出任何成分的血液）一樣能夠攜帶蛋白質和廢物並能夠凝結。若想控制凝結能力，必須先藉鉗合作用（採化學方式來捕捉物質）把血漿所含鈣質移除。倘若在血中添加含鈣水，血液就會凝結成塊。若是添加肝抗凝血素（傳統抗凝血藥）便能夠防止血液結塊，而且就算血中含鈣也無妨。

在最新完成的研究中，賓文尼斯特先把鈣質鉗合移除，接著取一試管血漿並添入含鈣水，但事先播放數位化識別電磁頻率，讓水接觸到肝抗凝血素的「聲音」。這次得到的結果，和他的其他所有實驗相同，肝抗凝血素的識別頻率發揮作用：播放識別頻率時，血液比平常更不容易凝結，就像真正用了肝抗凝血素分子。

有一次賓文尼斯特完成精彩非凡、數一數二的實驗。他證明訊號可以藉由電子郵件發送全球，或用軟磁片寄送到世界各地。他在芝加哥西北大學的幾位同事，錄下卵白蛋白、乙醯膽鹼、聚葡萄糖和水的訊號。他們以專門設計的轉換器，以及一台配備音效卡的電腦來記錄這批分子訊號，隨後把訊號寫在軟磁片上，接著便以一般郵件寄到克拉瑪的數位生物企業實驗室；後來還有幾次實驗，是以電子郵件附加檔案方式寄送訊號。

克拉瑪團隊讓一般的水接觸這種（數位式卵白蛋白、乙醯膽鹼或普通水的）訊號，然後把接觸過訊號的水或普通水分別注入脫離身體的天竺鼠心臟浸泡液中。結果所有數位化水，全都能夠促使冠狀動脈流量出現變化，而且和控制組（使用未接觸訊號的普通水）所得結果有非常顯著的差異，數位化水所引發的效果和真正物質對心臟所造成的影響完全相同。

✧

朱里安諾．普雷帕拉塔（Giuliano Preparata）和同事埃米里歐．德爾．朱迪啟（Emilio Del Giudice）都任職於米蘭核物理研究院，這兩位義大利物理學家正在進行一項野心勃勃的計畫——

企圖解釋為什麼世界上有某些物質是結為一體。科學界藉由古典物理學定律，對氣體有相當深入的了解，因氣體是由個別原子或分子所構成，這些成分各自在遼闊空間裡面分別行動，因此很容易理解。

然而，科學界對液體和固體（也就是一切凝體）的實際運作原理，卻大都毫無認識。緊密聚攏的原子或分子到底如何群集共同運作？遇上這類問題，物理學家全都要傻眼，無法解釋為什麼水並不是完全蒸發為氣體，或者椅子、樹木裡面的原子為什麼能夠維持原樣，特別是它們還全都只能夠與近鄰溝通，而且是由短程作用力束縛在一起。

水是最神祕的物質之一，因為水是由兩種氣體構成的化合物，然而在常溫、常壓之下，水卻呈液體。德爾．朱迪啟和普雷帕拉塔做研究時，都是以數學方式證明原子和分子緊密聚攏時會表現集體行為，構成他們所稱的「相干域」。由於這種現象同樣也出現在水中，讓他們尤其感興趣。

普雷帕拉塔和德爾．朱迪啟在《物理評論快報》（*Physical Review Letters*）上發表了一篇論文，證明水分子會生成相干域，和雷射的作用十分接近。一般而言，光是由波長不等的多類光子所構成，就像彩虹所含的色彩。然而，雷射的光卻具有高度相干性，這種狀況就彷若單一同調波，就像單一高濃度色彩。當附近出現其他分子，這類具有單一波長的水分子似乎就會「收到通告」（只要周圍出現了帶電分子，它們便往往要極化），把該分子的頻率儲存起來並攜帶同行，於是在遠距之外也得以讀取。這就表示，水就像一台錄音機，能夠銘印、攜帶資訊，而且不管原始分子是否留在原處也都無妨。就如順勢醫療界所用手法，晃動容器似乎能夠加速這種過程。水是能量和資訊傳輸

之要素，因此賓文尼斯特所做的研究，實際上便證明，除非以水作為介質，否則分子訊號就無法在體內傳遞。

日本岡山聖母清心女子大學情報理學研究所（「資訊與科學研究所」）有位名叫保江邦夫的物理學家也發現水分子能夠發揮若干影響，協助組織不和諧能量來構成同調光子——這種過程就稱為「超輻射」。

這便暗示，水（一切細胞的天然介質）具有不可或缺的作用，在所有生物過程當中負責指揮分子識別頻率，同時水分子也能自行組織並構成模式，供作波動資訊銘印之用。若賓文尼斯特的見解正確，那麼水就不只是能夠發送訊號，還具有訊號放大功能。

反覆驗證

科學革新的最重要向度不見得就是原創發現，而是仿製出成果的人。只有當重做結果與原始資料相符，研究才會受到認可，也才能夠讓科學界道統相信。儘管賓文尼斯特的研究結果，受盡了既存體制的奚落，另有些地方卻也開始慢慢做出可靠研究。一九九二年，美國實驗生物學會聯合會（FASEB）舉辦了一場專題研討會，由生物電性國際學會負責籌辦，宗旨是要檢視電磁場與生物系統的交互作用。其他還有多位科學家，也重做完成高度稀釋實驗，另外還有幾位則贊同分子溝通是採數位化資訊為之，成功重做這類實驗。賓文尼斯特的最新研究，還由其他機構重做了十八次，包括法國里昂的一家獨立實驗室和其他三家獨立研究中心。

經過《自然》雜誌「水的記憶」事件，好幾個科學團隊仍繼續努力，試圖證明賓文尼斯特錯了。貝爾法斯特女王大學的瑪德琳．恩尼斯（Madelene Ennis）教授加入泛歐大型研究團隊，希望能一舉證明順勢療法和水的記憶完全是胡扯。義大利、法國、比利時和荷蘭的四家獨立實驗室組成協力研究團隊，修改賓文尼斯特的嗜鹼性細胞脫粒作用原始實驗，並由布魯塞爾盧萬天主教大學的羅勃佛伊德（M. Roberfroid）教授領軍，合夥進行新版實驗。這項實驗無懈可擊，所有的實驗者完全不知道哪份溶液含有順勢醫療藥劑、哪份只是純水。所有溶液都由其他實驗室負責準備，而且他們也完全不參與後續實驗。研究結果的編碼、解碼以及表格製作，都是由與研究無涉的獨立研究人員來執行。

最後，在四家實驗室中，有三家的順勢療法藥劑產生顯著的統計結果。恩尼斯教授依舊不採信這批結果，認定這是人為錯誤所致。為了消弭人為無常因素，她採用一種自動化計數協定來處理所得數字。然而，自動化程序依舊得出相同結果。具活性成分的高度稀釋液生效了，不管所用的溶液是真的具有活性成分，或者是極度稀釋到原始物質絲毫不剩的水都有用。恩尼斯被迫讓步：「實驗結果讓我不得不放下懷疑，並開始探詢合理因素來解釋我們的發現。」

這相當於賓文尼斯特的最後一根稻草。倘若恩尼斯得到負向結果，他們就會在《自然》雜誌上發表，徹底毀掉賓文尼斯特的研究工作。但由於他們的結果和賓文尼斯特的相符，於是這項發現只在一份絲毫不引人注目的期刊上發表，而且是在事後幾年才刊出，這麼做是為了確保沒有人會注意到。

除了恩尼斯的結果之外，還有多項順勢療法科學研究也都支持賓文尼斯特的發現。這些傑出實驗採用雙盲設計，並納入安慰劑控制組，結果證明順勢療法有效，還適用於多類疾病症狀，包括氣喘、腹瀉、兒童上呼吸道感染，甚至還包括心臟病。在至少一百零五次順勢療法實驗當中，有八十一項出現正向結果。

最無懈可擊的研究是大衛．雷利（David Reilly）醫師在格拉斯哥完成的氣喘研究，他採雙盲設計，並納入安慰劑控制組，這是具有正規監督制衡機制的純正科學研究，結果顯示順勢療法能夠用來治療氣喘。儘管實驗採用了科學設計，然而《刺胳針》（*The Lancet*）雜誌所刊登的一篇社論，卻令人想起《自然》雜誌對賓文尼斯特原始發現所表現的反應。該篇社論雖同意刊登該研究結果，卻拒絕採信論文內容：

> 還有哪種理念荒謬更甚於此？哪有醫療物質經過極度稀釋，連一個分子都不大可能施用於患者，結果卻依舊保有療效？是的，順勢療法的稀釋原理極為荒謬，因此治療之所以有效，想必是肇因於其他因素。

讀了《刺胳針》針對雷利研究持續刊出的論戰內容，賓文尼斯特忍不住做出回應：

> 這令人不由得要憶起十九世紀一篇不證自明的論述，那是一位法國學者的作品，為是否存有隕

石的激烈論戰火上加油，也使當時的科學界振奮不已：「石塊不會從天上落下，因為天上沒有石塊。」

賓文尼斯特眼看眾多實驗室重做實驗，有時候卻做不出相同結果，他覺得很煩，於是便要紀耀奈為他打造一台自動機。那只不過是一個盒子，加上一支可以做三維度移動的臂桿，這台自動機除了初步測量作業之外，其他一切程序都能處理。只需要給它原料成分，再做點塑膠管路串連工作，接著摁下按鈕，就可以離開。那台自動機會自行取得含鈣水，擺放在線圈裡面，播放肝抗凝血素訊號五分鐘，這樣水就會「收到通告」，然後把收到通告的水倒入試管與血漿混合，把混合液擺進測量裝置來讀取結果，然後把讀數提供給做實驗的人。賓文尼斯特和他的團隊，用他們的自動機做了幾百次實驗，主要目的是要把這種套件大量提供給其他的實驗室。這樣一來，其他的研究中心，還有克拉瑪團隊，都可以確保實驗完全標準化，並採同一套協定來妥善執行。

賓文尼斯特以他的自動機發現了大規模佐證，重現波普以水蚤做實驗時所目睹的現象——這就是生物發出的電磁波，對牠們所處環境能夠產生影響的證據。

有一次，賓文尼斯特啟動自動機進行研究，他發現機器運作大體順暢，卻有幾次並不靈光。這些事例全都出現在某位女士來到實驗室的日子。然而，里昂實驗室重做他們的實驗時，也出現類似現象，但這次則和一名男子有關。賓文尼斯特在自己的實驗室中進行了好幾次實驗，有些採手動，有些則是以自動機執行，設法辨明原因，查出那名女士是採用了哪些作法，導致實驗不靈光。但她

的科學方法實在無懈可擊，而且她也嚴格遵循實驗協定。那名女士本人是位生物學博士，經驗豐富，做研究一絲不苟但卻屢次得不到結果。如此研究了六個月，只得出一項結論：做不出正向結果的原因和她的現身有關。

賓文尼斯特絕對有必要找出問題癥結，他知道其中所涉至關重大。萬一他把自動機送到劍橋的一家實驗室，但只是因為某位特定人士致使他們做出不正向結果，該實驗室肯定會歸因實驗本身有誤，但其實真正原因卻是與環境中的某種現象或某人有關。

生物效應本身並無絲毫奧妙。只要略微改變分子構造或造型，就會徹底改變分子納入受體細胞的機能。非開即關、非成即敗。藥物靈驗或不靈驗，就本例而言，那名引發討論的女士帶有某種特性，徹底干擾了他實驗所用細胞的溝通作用。

賓文尼斯特揣測，那名女士肯定是發射出某種會阻滯訊號的波。他發展出一套檢測這種效應的方法，接著很快發現，她所發射出的電磁場干擾了實驗的溝通訊號發送。她就彷如波普的致癌物質，具有頻率干擾作用。

這實在是太驚人了，令人難以置信，賓文尼斯特認為這與其說是科學課題，還不如說是屬於巫術領域。接著他要那名女士手握裝有順勢治療劑細粒的試管，過了五分鐘，再以他的設備來檢測試管。結果所有分子所發射的訊號活性完全瓦解。

賓文尼斯特並不是理論學家。他甚至還算不上是物理學家，他只是偶然涉足電磁學界，而如今泥足深陷，投入他完全陌生的領域來進行實驗，鑽研水的記憶以及分子的非常高頻暨非常低頻振動

能力。他試圖破解這兩項謎團，結果絲毫沒有進展。他只能憑感覺，朝最安穩的方向繼續進行實驗室實驗，來證明確實有這類效應。不過基於某種他尚未細究的不明因素，這類訊號顯然也會由體外發射出來，而且好像也會被接收與聆聽。

所有實驗差不多全都失敗。大鼠全都沒有做出預期表現。就這整套演練而言，卡爾・拉什利（Karl Lashley, 1890-1958）只想要找出產生記憶印痕（engrams）的位置——精確定出腦中儲存記憶的定點。「記憶印痕」一詞是威爾德・潘費爾德（Wilder Penfield）在二〇年代所創，當時他做出發現，認為腦中記憶有精確位址。潘費爾德針對癲癇症患者進行令人驚歎的研究，他將患者的頭皮麻醉，但患者的意識則是完全清醒，結果證明，只要以電極刺激腦部特定部位，就能讓他們想起過往特定事件，而且鮮明呈現逼真細節。還有更奇妙的現象，每當他刺激腦中同一定點（通常患者並不知情），似乎都能重現同一段情節，而且細密程度也沒有兩樣。

潘費爾德還有隨後的大批科學家，自然都得出結論，認為腦中有某些部位專事特定記憶的保藏功能。我們生活的所有細節，全都在腦部特殊定點經過仔細編碼，就像是來賓進入餐廳，由特別講究桌位的侍應領班引路，帶他們到特定餐桌就坐。我們只需要找出誰坐在哪裡就成了——然後，或許還附帶可以得知那名領班是誰。

美國著名的神經心理學家拉什利，投入近三十年光陰尋找記憶印痕。到了一九四六年，他已經

在自己的實驗室中（設於佛羅里達州靈長類生物學葉凱士實驗室），全面針對各式物種進行研究，希望找出腦中有什麼東西、在哪個位置產生記憶。他也曾經想要強化潘費爾德的發現，但所有研究結果似乎都證明潘費爾德錯了。拉什利生性吹毛求疵，他畢生作為似乎都專注於負面意向：意圖否決前輩的所有作為。當時還有一項令科學界沉迷不已、而拉什利卻起勁想要否決的信條，那項信念認為，一切心理歷程，全都有可測量的實體表現——肌肉運動、化學分泌機能。這次也是如此，腦子只不過是個挑剔成性的餐廳侍應領班。儘管拉什利初期主要從事靈長類研究，當時他卻已經改以大鼠為對象。他為大鼠造了一座跳台，並教會大鼠由此跳過一扇小門，跳過那裡就有食物作為獎勵。凡是沒有正確反應的，全都要跌入池水中。

等他認定大鼠全都學會這項例行程序，拉什利便有系統地著手設法抹掉那項記憶。儘管拉什利針對其他研究人員的錯失提出批判，他自己的外科技術卻也是一團糟。他所採用的實驗室協定，會使現代的動物權力擁護人士氣得跳腳。拉什利之所以不採用感染預防技術，大半是由於當時並不覺得有必要這樣照顧大鼠。不管就哪種醫學標準而言，他的手術技巧都不成熟，而且十分草率，傷口只簡單縫合——這對大型哺乳動物絕對會造成腦部感染。不過，他的作法和當年研究腦部的人士相比，卻也不見得更為簡陋。畢竟，伊凡．帕夫洛夫（Ivan Pavlov）的狗動了腦部手術之後，也沒有一隻存活下來，全都死於腦部膿腫或癲癇。拉什利設法移除實驗大鼠若干腦區的活性，想找出哪個部位握有特定記憶的貴重鎖鑰。他為這項精密手術選擇工具，挑中他太太的鬈髮烙鐵——鬈髮烙鐵！然後就直接把他想移除的部位燒掉。

剛開始幾次，他試圖找出特定記憶的坐落位置，但都失敗；儘管肉體受損，大鼠依舊明確記得受教所學。拉什利燒掉愈來愈大片腦區，大鼠似乎還是能夠躍過跳台。拉什利愈加肆意使用鬈髮烙鐵，逐一處理各個腦區，但是大鼠的記憶能力似乎不受絲毫影響。後來他還把大鼠的絕大部分腦區全都破壞（而且鬈髮烙鐵對腦部所造成的損傷，遠比俐落外科刀傷更為嚴重），因此傷及大鼠的運動技能，但儘管牠們只能蹣跚顛仆移動，卻始終都記得例行程序。

儘管研究看來是失敗了，結果卻能迎合拉什利性喜破壞偶像的心性。這群大鼠證實他長久以來的想法。他在一九二九年寫了名為《腦部機制和智慧》（*Brain Mechanisms and Intelligence*）的專題著作，藉由這項小型研究來傳達他的基本理念，結果讓他初步博得惡名。拉什利在文中闡明他的觀點，認為腦皮質的所有部位顯然都具有同等效能。後來他還指出，根據他的整套實驗成果，必然要歸結出一項結論：「學習，根本是完全辦不到的。」談到認知方面，就實際而言，腦部完全就是團漿糊。

✧

卡爾．普里布蘭姆（Karl Pribram）是名年輕的神經外科醫師，當初轉到佛羅里達只是想和偉大的拉什利一起做研究。在他看來，拉什利這次失敗算得上是種神諭啟示。當初普里布蘭姆花了十分錢，二手買下拉什利那份專文，而且當他來到佛羅里達時，也從不畏怯提出質疑，勇猛一如拉什利專門對付他許多同儕的手法。拉什利經常受到他這名傲慢高徒的刺激，後來幾乎就要把他當成兒子

看待，親密程度無以復加。

他們兩人完全推翻了普里布蘭姆原本對記憶以及腦部高等認知歷程方面的見解。若腦中並無定點分別儲存特定記憶（況且拉什利還把大鼠腦部的所有部位逐一燒個精光），那麼我們的記憶，或許還包括其他各種高等認知歷程（當然也全盤涵括我們所稱的「知覺」），肯定是以不明方式遍布整個腦部。

一九四八年，普里布蘭姆二十九歲時在耶魯大學謀得一職，那裡擁有全世界首屈一指的神經科學實驗室。他想去研究猴類額葉皮質區的功能，目的是要了解腦額葉切斷術的影響，當年已經有幾千名患者接受了這種手術。他喜歡教學兼從事研究，遠勝過收入優渥的神經外科醫師職位；有次他還婉拒紐約州西奈山醫學中心提供的十萬年薪職位，寧願賺取較微薄薪水來擔任教授。普里布蘭姆就像米切爾，也總是自許為探索者，而非醫師或治療師；他八歲時，便一再研讀伯德少將飛越北極的冒險事蹟，至少讀了十二次。他在那個年紀就從維也納來到美國，而對當年那名男孩來講，這個國家就是等待征服的新疆界。普里布蘭姆的父親是位著名的生物學家，當時歐洲經過第一次世界大戰荼毒，民不聊生，他覺得那裡並不適於撫養孩子，於是在一九二七年舉家移民。普里布蘭姆成年之後，或許是由於身材矮小，恐怕不是豪放探險家的料（到了老年，他就像是小一號的愛因斯坦，蓄留披肩華髮，一副威嚴模樣），於是普里布蘭姆選定人腦作為他的探索領域。

離開拉什利和佛羅里達之後，普里布蘭姆便投入二十年光陰，鑽研有關於腦部組織、知覺和意識方面的謎團。後來他還自行設計出猴、貓實驗，刻苦投入執行系統研究，找出腦部的哪個部位職

司哪項功能。他的實驗室成果斐然，率先辨識出負責認知歷程、情緒和動機的部位。他的實驗明確顯示，這些功能全部是由特定腦部位址負責——這正是當初拉什利迫切想要確立的發現。

這裡有項讓普里布蘭姆最感到不解的關鍵矛盾：認知歷程是由腦中明確定點分別處理，然而在這些部位的處理作業，本身卻似乎都要受到拉什利所稱的「刺激團塊」影響，而且「……與特定神經細胞無涉」。沒錯，腦部各區分別職司特定功能，然而，資訊的實際處理作業卻似乎是由比特定神經元更基本的其他機能來負責執行——當然，這項作業也不是某群細胞的專屬職掌。舉例來說，儲存功能顯然是分布於特定部位全區，偶爾還超出這個範圍。不過，這是藉由哪種機制才得以實現？

普里布蘭姆和拉什利的處境相仿，他早期從事高等知覺研究所得成果，顯然也和當時廣受採信的知識相左。就視覺方面的公認知識（至今依舊大半為人採信），眼睛是以複製照片影像來「視物」，複製景觀或物體的影像呈現在腦皮質表層，這個腦皮質區就是接收、詮釋視覺的部位，就像裝在內部的電影放映機。倘若這種見解為真，那麼視覺皮質區的電性活動，就應該能夠精確映現出所見——同時這在非常粗淺的層次，也有若干真實性。然而，在幾次實驗當中，拉什利還發現，儘管把貓的視覺神經切斷盡淨，卻不會造成明顯妨礙，牠依舊看得到自己的舉止，絲毫不受影響。這個結果令他大感震驚，那隻貓顯然還是看得到所有細節，依舊有能力執行複雜的視覺作業。倘若腦內有類似電影銀幕的東西，那麼儘管實驗者把放映機大半摧毀，只殘存寸許，整部電影卻依舊清楚可見，和之前並沒有兩樣。

普里布蘭姆和同事還做了其他幾項實驗，他們訓練一隻猴子辨識卡片，一見印有圓圈的卡片顯現便壓下一根橫桿，若是呈現印了條紋的卡片就壓另一根桿子。他們在那隻猴子的視覺皮質區植入幾根電極，可以登錄腦波，顯示猴子是看到圓圈或條紋。普里布蘭姆做這項測試，想要檢視腦波是否受到卡片所印形狀影響而有不同。結果他發現，由猴子腦部所登錄的不同讀數，不只與卡片圖案設計有關，而且和牠是否按壓正確橫桿，甚至和牠實際動手之前，是否想要按壓橫桿的意向也都有關。根據這項結果，普里布蘭姆深信，控制功能是在腦區高等範圍形成，接著才向比較基層的接收站台傳送。這肯定表示其中有某種現象遠比當年廣受接納的信念更為複雜。我們眼中所見，還有對外界刺激所做的反應，都要通過一種簡單的資訊流通管道。這批資訊是從我們的感官流入腦中，並由腦部流向我們的肌肉和腺體。

普里布蘭姆花了幾年時間進行研究，要猴子執行某些作業，同時測量其腦部活動，嘗試進一步精確辨明位置，確定負責接收圖案和色彩的部位。他的研究不斷產生更多證據，顯示腦部反應是零星遍布於腦皮質小塊範圍。另有項研究以初生小貓為對象，牠們事先都被戴上隱形眼鏡，有的帶有直紋，另有些則帶有橫紋。普里布蘭姆的同事發現，戴了橫紋鏡片的貓和戴了直紋鏡片的那群，儘管兩者的行為並沒有明顯不同，但事實上牠們的腦細胞已經分別呈現水平或垂直取向。這就表示，知覺不可能產生自線條感測作用。他和拉什利等人所做的實驗，和多項主流知覺神經理論都不相符。普里布蘭姆深信，腦內並不投射影像，肯定另有其他機制，我們才得以按照現有作法來感知世界。

破解謎團的開端

一九五八年，普里布蘭姆已經離開耶魯，轉到史丹佛大學行為科學高等研究中心任職。他就是在那裡構思出一種另類觀點，這要歸功於他的朋友傑克．希爾格德（Jack Hilgard），要不是這位史丹佛的著名心理學家在一九六四年著手更新他的一本教科書時，需要最新的知覺觀點，那項創見恐怕永遠不會出現。問題就出在腦中電性「影像」形成方面的舊有理念——假設世界影像和腦中的放電作用彼此相符。普里布蘭姆已經證明舊理念為非，而且他所做的猴子實驗，也讓他深切質疑最新的知覺理論，根據這項最流行的理論，我們是藉由線條感測體來認識這個世界。光是注視一張臉孔，每當你朝它移動寸許距離，腦部就必須重做龐大運算。

希爾格德不斷催促普里布蘭姆，而他則是毫無頭緒，想不出該拿哪種理論提供給他的朋友。於是普里布蘭姆絞盡腦汁，設法想出若干正向觀點。後來，他的一位同事湊巧在《科學人》雜誌（*Scientific American*）上讀到澳洲著名生理學家約翰．埃克爾斯（John Eccles）爵士的一篇文章。埃克爾斯爵士提出假設，認為想像力和腦中微波或有若干牽連。僅只一週之後，另一篇文章也刊出了，作者是密西根大學的工程師埃米特．雷斯（Emmet Leith），內容討論分離雷射束和光學全像攝影新技術。

原來答案始終都在那裡，就擺在他眼前。這正是他尋尋覓覓的隱喻。波前和全像性概念，似乎就能夠解答他苦思二十年、始終不得其解的問題。拉什利自己也曾經構思出一項理論，主張腦內會

生成波干涉圖樣，後來卻棄置不用，因為他看不出該怎樣在腦皮質中產生干涉。埃克爾斯的觀念顯然能夠解決這項難題。這時普里布蘭姆便想到，腦部肯定能夠以某種方式來「閱讀」資訊，把尋常影像變換為波干涉圖樣，接著再將圖樣變換為虛擬影像，而這就是雷射全像圖所具備的功能。全像性隱喻還能破解另一項謎團，那就是記憶。記憶並不是精確位於腦部某個定點，實際上是遍布腦中所有的位置，於是所有部分全都包含完整記憶。

傅立葉變換

普里布蘭姆在巴黎一次聯合國教科文組織會議上遇見丹尼斯・伽柏（Dennis Gabor, 1900-1979）。伽柏在四〇年代獲得諾貝爾獎，褒揚他發現全像性的貢獻。他的探索初衷，原先是希望製成威力強大、能夠見到個別原子的顯微鏡，結果產生出這項成就。伽柏是第一位榮獲諾貝爾物理學獎的工程師，他一向都從事光線和波長方面的數理研究。期間他發現，如果分離光束並以此來拍攝物體照片，然後再把這筆資訊以波干涉圖樣儲存起來，那麼就能夠拍下完整物體，產生更好的影像，勝過傳統攝影術逐一記錄光點強度所得之二維式平面照片。

伽柏採用一組微積分方程式，稱為傅立葉變換（為紀念法國數學家讓・傅立葉〔Jean Fourier〕而命名，他在十九世紀初期發展出這組方程式），來進行數學運算。傅立葉最初是奉拿破崙指示，研究火炮射擊的最佳間隔時段，好讓炮管不致於過熱，同時他也展開他的分析體系研究，後來這還演變成現代數學和電腦運算的一項基本工具。後人還發現，任何繁簡圖樣全都可以用傅立葉法來分

解，構成一種描述量子波相互關係的數學語言，並據此做精確描述。一切光學影像都可以轉換為干涉圖樣的等價數學形式，也就是波動彼此疊加所產生的資訊。採用這項技術時，同時也將存在於時空中的東西轉移到「頻譜域」中——也就是種不受時空影響的速簡表達法，用來描述波之間的關係，並以能量為測定單位。這套方程式還有一項妙招，它可以做反向運用，以所含元件來代表波的相互作用（它們的頻率、振幅和相位），還能據此重建一切影像。

就在他們聚首當晚，普里布蘭姆和伽柏喝了一瓶特別值得紀念的薄酒萊紅酒，還在三張餐巾紙上，滿滿寫上複雜的傅立葉方程式，構思腦部如何處理繁複工作，如何對特定波干涉圖樣做出反應，然後還得以把這項資訊轉換成影像。這許多細微末節還要在實驗室中落實；理論尚未完備。不過，他們深信一點：知覺是肇因於複雜的資訊讀取和變換歷程，而這種歷程則是發生於另一個現實層級。

若想了解這是如何實現，我們有必要先認識波的若干特殊性質，而雷射光學全像圖，也就是深深抓住普里布蘭姆想像力的隱喻，正好最能夠展現出這類特性。製作雷射全像圖要將雷射光速分離。一部分由物體（好比瓷器茶杯）反射，另一部分則是從幾面鏡子反射。接著，兩道光束重聚，由一張攝影感光片捕捉。最後感光片上便展現出這些波的干涉圖樣，看來完全就像是信筆塗鴉或一組同心圓。

然而，當以同類雷射光束照透感光片，就可以看到細膩非凡的立體虛擬實像，完全彷若實物的瓷器茶杯在空中浮現（《星際爭霸戰》系列的第一部電影就曾演出一個實例，那是由R2D2投射的

莉亞公主影像）。促成這種效果的機制和波的性質有關，具有這類性質，波才能夠將資訊編碼，同時雷射光束也才得以發出單一波長純光，成為產生干涉圖樣的理想光源。當分離光束都射抵攝影感光片，其中一半便提供光源模式，另一半則取得茶杯構型，接著這兩半就結合產生干涉。若是採同類光源照射感光片，就可以取得先前銘印的影像。

全像圖還有一項古怪性質，那就是每個細小部分全都擁有涵括整幅影像的編碼資訊，於是當把全像感光片切割成細小碎片，然後以雷射光束任意照射其中一個碎片，都可以得到茶杯的完整影像。

頻率語言

儘管全像圖隱喻對普里布蘭姆相當重要，他研究發現的真正價值卻不是在於全像術本身。全像術可以在腦中呈現出一種三維心理影像，一種鬼魅般投影，或只是我們對宇宙的一種投射。他的創見是量子波具有獨特能力，有辦法儲存龐大資訊，而且是採三維形式完整保存，同時我們的腦子還能夠讀取這筆資訊，並據此創造出這個世界。

這下總算是找到一種可行的機械裝置，似乎能夠重現腦部的實際運作方式：影像是如何構成，還有如何儲存、憶起所存影像，以及如何與其他事物彼此結合。最重要的是，這讓普里布蘭姆得以循線解答最奧妙的謎團：為什麼腦中的區域化作業事項，竟然是在遍及整體的大片範圍中進行處理或儲存？就某種意義而言，全像術只是種權宜速簡作法，目的是要描述波干涉，亦即「宇宙能量

場」所使用的語言。

普里布蘭姆的腦部理論還有最後一個重要向度，這要稍後才會出現，而且和伽柏的另一項發現也有關連。他沿用海森堡從事溝通量子物理學研究所採用的數學運算法，求出大西洋海底電纜所能容納的最高電話訊息量。普里布蘭姆和部分同事採用一套數學模型，繼續發展他的假設，結果證明這套數學運算法也能描述人類腦部的處理過程。他想出一種相當激進、幾乎是不可思議的觀點——腦部這種有生命的溫熱事物，竟然是依據量子論所述的詭異世界來運作。

按照普里布蘭姆的構想，我們並不是在所謂的「外界」層次來觀察世界，而是在遠更為深奧的層級為之。我們的腦部，主要是在對自己講話，同時也和身體的其他部位交談，不過並不是以文字或影像，甚至也不以瑣碎化學脈衝為之，而是採用波干涉語言：相位、振幅和頻率語言——這就是「頻譜域」。我們是與物體「共振」並與之「同步」來感知物體。要想認識世界，實際上就要調節到相等波長。

將腦部想像成一台鋼琴。當我們觀察這個世界的某樣東西，腦部便有若干部位以特定頻率與之共振。每次凝神專注，我們的腦子就只彈出若干音符，促使特定長度的琴弦以特定頻率振動。接著腦中的普通電化電路便取得這筆資訊，這就彷若琴弦振動，到頭來還是要與整台鋼琴產生共鳴。

普里布蘭姆想到的觀點是，當我們看到某種東西，我們並不是在後腦勺或視網膜背側「看見」那件事物，而是在外界看到三維物體。我們想必是創造出那件物品的虛擬影像，投射到外部空間，也就是實物所在的位置，於是物體和我們對該物體的知覺便兩相重疊。這就表示，視物技巧是一種

變換的技術。就某種意義而言，當我們做觀察，也就是把不受時空影響的干涉圖樣世界，變換成清楚分明的具體時空世界——也就是你眼前那顆蘋果所處的世界。我們在視網膜表面創造出時空，就像全像圖，眼球晶體也取得某些干涉圖樣，接著再把它們轉換為三維影像。必須有這類虛擬知覺，你才能伸手去碰觸蘋果，而且是在蘋果的實際位置，而非在腦中的某個區域。如果我們隨時都把影像投射到空中，那麼我們的世界影像，實際上正是種虛擬創造物。

根據普里布蘭姆的理論，當人注意到某種東西，腦中的神經元便開始以特定頻率共振。這些神經元將這類頻率的資訊傳送給另一組神經元，第二組神經元根據這種共振做傅立葉轉譯，並將所得資訊傳送給第三組神經元，接著它們便開始建構圖樣，最後這就會組成虛擬影像，也就是你在外界空間創造出的那顆蘋果。有了這種三重程序，腦子串連分離影像的能力就可以大幅提升——這能夠以波干涉速簡表達法輕易實現，若是採用實際的真實影像，會變得極不靈便。

普里布蘭姆推斷，看見東西之後，腦子肯定就會以波—頻率圖樣的速簡表達法來處理這筆資訊，然後藉由一套分散式網絡將資訊傳遍腦部，這就很像辦公室區域網路，能夠複製全套重要指令並傳送給許多員工。採波干涉圖樣來儲存記憶，效率高得驚人，也能夠解釋人類記憶的浩瀚容量。以波來儲存資料，容量大得不可思議，所藏資訊遠超過兩百八十萬兆（280,000,000,000,000,000,000）位元，而根據估算，這就相當於一般人在平均壽命期間所累積的記憶量。據說，若採用全像性波干涉圖樣來儲存資訊，那麼只要一塊方糖的空間，就可以儲存美國國會圖書館的所有館藏資料（其實，這已包括以英文撰寫的所有書籍和出版品）。全像性模型應該還

能夠說明為什麼記憶可以在瞬間喚起，而且通常還是種三維影像。

腦中的頻率分析器

普里布蘭姆有關於記憶傳布角色以及腦部波前語言方面的理論，都廣受各方質疑，特別是在六〇年代理論初步發表之際。就以分散式記憶觀點來講，嘲笑這項學說的人物以印第安納大學的生物學家保羅．皮奇（Paul Pietsch）為首。在早期幾項實驗當中，皮奇移除蠑螈腦部，他發現儘管這隻動物陷入昏睡，但當他把腦部擺回去，蠑螈卻又可以立刻恢復機能。倘若普里布蘭姆的見解正確，那麼蠑螈的腦部便有若干部分可以移除或重新排列，而不致於影響到牠的正常機能。不過，皮奇認定普里布蘭姆是錯的，而且他下定決心，非得證明這點不可。皮奇做了七百多次實驗，把大批蠑螈的腦部切斷。他先擺弄一番，之後再把腦子放回去。他連續做了多次實驗，把測試對象的腦部倒著放、割除、切成薄片、重新排列，甚至還絞成碎肉。然而，不論是多麼殘忍毀損或縮減到什麼程度，一旦把殘存僅剩的腦部擺回受試對象體內，蠑螈就恢復原狀，重新表現正常行為。皮奇從十足懷疑派，轉而信奉普里布蘭姆的觀點，認為記憶是分散遍布腦部。

一九七九年，普里布蘭姆的理論再次獲得平反，加州大學柏克萊分校一對夫妻檔神經生理學家證明他是對的。德瓦盧瓦（DeValois）夫婦（羅素〔Russell〕和凱倫〔Karen〕）將棋盤格紋簡單圖樣轉換為傅立葉波，結果發現貓和猴的腦細胞對圖樣本身並不會產生反應，而是對圖樣的波元件所構成的干涉圖樣有所反應。德瓦盧瓦夫妻檔在《空間視覺》（*Spatial Vision*）書中針對無數研究做

詳細闡述，結果證明視覺系統中的眾多細胞全都調節到特定頻率。此外，英國劍橋大學的弗格斯·坎貝爾（Fergus Campbell），以及其他幾家實驗室所做的若干研究也都證實，人類大腦皮質區或有可能調節到特定頻率。這便可以解釋，為什麼偶爾有些物件的大小迥異，我們卻認為它們一模一樣。

普里布蘭姆還證明，腦是具有高強鑑別性能的頻率分析裝置。他舉證說明，腦包含某種「包絡面」（envelope），也就是某種機制，可以侷限腦子所能取用的（原本是無窮盡的）波資訊數量，於是我們才不會受到零點場所含無盡波資訊的轟擊。

普里布蘭姆本人還在幾項實驗室研究中，確認貓和猴子的視覺皮質區只對有限區間內的頻率做出反應。羅素·德瓦盧瓦和他的同事也證實，腦皮質神經元的接收場所對準的頻率範圍全都非常有限。坎貝爾在劍橋所做的研究（包括以貓和人類為對象者）也都證實，腦部神經元只對有限頻帶做出反應。有一次，普里布蘭姆偶然看到俄國人尼可萊·伯恩斯坦（Nikolai Bernstein）的作品。伯恩斯坦拍攝了一部影片，裡面有群人身著全黑裝束，衣服上貼了白點來標示出四肢位置——和萬聖節傳統骷髏服裝不無相仿。參與人員都接受指示，請他們在黑色背景前跳舞，而且要拍成影片。影片製作完成，只見連串白點以波形式舞動，畫出連續圖樣。伯恩斯坦分析這些動作波，得到的結果令他詫異，所有節奏運動全都能夠以傅立葉三角總和來表示，更有甚者，他還發現自己可以預測這群舞者的下一個動作，「誤差不超過幾公釐」。

既然基於某種原因，我們能夠以傅立葉方程式井然呈現運動表現，於是普里布蘭姆便了解，腦

部與身體或許是採用波和圖樣形式來彼此交談，而並非以影像為之。看來腦部似乎有辦法分析運動，解析構成波頻率，並將這種波圖樣的速簡表達形式傳達至身體其餘部位。這種資訊是採非定域方式同時傳抵許多部位。這就能夠解釋，為什麼我們輕輕鬆鬆就能處理複雜的整體作業，況且這還要牽涉到身體多個部位，好比騎腳踏車或溜溜冰鞋。這也可以說明，為什麼我們能夠輕鬆模仿某些動作。普里布蘭姆也偶然發現其他證據，顯示我們的其他感官（嗅覺、味覺和聽覺）都是靠分析頻率來運作。

普里布蘭姆本人還以貓為對象做了幾項研究，他讓貓的右前爪上下移動，同時記錄運動皮質區所發出的頻率。他的發現和視覺皮質研究結果相仿，貓的運動皮質區所含細胞，也分別只對有限種類的運動頻率做出反應，這就像是鋼琴的個別琴弦，只對有限區間的頻率做出反應。

普里布蘭姆苦心探究這種繁複的波前解碼和變換作業，想知道這種過程有可能在哪處部位生成。然後他想到，腦中可能生成這種波干涉圖樣的區域或許並不是位於特定細胞，而是介於細胞之間。腦部的所有神經元（也就是腦細胞的基本單元）末端都有突觸，這個位置會累積化學電荷，最後便觸發放電，跨越間隙傳抵其他神經元。這種間隙裡面有細小的神經纖維末梢，稱為樹突（它會前後擺盪，就像麥桿在微風中緩慢拂動），負責與其他神經元溝通，收發本身的電波脈衝。這種所謂的「慢波電位」流經神經元周圍的神經膠質（一種黏膠），和另一群波輕柔相觸，甚或發生碰撞。就是在這種繁忙的交接點，突觸和樹突彼此藉電磁進行錯雜溝通的地方，由於波圖樣交錯不止，不斷產生成千上萬的波干涉圖樣，因此波頻率便最有可能在這裡被接收、分析，並構成全像式

影像。

普里布蘭姆揣測，這類波碰撞現象肯定會在我們的腦中生成圖畫影像。當我們察覺某種物品，這並不是肇因於神經元本身的活動，而是出自散布腦中的幾團樹突。這就像是一座無線電台，只能對幾個特定頻率產生共振。人腦就彷彿是裝滿為數龐大的鋼琴琴弦，當你彈出某個音符時，其中只有某些琴弦會開始振動。

普里布蘭姆的這些觀點，大體上都要留給他人來做測試，他本人則投入自己的革新理念相關研究，也不致於連累他比較傳統的實驗室工作。他的理論在幾年期間一概了無生機，初步計畫提出之後，他還要等上好幾十年，學界的其他先驅人物才能迎頭趕上。

捕捉編碼波

沃爾特．申普（Walter Schempp）是德國錫根大學的數學教授，他認為自己只是跟著刻卜勒（Johannes Kepler）的腳步，延續這位德國天文學先驅在十六、十七世紀進行的研究。刻卜勒在《宇宙的和諧》（*Harmonice*）書中提出主張，認為地球上的人能夠聽到星辰樂音。刻卜勒當時代的人都認為他瘋了，過了四百年後才有兩名美國科學家證實天籟確實存在。一九九三年，哈爾斯（Russell Alan Hulse）和泰勒（Joseph Hooton Taylor）同獲諾貝爾獎，表揚他們發現了脈衝雙星——發出脈衝電磁波的星體。他們把最靈敏的設備安置在世界極高地點，波多黎各的阿雷西沃山巔，以無線電波證明這類星體確實存在。

申普專門從事諧波數學分析，研究聲波的頻率和相位。有一天，他三歲的兒子生病在家，申普坐在自家庭院想到，或許可以由聲波取得三維影像。他沒有讀過伽柏的作品，只重新構思數學理論，最後就獨立發展出全像理論。他參考自己寫的幾本數學書籍卻毫無收穫，不過他還查閱光學理論方面的成果，偶然讀到伽柏的研究。

到了一九八六年，申普已經發表一本書，他在書中以數學證明從雷達接收的無線電反射波可以生成一幅全像圖，後來這被視為最先進雷達研究的經典著作。申普開始構思，或許波全像術原理也同樣適用於磁振造影（用來檢視身體柔軟組織的醫療工具，當年還在萌芽階段）。然而，當他就此請教高明，卻很快就發現，開發、操作這種機器的人，對磁振造影的運作原理幾乎是一無所知。這項技術還相當原始，純粹憑直覺來運用。病患要靜坐不動至少四個小時，等照片慢慢拍成，至於其運作原理，沒有人真正了解。申普對當時磁振造影的處境極感不滿，他看出能夠拍出更鮮明影像的更簡易方法。

然而，申普必須竭盡全力才有辦法成功，而當年年屆五十的申普儘管家有幼子，卻由於生性抑鬱，頭髮又逐漸花白，看來比實際年齡更顯蒼老。他必須研讀醫學、生物學和輻射學才能完成醫師資格訓練，也才得以使用那種設備。他在馬里蘭州巴爾的摩的約翰·霍普金斯醫學院謀得一職，那裡擁有美國首屈一指的門診放射科，隨後還在麻省理工學院的相關機構麻州總醫院接受訓練。他獲得獎助前往蘇黎世從事輻射學研究，完成後終於可以回到德國，這時他已經取得資格，可以正式動手操作機器。

一般而言，使用磁振造影術來拍攝腦部和身體柔軟組織的照片，就代表必須找到深藏在各種隱蔽角落和縫隙裡的水分。這樣一來，就必須先找出散布腦中的水分子核。由於質子會自旋，就像細小的磁體，因此要確定它們的位置，最簡單的作法就是運用磁場。磁場可以加速質子自旋，最後，核心的行為就彷似微型陀螺儀，加速迴轉到終於失控。這種分子操弄措施，最後會讓水分子徹底敗露行藏，於是磁振造影機便能夠確定位置，最後並能攝得腦部柔軟組織的影像。

當分子轉速減緩，同時也會發放輻射。中普發現這種輻射帶有身體的編碼波資訊，而那種機器可以捕捉資訊，最後並藉此來重建身體的三維影像。所取得的資訊是一種編碼資訊，針對希望檢視的腦區或身體部位，呈現切片全像圖提供檢視。接著就運用傅立葉變換，結合許多身體切片，最後這項資訊就可以轉變為一幅光學圖像。

中普繼續幫忙改革磁振造影機構造，還就此寫了一本教科書，說明造影術的運作方式和全像術沒有兩樣。不久之後，他成為這種機器和功能性磁振造影（用來實際觀察感官刺激所誘發的腦部活動）的世界權威。他的改良成果讓病患必須靜坐不動的時間大幅縮短，從四小時減到二十分鐘。他接著開始構思，不知道這種機器的數學計算和運作理論是否能夠運用在生物系統上。他稱自己這項理論為「量子全像術」，原因是他這項發現就是在說明有關於物體的一切資訊，包括三維造型，全都是寄身於零點場的量子起伏，而且這項資訊也可以回復、重組，並構成三維影像。中普的發現正

好符合普索夫的推測：零點場是個龐大的記憶倉庫。磁振造影機藉由傅立葉變換，得以將零點場中的編碼資訊轉變為影像。其實他所提出的問題，還不只是能不能運用磁振造影來生成更鮮明的影像，他的著眼還要深奧得多。他真正想解答的問題是，他的數學方程式能不能解開人腦的奧祕。

申普投入鑽研理論應用，看能不能產生更宏觀用途，這時他偶然讀到彼得・馬瑟（Peter Marcer）的著作。馬瑟是英國的物理學家，在伽柏門下受教時便與老師合作，接著成為伽柏的同事，後來還前往瑞士，進入歐洲核研究中心。馬瑟本人做過聲波理論方面的運算，也完成若干成果。因此他手中便掌握了一項理論，還直覺認為那可以應用於人類腦部。問題在於，那項理論很抽象、籠統，有必要進一步扎穩數學根基，這樣才有實際價值。九〇年代初期，他接到申普來電。申普的成就為他那項理論帶來生機，也為他本人的研究建立了條理井然的數學根基。

馬瑟認為，申普所用機器的操作原理和普里布蘭姆鑽研人類腦部所發現的作用方式是相同的：都是藉由讀取零點場的天然輻射和發射作用來運作。申普不只掌握了一幅數學地圖，描繪出腦中資訊之可能處理程序，最後還能夠以數學方式來證明普里布蘭姆的各項理論。此外在馬瑟眼中，申普還擁有一種以這種處理程序為運作基礎的機器。就如普里布蘭姆的腦部模型，申普的磁振造影機也要遵循既定處理程序，從不同角度取得身體的波干涉資訊並予以結合，最後再把資訊變換為一幅虛擬影像。磁振造影是一項實驗明證，顯示馬瑟的量子力學理論確實有用。

儘管申普也寫過幾篇論文，粗淺論述他的成果或許能夠應用於生物體系，不過他是在與馬瑟合夥共事之後，才開始應用他的理論來闡釋自然與個別細胞學說。他們合寫了幾篇論文，逐步修正他

們的理論。兩年之後，馬瑟參加一次研討會，聽到米切爾談到他本人的自然學說和人類知覺理論，覺得米切爾的觀點和他本人的學理不謀而合。他們好幾次共進午餐，熱烈交換意見，還決定三人一定要協力研究。後來申普還與普里布蘭姆通信，彼此交換資訊。他們所發現的現象，正是普里布蘭姆所做的研究始終都指向的一個概念：知覺是產生自遠比物質更根本的層級——量子粒子的最基礎底層。我們看不到物體本身，只見得到它們的量子資訊，接著才由此建構出我們的世界影像。要感知世界，就必須先調校對準零點場。

體內的網際網路

斯圖爾特・漢默夫（Stuart Hameroff）是亞利桑那大學的麻醉學家，他經常思索麻醉氣如何令意識失去作用。為什麼含有氧化亞氮（N_2O，又稱笑氣）、醚（$CH_3CH_2OCH_2CH_3$）、鹵乙烷（$CF_3CHClBr$）、氯仿（$CHCl_3$）和異氟醚（$CHF_2OCHClCF_3$）等不同化學物質的氣體，全都會令人喪失意識。這想必是與無關乎化學的某種性質有關。漢默夫揣測，全身麻醉肯定是干擾了微管內部的電活性，而這種作用便會令意識失去作用。倘若真相如此，那麼反過來講也應該成立：既然微管的電活性構成腦中樹突和神經元的基礎機能，那麼基於若干因素，這肯定也是意識作用的核心。

微管是細胞的支撐材料，負責維繫其構造和外形。這類六角形微細網格的成分稱為微管蛋白，也就是種纖細蛋白絲，可以構成長度不定的細小中空圓管。十三束微管螺旋包纏一根中空心管；同時細胞中的所有細管，也全都由中央向外放射，伸向細胞膜，構成輪輻模樣。我們知道，這些細小

的蜂巢構造，作用就像一組路徑，可以在細胞之間傳輸多種產物（特別常見於神經細胞群），並且在細胞分裂過程不可或缺，負責將染色體拉開。我們還知道，多數微管都不斷自我複製，分解重組，就像是一套多不勝數的樂高積木。

漢默夫親自以小型哺乳動物來做實驗，結果和波普有相同的發現。實驗顯示，有生命的組織會透射光子，而且還有大量的「光」會從腦部的若干區域透射而出。

微管傳導脈衝的功能顯然極其優異。由一端送出的脈衝，穿越團團蛋白質，原樣傳抵另一端。漢默夫還發現相鄰細管也都具有高度相干性，所以一束微管的振動，便往往會與相鄰微管同步共振。

漢默夫想到，細胞所含樹突和神經元的微管或許就是種「光管」，可以發揮光子的「波導」功能，能夠在細胞間傳送這類波動，而且沿途完全不會喪失能量。微管還有可能擔任這類光波的微小路徑，藉此將光傳遍全身。

等到漢默夫開始構思他的理論時，已經有許多文獻引用了普里布蘭姆的多項觀念，而這些觀念在構思之初還都被視為非分妄語。全球各研究中心的科學家都開始相信，腦部運作是採用了量子過程。日本京都的量子物理學家保江邦夫發展出一套數學公式，來幫助了解神經微處理過程，結果和普里布蘭姆所見略同。他的方程式也顯示，腦部作用歷程發生於量子能級，而且腦中的樹突網絡是藉由量子相干性來諧合運作。量子物理領域所發展的這組方程式，可以精確闡述這種協力交互作用。保江邦夫和他的同事，日本岡山大學麻醉學系的治部真里都沒有受到漢默夫影響，兩人都是獨

立研究，並構思出相同理論，認為腦部肯定是藉由振動場，沿著細胞的微管發送量子訊息。有些人也推斷，腦部所有機能的運作基礎，肯定和腦部生理作用與零點場之互動有關。生物電子研究協會的義大利物理學家埃吉歐．印希納（Ezio Insinna）針對微管進行實驗，結果發現，這些構造具有一種發訊機制，而且據信還與電子轉移有關。

這群科學家似乎各自掌握了零星解答，最後終於有多人決定協力合作。普里布蘭姆、保江邦夫、漢默夫和麥基爾大學物理系的斯科特．哈根（Scott Hagen），協力匯總出一套組合理論來詮釋人類意識之本質。根據他們的理論，微管和樹突薄膜就相當於身體的網際網路。腦部的每個神經元都可以同時登入，並藉由量子過程，同時與其他所有神經元談話。

微管幫助調度雜亂能量，並協助體內波動構成總體相干性，這就是俗稱「超輻射」的處理過程，接著並促使這種同調訊號，脈動傳遍身體其餘部位。一旦產生相干性，光子便能夠沿著所有光管四處移動，就好像管道全都是透明的，這種現象稱為「自誘透明」（self-induced transparency）。光子可以穿透微管芯，並與遍布全身的其他光子溝通，這便促使腦部各處微管裡面的亞原子粒子集結起來協力運作。倘若真相如此，那麼這就能解釋思維和意識的一致性——沒錯，我們想事情時，並不會把不相干項目擺在一起思索。

相干性便是藉由這種機制向外蔓延，從一個細胞轉移到一群細胞，然後從腦中的特定神經元細胞群組，蔓延到其他的群組。這就構成一項解釋，能夠闡述我們腦部的瞬時運作，這種機能的運作速率介於萬分之一到千分之一秒之間，這時資訊的傳送速率，必須達到每秒一百至一千公尺——這

個速率已經凌駕神經元軸突或樹突的能力，超出其一切已知連結之傳輸能力。超輻射是沿著光管傳輸，採用這項概念還可以解釋一種早就引人注意的現象——腦電圖模式的同步化傾向。

漢默夫觀察沿著這種光管運行的電子，發現它們都輕鬆滑行，並不與環境糾纏干擾——也就是說，電子並未陷入任何單一定態。這就表示，電子能夠維繫一種量子態（所有可能態中的一種情況），於是最後腦部就可以從中選擇。或許這就可以周延詮釋自由意志。任何時刻，我們腦中都是在進行量子選擇，選定、實現各種潛在狀態。

這還只是項學說（還沒有接受波普和他那套生物光子發射的徹底檢測），不過還是有若干合理的數學論據和間接佐證，因此它依舊是一項重要的理念。義大利物理學家德爾·朱迪啟和普雷帕拉塔針對漢默夫的理論做了實驗，也已經得到若干支持證據，顯示光管內部具有同調能場。

微管中空且內含水分，此外便無他物。就一般而言，不管是水龍頭的水或河水，所含分子都是隨機移動，並無秩序可言。然而，那個義大利團隊卻發現，腦細胞中的部分水分子是同調的（相干的），而且這種相干性還可以超出細胞骨架，向外延伸達三奈米或更遠。既然有這種情況，那麼微管中的水分，極有可能也是有條不紊。這便構成一種間接證據，顯示這裡面出現了某種量子過程，於是才引發量子相干性。後來他們還證明，這種波聚焦現象會生成直徑十五奈米的波束——這正是微管之內芯尺寸。

這一切便導出一種異端思維，正是波普當初所想到的理念。意識是種總體現象，發生於體內各處，不只是出現在我們的腦部。意識的最基礎組成，就是相干的同調光。

「意識」的另類觀點

儘管普索夫、波普、賓文尼斯特和普里布蘭姆等四位科學家都曾分頭獨立研究，然而卻只有米切爾等極少數人士領悟到，把他們的研究統合起來便能構成一套心物一統理論，且正好可以佐證物理學家大衛·波姆（David Bohm）的「不可分割的整體」世界觀。在他眼中，宇宙是能量交換的龐大動態蛛網，其基礎次結構則包含一切可能物質類型的一切潛在版本。大自然不是採機械式盲目運作，而是開放、具有理性，而且有其目的。大自然運用了凝聚式學習回饋歷程來處理在生物與其環境之間往復傳輸的資訊，大自然的一統機制並非陰錯陽差應運而生，而是經過編碼並即時傳抵四面八方的資訊。

生物學是種量子過程。體內的一切作用歷程，包括細胞溝通，全都是由量子起伏所引發，而且腦部的所有高等機能和意識，也顯然都是在量子能級發揮作用。申普就量子記憶方面的爆炸性發現，引出歷來最不合情理的觀念：長、短期記憶根本都不是棲身於我們的腦部，而是儲存在零點場中。普里布蘭姆做出發現之後，包括系統理論學家歐溫·拉茲洛（Ervin Laszlo）在內的幾位科學家便提出論據，說明腦部只是種檢索、讀取機制，而記憶則是儲存於最終的儲存媒介——宇宙能量場。後來，普里布蘭姆的日本同行還提出假設，認為我們心目中的記憶，根本就是零點場訊號的同調發射，而較長期記憶則是這種波資訊的結構化群組。倘若真相如此，那麼這就可以解釋，為什麼零星聯想往往要大幅觸發視、聽、嗅覺的紛雜感受。這還特別能夠解釋，長期記憶為什麼能夠瞬間

喚起，且不必仰賴任何掃描機制來篩選經年累月的長遠記憶。

倘若他們的見解成立，那麼我們的腦部就不是儲存媒介，而完全是種接收機制，同時記憶也只不過是尋常知覺的遠親。腦部檢索「舊」資訊的方式和處理「新」資訊的作法相同——藉由波干涉圖樣的全像式變換來落實。拉什利的腦部燒烙大鼠都能夠完整跑完例行程序，這是由於大鼠的記憶從來都沒被燒毀。不管腦中是殘留了哪種接收機制（而且就如普里布蘭姆的演示結果，這是分散遍布全腦），都得以藉由宇宙能量場，重新調校對準記憶。

有些科學家甚至還提出主張，認為我們所有的高等認知歷程，全都是與零點場互動所生的結果。這種持續交互作用，或許便能解釋直覺或創造力何以會產生，以及觀念是如何浮現，在我們心中激發洞見，有時候只是零星思緒，卻也經常神奇湧現出完整理念。說不定「直覺跳躍」也只不過是宇宙能量場中的突發同調統合。

既然人體時時都與變幻無常的量子起伏場交換資訊，這便暗示世界有某種深邃特性。這暗指人類的求知和溝通能力遠比我們目前所了解的更為深奧、浩瀚。這也模糊了我們的個體分際——也就是彼此區隔的感受。倘若萃取生命所得精髓，就是一群時時與場互動，並發送、接收量子資訊的帶電粒子，那麼我們的邊際是在哪裡，身外世界又是從哪裡開始？意識寄身何處——是包納在我們的身體內部，或是存在於外界的宇宙能量場中？倘若我們和世界的其餘部分，在本質上全都相互關連，那麼確實就不再有「外界」可言。

這其中意涵太過恢宏而不容忽視。從這種交換式和模式化能量系統的觀念，根據零點場中的記

憶與回憶觀點，便可以揣摩出人類的一切可能狀況，推估出他們與所處世界的關係。現代物理學界讓人類挫敗了好幾十年。物理學家無視於零點場的效應，排除互連現象的潛在用途，還混淆了多項奇蹟的科學解釋。他們的舉止、他們重整方程式的作為，就有點像是意圖將上帝刪減排除。

第2篇

浩瀚的心靈

你就是世界。

——克里希那穆提（Jiddu Krishnamurti, 1895-1986）

第6章 察人之所未見

日常生活中總有些奇特瑣事會讓人難以忘懷。就赫爾穆特·施密特（Helmut Schmidt）而言，在眾多出版品當中，《讀者文摘》（*Reader's Digest*）的一篇文章就令他牢記難忘。那是在一九四八年，他二十歲就讀科隆大學期間讀到的，當時德國才剛從二次大戰浴火重生。文章內容銘記在他腦中將近二十年，歷經兩次轉移存續下來，一次是從德國移民到美國，還有一次是從學術界轉入產業界——卸下科隆大學教授職務，遷往華盛頓州西雅圖，進入波音科學研究實驗室擔任研究物理學家。

施密特在他去國轉業的整個期間，都在推敲粒子的意義，就好像有某種東西知道那是他生命趨勢的核心，甚至還在意識察覺之前便了然於心。偶爾他也會多加深思片刻，在腦海中把文章取出審視，從不同角度反覆琢磨，接著再把它收存起來，這過程就有點像是他還不是很清楚該如何處理這未竟事業。

那只不過是某篇文章的刪節版本，作者是生物學家暨超心理學家約瑟夫·萊因（J. B. Rhine, 1895-1980）。文章內容和他的著名實驗有關，討論預知和超感官知覺課題，也包括後來米切爾在

外太空所用的卡片實驗。萊因所做實驗，全都是在嚴格控制條件下完成，而且還產生出很有意思的結果。這組研究顯示，一個人有可能把卡片符號資訊傳送給另一人，或得以提高骰子擲出特定點數的機率。

施密特對萊因的研究深感興趣，想了解其中的物理學意涵。就連在就學期間，施密特也已經表現出乖戾傾向，舉止彷彿是在測試科學的極限。他私下認為，物理學和許多科學領域儘管自稱已經能夠解釋宇宙的許多謎團，其實都是夜郎自大。他對量子物理學最感興趣，然而卻又發現，就量子論各方面而言，自己總是朝著最有可能引發問題的觀點去鑽研。

其中最讓施密特感到詫異的就是觀察者所扮演的角色。量子物理學最神奇的觀點之一，就是所謂的哥本哈根詮釋（Copenhagen interpretation，這個名稱是出自波耳所居城市，波耳是創建量子物理學的人士之一）。波耳下苦工完成多項量子物理詮釋，結果還是研擬不出一統基本理論，只根據數學方程式，就電子的行為寫出多句名言，而且世界各地的尋常物理學家迄今依舊遵循。波耳（和海森堡）根據實驗結果指出，電子並非精確界定的實體，而是一切可能存在狀態的一種潛能、疊加，或總和，要等到我們觀察或測量之後，電子才會凝固構成特定狀態。一旦我們觀察或測量完畢，電子便又溶解，回歸無限可能的萬有以太。

這項詮釋的部分內容是在講述「互補性」理念——這是指永遠無法同時認識量子實體（好比電子）的一切面貌。其經典實例為位置和速度；如果發現其中一個向度的資訊（好比它在哪裡），那麼就不能同時確定它的行蹤或者速率為何。

建構量子論的許多人士都曾經針對比較宏觀的角度，來探究他們的計算、實驗結果所含意義，並與形而上學和東方哲學著述相互參照。然而，跟著這批先驅做研究的尋常物理學家卻留下怨言，說是儘管就數學觀點來看是絕對正確，量子世界的定律卻讓一般常識使不上力。法國物理學家，諾貝爾獎得主路易・德・布羅意（Louis de Broglie, 1892-1987）設計出一種耐人尋味的臆想實驗，藉此促使量子論推出合理結論。根據現有量子論，可以在巴黎將一顆電子擺進容器，然後再把容器分為兩半，一半運送到東京，另一半則送往紐約。接著根據理論，除非向容器內窺視，否則電子應該依舊存在於其中一半的容器裡，要在窺視之際，其最後位置才會確立，終於在這兩半之一落實。

根據哥本哈根詮釋推測，隨機性是大自然的一項基本特徵。物理學家認為，由另一項著名實驗便可以確認這點，那是牽涉到光線照射半透明鏡面的實驗。當光照射這種鏡面，一半光線反射，而另外一半則穿透鏡面。不過，當單一光子射抵鏡面，它必然是採行其中一個去向，然而所採行的方向（反射或透射）卻無從預知。這和所有二元過程相同，我們猜對光子最後路徑的機率也是百分之五十。就次原子層級而言，宇宙間並沒有因果機制。

施密特納悶，倘若事實就是如此，那麼為什麼萊因的受試者中，會有部分人士能夠正確猜中卡片圖案和骰子點數？（就如同前述的光子，這些都是用來測試隨機性的工具。）倘若萊因的研究結論正確，那麼量子物理的根本法則就有若干疏失。所謂的隨機二元過程，是有可能預測，甚至是會受到影響的。

顯然，這是有生命的觀察者讓隨機性頓然失效。量子物理學的一項根本定律說明，次原子世界

的一起事件，是以一切可能狀態存在，直到觀察或測量行動讓它「凝固」，或者讓它確立並構成單態。以術語來講，這種過程就是「波函數」的瓦解，其中「波函數」是指稱一切可能狀態。施密特和其他許多人都覺得，儘管量子論在數學方面是盡善盡美，這套學說卻就是在這裡垮台。儘管以單態存在的萬物並沒有一樣獨立於觀察者之外，但你還是可以描述觀察者之所見，卻無法描述觀察者本身。你能夠把觀察時刻納入數學，卻不能把從事觀察的意識也納入。沒有方程式可以把觀察者納入。

還有，這一切都是瞬息即逝。物理家完全提不出有關於任何量子粒子的實際資訊。若是要明確描述，他們充其量也只能說，當在某個定點進行某種測量時，就會產生這種發現，就像是捕捉半空中的蝴蝶。古典物理無需陳述觀察者；根據牛頓版的現實，不管我們有沒有在看，椅子或甚至行星都待在那裡。世界是獨立存在於外界，與我們無涉。

然而，在奇特的量子朦朧世界之中，卻只能確定次原子真相的不完整向度，觀察者也只能在觀察瞬間，確立電子本質的單一面向，而非隨時都能辦到。根據數學論述，量子世界是個奧妙之至的純粹潛在理想世界，唯有遭受入侵干擾之時才會落實——於是就某種意義來講，這個量子世界也就沒有那麼理想了。

超感知覺

思潮發生重大變遷時似乎都會有這樣的現象：許多人開始在差不多的時間點提出相同的問題。

一九六〇年代初期，也就是施密特初讀萊因的文章之後將近二十年，投入測量人類意識之本質的科學家人數漸增，而他和米切爾、普里布蘭姆與其他人士，同樣也加入了這個陣營，設法解答由量子物理學和觀察者效應所引發的這類問題。若是人類觀察者能夠讓一顆電子落實並構成定態，那麼男女觀察者對較大尺度的現實，會產生哪種程度的影響？觀察者效應暗指，唯有當生存意識介入之時，現實才會從零點場一類的太初渾湯裡面浮現。合理結論就是，只有當我們介入之時，物理世界才存有具體狀態。施密特納悶，難道就真的沒有東西完全獨立於我們的知覺之外？

施密特就這整套理念推敲數年之後，米切爾為了籌集資金來挹注自己和幾位天才靈媒所合作進行的意識實驗，而動身前往美國西岸的史丹佛。米切爾和施密特見解相同，也覺得萊因的發現之所以重要，在於它似乎能夠彰顯現實的本質。兩位科學家都想要探究宇宙和人類舉止、意向之間的關係，究竟是深厚到哪個層級。

倘若意識本身便創造出秩序（或甚至就某方面來講是創造出世界），這便暗指人類的能力遠超過當前知識所及。據此還可以推出若干演化理念，來描述人類與於其所處世界之牽連，以及一切有生命事物的相互關係。此外，施密特還提出另一項問題：「我們的身體是延展到多遠之外？」身體是不是如同我們從古至今所想，只延伸到我們這個孤立角色的邊際為止，或者還要「向外延展」，於是我們和所處世界的劃分就不是那麼明確？生存意識是否具有某種類似量子場的性質，使得它能夠自行向外延展，影響及於身外世界？倘若真相如此，那麼我們有沒有可能不光是進行觀測？我們的影響力有多強？就邏輯推論這只是一小步，結論是當我們在量子世界擔任觀察者，這種參與舉動

可能也會造成影響，發揮創造功能。我們在捉住翻飛蝴蝶時，是否並不只是讓牠停頓，還影響到牠採行的飛行路徑──促使牠採取特定去向？

根據萊因的研究，可以推出一種相關的量子效應，那就是非定域性（也就是超距作用）：按照這項理論，兩顆次原子粒子一旦緊鄰共處，隨後就算分離，依舊能夠跨越任意距離彼此溝通。倘若萊因的超感知覺實驗可信，那麼說不定這整個世界也都有超距作用。

✧

一九六五年，年過三十七歲還在波音任職的施密特，終於找到機會來測試他的觀念。他身形高大，瘦骨嶙峋，相貌出眾，額頭兩側髮線大幅後退，正中額尖非常顯眼。施密特是鴻運高照，他受雇在波音實驗室從事純理論研究，而且研究課題是否與航太發展有關都無妨。當時波音公司的資金寬裕。這家航太巨擘構思出超音速機卻予以擱置，也尚未發明七四七型機，於是施密特手頭才有時間來運用。

慢慢地，一項觀念開始成形。要想測試這類觀念，最簡單的方式就是仿效萊因的作法來檢視人類意識，看它會不會影響某種機率系統。萊因曾經運用他的特製卡片來進行超感知覺「強迫選擇」猜測或「預知」演練，還使用骰子來實驗「心靈致動」──測試心靈是否能夠影響物質。這兩種方式都有若干限制，永遠無法確切證明，拋擲骰子是否原本就是種受到人類意識影響的隨機過程，或者猜中卡面圖符並不是純粹靠運氣。卡片洗牌時或許並不徹底，骰子的外形或重量或許更利於擲出

某個號碼。還有一項問題，萊因是以人工來記錄結果，這種程序很容易出現人為錯誤。最後，由於實驗是以人力操作，因此必須花很久的時間才能完成。

施密特想把測試步驟機械化，他認為這樣就可以改良萊因的研究。由於他著眼於量子效應，所製造的機器也應該要由量子過程來決定其隨機性。施密特讀過兩位法國人的作品，這兩人分別叫做雷米．喬溫（Remy Chauvin）和讓－皮耶．甘頓（Jean-Pierre Genton）。他們做了幾項研究，想知道受試者能不能以若干方式來改變放射性物質的衰變率，這就可以用蓋格計數器（Geiger counter）來記錄。

很少有比放射性原子衰變更隨機的現象。量子物理學有一項公理，說明沒有人能夠精確預測原子衰變會在何時出現，並從而釋出一顆電子。若施密特使用放射性衰變來設計機器，那麼他或許就能造出一種幾乎是自相矛盾的製品：以量子力學不準量為基礎來打造的精準儀器。

採用這種藉量子衰變過程來運作的機器，便是在處理機率和流動性範疇的課題——這台機器是由原子粒子支配，而原子粒子則是由量子力學的機率性宇宙來支配。這台機器所輸出的內容，便是由完美隨機活動所構成，而就物理學角度觀之，這就是種「失序」狀態。

在萊因的若干研究中，參與者顯然對擲骰子所得點數構成影響，據此推測其中有某種資訊傳輸或有序化機制發揮功能（物理學家往往稱之為「負熵」〔negative entropy〕），從隨機（或無序）化為有序。若是能夠證明，參與研究的人更動了機器輸出之若干元素，這就表示他們改變了事件的發生機率，或更動了某個系統表現特定行為的傾向。這就好像是說服某人往何方行進，當他在十字

路口，一時無法決定該往哪裡走，受了勸戒才由兩條道路擇一而行。換句話說，就是他們創造了秩序。

由於施密特的研究課題大半屬於理論物理學範疇，因此他必須進修電子學才能造出他要的機器。他由一位技師幫忙，造出一個長方形小盒子，比一本厚重精裝書略大，裝了四個彩色燈號和幾個按鈕，還以一條粗電纜連接另一台打孔機，可以在長條紙帶上打出編碼孔。施密特稱這台機器為「亂數產生器」（Random Number Generator），後來他還以RNG縮略來稱呼這台機器。亂數器頂部有四個彩色燈號（紅、黃、綠和藍色）能夠隨機閃現燈光。

實驗時，參與者摁下某燈號下方的一個按鈕，這便登錄一次預測，認為上方燈號會點亮。倘若結果正確，就算「猜中」一次。亂數器頂部有兩個計數器，一個累計「猜中」數（參與者猜對發光燈號的次數），另一個則累計嘗試次數。實驗進行期間，成功率都會顯示在參與者眼前。

施密特還用上少量同位素：鍶—90（strontium-90），就擺在一台電子計數器旁邊，因此每有電子從不穩定的衰變分子排出，都會在蓋革—繆勒管（Geiger–Müller tube）中留下紀錄。當電子被甩入管中（平均每秒十次）便在瞬息之間讓一具高速計數器停止運作，這具計數器是以每秒百萬輪的駭人速率從一到四週期運轉，停止瞬間顯示出哪個數字，該燈號就會點亮。倘若參與者猜對了，這就表示他們是藉由某種作法，憑直覺知道下一顆電子會在何時抵達，於是這就會點亮他們所指定的燈號。

倘若某人只是猜測，那麼他就有百分之二十五的機會可以猜出正確結果。施密特第一次實驗的

受試者，平均得分並未超過這個數字。後來他聯絡西雅圖的一群專業靈媒，延攬了一組受試對象，這時他們才表現出優異成績。從此以後，施密特都是精挑細選召募參與者，只延攬擁有明顯心靈天賦，能猜對結果的受試對象。他了解，這類效應很可能十分微弱，有必要盡量提高成功機率。施密特的第一批研究結果是百分之二十七——這個結果顯得微不足道，不過就統計而言，這種偏差就夠了。他歸出結論，認為這其中發生了某種有趣現象。施密特所用受試者的心靈與他的機器之間，顯然是出現了某種連帶關係。不過那是什麼？他的參與者是預見哪個燈號就要點亮嗎？或者他們是選定一個彩色燈號，也不知道為什麼，就從心理上「迫使」那盞燈號發光？那是預知或心靈致動效應？

心靈致動

施密特決定測試心靈致動，進一步區隔這兩種效應。當時他是想要進行電子版萊因骰子研究。他動手製造另一種機器——二十世紀版本的拋硬幣機。這台機器是以二元系統為本（這是有兩個選項的系統：是非、開關，還有一或零）。這種機器能夠以電子原理產生正反隨機序列，然後用九盞燈排成圓形燈號，採動態運作來顯示結果。其中一盞燈始終點亮。最上方燈光則是在啟動時點亮，每次機器拋出正反面，燈光便逐步朝順時針或反時針方向移動。若拋出的是正面，依順時針方向排序的下一盞燈就會點亮。若拋出的是反面，則是依反時針方向排序的下一盞燈點亮。若是任其自行運作，這台機器就會隨機使九盞燈繞圈運行，朝兩方移動的次數約略對半。過了兩分鐘，做了

一百二十八次移動便停止運作，並顯示機器所產生的正反面次數。整套移動序列也自動記錄在紙帶上，而正反面次數則是由計數器顯示。

施密特的構想是要讓他的參與者，以意志力讓燈光朝著順時針方向多移動幾步。追根究柢，他就是要參與者影響機器，讓正面出現次數超過反面。

有一次施密特和兩位參與者合作進行研究，一位是積極進取的外向北美女士，還有一位男士則是來自南美洲的超心理學研究人員。在初步測試階段，那位北美女士所取得的正面次數始終超過反面，而南美男士所得結果則相反。儘管他也想得到更多正面次數，結果反面的次數卻始終是超過正面。有一次他們進行大規模實驗，每組進行一百多次，兩人的得分傾向始終不變——那位女士得到較多正面，而男士則是較多反面。當那位女士進行實驗，燈光便往往要朝順時針方向運動，比例達百分之五十二．五。然而，當那位男士集中注意，機器又一次違背他的意願。到最後，燈光朝順時針方向移動的次數，只占了百分之四十七．七五。

施密特知道他遇上了重要現象，儘管他還無法確切指出物理學有哪項已知定律能夠就此提出解釋。當他完成計算，結果便顯示這兩組分數的大幅偏差現象極其罕見，僥倖發生的機率低於千萬分之一。這就表示，若是單憑運氣，他就必須進行一千萬次同類研究才能獲得相同結果。

施密特召集了十八個人，這是他手頭人選當中最容易召募的一群。施密特在他們的初步研究階段發現，這群人就像那位南美同仁，似乎也讓機器產生反面效應。當他們設法讓機器朝順時針方向移動，燈光卻往往是朝另一個方向運行。

施密特主要是想知道有沒有效應，至於是朝哪個方向則沒有關係。他決定設計一項實驗，看能不能讓他的受試者得到更多反面結果。若是這群參與者平常都得出反面效應，那麼他們就要盡量設法擴大成果。他只選出對機器有反面影響的參與者，接著他醞釀出一種鼓勵失敗的實驗氣氛。他的參與者都接受指示，進入一間小型暗室和顯示面板擠在一起進行實驗。施密特刻意不給他們絲毫鼓舞，甚至還告訴受試者實驗很有可能失敗。

結果不出所料，這個團隊讓亂數器產生明顯的反面效應。機器朝反向移動的次數較多，超過他們所期望的方向。不過，重點是參與者對機器產生了若干影響，就算是反向的也無妨。也不知道為什麼，儘管影響有限，他們卻都能夠影響機器，讓機器偏離隨機活動；他們所做出的結果為百分之四十九．一，而原本預期的結果是百分之五十。從統計角度來講，這項結果非常顯著——僥倖產生這種結果的機率是千分之一。既然他的受試對象都不明白亂數器的運作原理，那麼不管他們是怎樣辦到的，顯然都是肇因於某種人類意志力作用。

為邊緣科學另闢生路

施密特又花了幾年進行類似研究，並在《新科學家》（*New Scientist*）等期刊上發表論述，他也和志同道合的人見面，而且有些研究還得到非常顯著的結果——有時候高達百分之五十四，而原先預期的結果則為百分之五十。到了一九七〇年，也就是米切爾在月表漫步前一年，波音獲利頓挫，必須大幅裁減員工。施密特失業了，此外還波及其他幾百人。波音一向在這個研發領域扮演要角，

提供許多職缺，沒有這家航太巨擘，根本就不會有任何工作機會。西雅圖邊界一幅標誌寫道：「最後離開西雅圖的人，能不能請你把燈關掉？」施密特第三次，也是最後 次轉換事業生涯。他還會繼續扮演意識研究人員角色，擔任超心理學界的物理學家。他搬到北卡羅來納州德拉謨，申請進入萊因的實驗室，即人類研究基金會，希望與萊因本人共同進行他的亂數器研究。

幾年之後，有關施密特所用機器的消息傳進普林斯頓大學，引起工程學院一位年輕大學生的注意。她還在大學部讀二年級，主修電機工程學，對於聽說心靈能夠影響機器這種觀念帶有些許浪漫情懷。一九七六年，她決定去找工程學院院長，看看有無可能重做施密特的亂數器研究，當作專題研究計畫題材。

羅勃特．雅恩（Robert Jahn）生性豁然大度。當年越戰戰況轉劇，導致普林斯頓校園動盪不安，亂局也蔓延到全美多數大學校園。那時雅恩還是工程學教授，由於美國的僵化偏袒作為，讓高科技背上黑鍋，結果他卻在無意之間成為高科技的辯護人。雅恩振振有辭對普林斯頓學生組織發表言論，說明實際上科技是為這種分歧提供了解決之道。他這段安撫人心的說詞，不只讓校園擾動平靜下來，還幫忙醞釀出寬容氣氛，讓這所以文科為主的大學能夠接納對科技感興趣的學生。一九七一年，普林斯頓敦請雅恩擔任院長，其中一項理由，或許就是他擁有圓滑折衝的本領。

他著名的寬容態度，到這時也發揚到了極致。雅恩是位應用物理學家，他終生投入科技教學和發展工作。他本人的學位全都是在普林斯頓取得，同時他在先進太空推進系統和高溫電漿動力學方面的研究成果，也為他贏得現有崇高地位。

他在六〇年代初期，肩負使命回到普林斯頓，把電推進學問引進航空工程學系。這次他受邀指導的計畫，則是屬於心靈現象的範疇。雅恩並不相信這個課題可行，不過那位二年級生相當聰慧，她的學習進程也一向都很順利，於是最後他便通融，同意動用由自己全權管轄的資金，撥款贊助她的暑期計畫。她的工作是研讀現有的科學文獻，涵括亂數器研究和其他的心靈致動形式，並完成幾項初步實驗。如果她能夠讓雅恩信服，認可這個領域有可信之處，而且更重要的是，從科技觀點來看也可以投入探究，那麼，雅恩說，他就願意指導她這項獨立研究。

為了不負學者不偏不倚之名，雅恩嘗試探究這個課題。整個夏天，他的學生都不斷把技術報告影本留在他的書桌上，甚至還說動他陪同參加超心理學協會的一場會議。他努力去體察，究竟是哪些人會投身那種一向被貶稱為邊緣科學的研究。雅恩滿心期盼，但願這整個計畫無疾而終，因為他覺得這項計畫非常可笑。他知道，就長期而言，這有可能給他惹來是非，特別是，這會讓他在同事之間難以自處。究竟他該怎樣對他們解釋，這是一項嚴肅的研究主題？

雅恩的學生不斷帶著更可靠的證據來找他，說明這種現象確實存在。當然，投入這門學問、從事這類研究的那群人，確實是有若干聲望。他同意指導她進行一項兩年計畫，然後當她開始帶著做出的結果回頭求教，他也就此提出建議，設法改良所用設備。

當那名學生的計畫進入第二年，雅恩本人也開始涉入，親自從事亂數器實驗。這時似乎開始顯露若干有趣現象。那名學生畢業了，也放下她的亂數器研究，對她而言，這只是結束一項很有意思的臆想實驗，研究結果已經滿足她的好奇心。這時也該做點嚴肅工作，回歸早先她所選擇的傳統路

線。她開始投入事業生涯，後來還在傳統電腦科學界功成名就。她留下一批撩人資料，還在雅恩的路徑上拋下一枚炸彈，徹底改變了他的生命進程。

✧

投入探索意識的研究人員，有許多是雅恩尊重的人物，不過私底下，他覺得他們走錯了方向。像萊因所做的這類研究，不管有多科學，往往都要被歸入超心理學大類，而這類學門，大半都被科學體制貶為狂妄騙徒和魔術師的活動範疇。顯然，必須有非常精緻而且基礎扎實的研究計畫，才能為這類研究引進更溫和、更富學術風格的架構。雅恩就像施密特，他也了解這類實驗所隱含的淵博意涵。自從笛卡兒提出假設，揣測心靈是獨立於身體之外，科學各個學門就開始明確區分心靈和物質之辨。然而採用施密特的機器完成的這批實驗，卻似乎暗指這種劃分完全不存在。當時雅恩就要展開的研究，並不只是要解答一項問題，也就是人類是否有本事影響無生命物體，包括骰子、湯匙或微處理器，那項研究所含意義遠不止此。雅恩是要鑽研現實的本質，也是要探究生存意識的本質。這是最不可思議、最根本的科學研究。

當初施密特是嚴格甄選擁有特異能力、有辦法產生極佳結果的特殊人士。施密特所遵循的協定，是由具有特殊稟賦的特異人士來表現特異舉止。雅恩認為，這種研究途徑讓這項課題更邊緣化。他認為比較有趣的問題是這項能力是否出現在所有人身上。

他還想知道，這對我們的日常生活會有什麼影響。雅恩在七〇年代擔任工程學院院長，他藉這

個職位之便盱衡局勢，知道世界瀕臨一場大規模電腦革命。微電腦科技愈來愈靈敏，也更容易受到外界影響。倘若生存意識確實可以影響這種靈敏的設備，那麼就會對這種設備的運作方式造成重大衝擊。量子過程的最細微擾動，都可能干擾固有行為，造成嚴重偏差，最輕微的動作，都會讓它朝著全然不同的方向狂飆。

雅恩知道，以他所處地位是可以做出獨特貢獻。倘若這項研究能夠以傳統科學為根據，並由聲譽卓著的大學來背書，那麼或許這整個課題，就能夠以更嚴謹的學術風格向外傳揚。

他綢繆規畫一項小規模計畫，還起了一個不顯眼的名稱：普林斯頓工程異常現象研究，後來大家都以PEAR（普大工程異常研究）縮略稱之。雅恩還決心保持低調，行事獨來獨往，刻意與各種超心理學社團保持距離，並小心避免公開露面。

不久之後，私人資金開始湧入，雅恩也因此開創了一項先例：今後他的普大工程異常研究，絕不會動用大學的分毫經費。普林斯頓大學並未干預這項研究，這大半是由於雅恩的聲譽卓著，普大就像是耐心管教子女的家長，把雅恩看成桀驁不馴的早熟孩子。他在工程學院地下室取得少數幾間辦公室，後來這個辦公區便自成小巧格局，在美國長春藤聯盟的這處校園立足，棲身於一個比較保守的學門之內。

雅恩開始思量，他要怎樣讓這種規模的計畫開始運作，同時他也和許多投入前沿物理學和意識研究的其他新探險家取得聯繫。他在這段期間結識布蘭達．鄧恩（Brenda Dunne），並聘請這位芝加哥大學的發展心理學家加入研究。鄧恩曾經執行、驗證幾項千里眼實驗。

雅恩刻意選擇鄧恩來與自己互補所長，兩人外貌天差地別，一眼望去顯而易見。雅恩的身形消瘦憔悴，經常穿著潔淨，上身是筆挺襯衫，配上休閒長褲，穿出保守學院派的一貫穿衣風格，而且他的舉止端莊、出口成章，在在都給人拘謹感受——絕不多說一個字，或擺出沒必要的姿勢。鄧恩的個性則是比較熱情。她經常穿著飄逸服裝，一頭茂密亂髮蓬鬆下垂，有時也束成美洲原住民的馬尾髮式。儘管她也是經驗豐富的科學家，卻往往受到直覺引領。她的工作是針對這類材料，提供比較偏向形而上的主觀理解，補強雅恩以理性分析為主的途徑。雅恩負責設計機器；鄧恩則設計實驗的形式和風格。雅恩代表普大工程異常研究對外的門面；鄧恩則給參與者比較不那麼威嚴的感受。

在雅恩心目中，他的第一項使命是要改良亂數器技術。雅恩斷定，他的隨機事件產生器（Random Event Generators，後來他們採縮略稱之為REGs）應該由電子雜訊源來驅動，而不是靠原子衰變。這類機器的隨機輸出，是由類似白雜訊的訊號來控制；你把收音機調到兩個電台之間，就可以聽到白雜訊——自由電子發出的微弱轟鳴聲浪。這構成一種機制，可以連串發送隨機交變的正負脈衝。結果可以顯示在電腦螢幕上，接著便連線傳送到資料管理系統。這型機器具有故障防範性能，好比電壓和高溫監視器，可以預防竄改或故障，而且還接受嚴苛查核，保證在不做實驗、沒有意志介入之時，機器都能夠分別產生1或0兩種可能結果，而且比例大約各占百分之五十。

這整套故障防護硬體裝置可以保證，每當機器偏離常態，正反比例並非各百分之五十，這時都絕對不是肇因於電子失靈，而純粹是肇因於某種資訊或影響所產生的作用。就連最細微的效應，也能由電腦迅速量化。雅恩還提高硬體效能，讓機器運作得更快。等到機器完工之時，雅恩這才領悟

到，他一個下午所蒐集的龐大資料，可以超過萊因一輩子所累積的數量。

鄧恩和雅恩還改良所用科學協定。他們決定，他們的隨機事件產生器研究都必須沿用相同設計：每位參與者都坐在機器前方，進行三次等長實驗。做第一次時，他們要以意志力讓機器產生1的次數超過0（普大工程異常研究的研究人員稱之為「高點」）。做第二次時，他們就要在心中指導機器，讓它產生0的次數超過1（較多「低點」）。做第三次時，他們就要嘗試對機器產生任意影響。這個三階段過程，目的是要防範設備出現任何偏差。接著，機器就把操作員的決定記錄下來，而且幾乎是同步完成。

當參與者摁下按鈕，就會啟動一組包括兩百次1或0的二元「打點」實驗，而得出每次結果的時間約為五分之一秒。在這段期間，他都要全神貫注（好比，設法產生更多次1，超過一百次預期機率）。一般而言，普大工程異常研究團隊會要求每位操作員，每輪完成五十組實驗，這段過程有可能只花半個小時，卻能產生一萬次1或0打點。鄧恩和雅恩通常都要每位操作員完成五十或一百組實驗（兩千五百到五千組嘗試，或五十萬到一百萬次二元「打點」），然後就檢視得分。他們研判這是資料組最低下限，這樣才能可靠斷定趨勢。

他們從一開始就明白，有必要採用精密作法來分析結果。施密特在做實驗時，只計算了打點次數，並且與機率做比較。雅恩和鄧恩則決定採用歷經考驗的統計方法——累積離差法，這種作法連續累加偏離機率分數（一百）的程度，接著把結果標繪成圖。

統計圖會顯示平均值，還有若干標準差值——這些都是差數值，其結果偏離平均值，卻還不夠

顯著。就隨機出現兩百次二元打點的實驗而言，過了一段時間，機器平均應該拋出一百次正面和一百次反面——因此鐘形曲線會以一百為平均值，這是以從曲線最高點向下延伸的垂線來表示。倘若機器每進行一組實驗，把個別結果都描繪下來，那麼鐘形曲線就會標出分別代表各項分數（如101、103、95、104）的定點。由於個別效應全都十分微弱，採用這種方式很難看出整體趨勢。不過，倘若持續累加所得結果，並計算平均值，而且也得出效果，那麼不管影響是多麼微弱，這個得分趨勢就應該穩定偏離預期值。只要有偏差出現，累積離差法就會大幅予以彰顯。

雅恩和鄧恩也明白，他們有必要取得大量資料。就算是為數龐大、累積達兩萬五千組嘗試的一批資料，也可能出現統計誤差。倘若拿拋擲硬幣一類的二元機率事件來做檢視，就統計學角度而言，所拋出的正反面次數，應該約略各半。假定決定拋擲硬幣兩百次，結果得到一百零二次正面，考慮到進行的次數很少，那麼就統計觀點考量，儘管正面次數稍多，依舊是完全符合機率定律。

不過，倘若拋擲同一個硬幣兩百萬次，結果拋出一百零二萬次正面，這就代表其中有極大誤差，偏離了機率比例。隨機事件產生器一類實驗的效應極微弱，因此不能靠單一或小群研究，必須結合龐大資料，這樣才能夠由逐步偏離預期值的結果，「綜合」得出顯著的統計偏誤。

雅恩和鄧恩初步完成五千次研究之後，兩人便決定取出資料，計算至此出現了哪種情況。兩人在一個週日傍晚來到雅恩住家。他們開始在圖上標示出每位操作員的平均結果。每次操作員試圖影響機器產生高點（正面），他們就用小紅點來表示，若操作員是想要產生低點（反面），那麼就使用小綠點來代表。

做完之後，兩人檢視所得結果。若是結果並沒有偏離機率，兩道鐘形曲線就會疊畫在機率鐘形曲線之上，平均值則為一百。

結果他們得到的結果完全不是這樣。兩種影響企圖分別朝不同方向發展。紅色鐘形曲線（代表「高點」意向）偏向機率平均值之右側，而綠色的鐘形曲線則是偏向左側。就設計來看，這項研究十分嚴謹，然而參與研究的人（全都是普通人，其中並沒有通靈高人）卻不知道為什麼，竟然有辦法光憑意志作用就影響到機器的隨機運作。

雅恩看完資料，坐在椅子上休息，抬眼與鄧恩對視。「真是太好了，」他說。

鄧恩滿臉狐疑盯著他看。他們正以科學嚴謹方式和精準技術得出證據，確認之前還被歸為神祕體驗、隸屬於最偏頗科幻領域的觀念。他們已經就人類意識方面，針對某種革新觀點獲得明證。將來某一天，這項研究或許就會帶頭開創量子物理學新局。沒錯，他們掌握的結果凌駕當代科學之所能及——這或許是一種新科學的開端。

「你說『真是太好了』是什麼意思？」她回答。「這根本徹底令人……難以置信！」

就連雅恩這種謹言慎行，不喜歡故做姿態的人也不得不承認，當他看著散置在他餐桌上的圖表，從現有科學語彙，他完全找不出任何字眼來解釋這些結果。

鄧恩提議把他們的機器改得更親和，也把環境改得更舒適來激發「共振」，因為，參與者和他

們的機器之間顯然會產生共振。雅恩開始開發一批精巧的機械、光學和電子隨機裝置——一個晃動的擺錘、一個湧水不絕的噴泉、一組隨機變換漂亮影像的電腦螢幕、一台活動式隨機事件產生器，上面插滿可以在台面隨機來回移動的短柱，還有普大工程異常研究實驗室的傑作：一組隨機滾落式機械彈子台。機器裝在牆上，閒置時看來就像台巨型鋼珠彈球台，台上有三百三十根短柱，外框長寬分別約為一．八公尺和三公尺。啟動之後，九千顆聚苯乙烯球便紛紛碰柱滾落，為時只有十二分鐘，並堆放在任一集球箱中（總共有十九個集球箱），最後便堆出一種類似鐘形曲線的構型。鄧恩在隨機事件產生器上擺了一隻玩具蛙，還花時間選擇漂亮的電腦影像，於是參與者可以選定某幅影像，多瞧上幾眼，這就算是得到「獎賞」。他們裝上木製鑲板。他們開始蒐集泰迪熊玩具。他們還讓參與者休息，請他們吃點心。

一年一年過去，雅恩和鄧恩不斷進行冗長步驟，蒐集的資料堆積如山——最後構成一套龐大的資料庫，在遠距意向研究界中無人能出其右。他們多次暫停手邊工作，分析截至當時所累積的全套結果。他們在十二年期間，完成近兩千五百萬組實驗，最後結果顯示，在所有實驗當中，有百分之五十二是朝著預期方向產生偏差，而綜合所有結果，總結在九十一位操作員裡面有接近三分之二如他們所願，成功影響機器的偏向。不管使用了哪種機器，結果都是如此。其他一切狀況，包括參與者觀看機器的方式、他們專注凝神的強度、照明、背景噪音，或甚至是否有其他人在場，對所得結果似乎都毫無影響。只要這群男女參與者凝神要機器記錄正反結果，就能夠產生若干影響，而且成功次數達到顯著比例。

不同人所產生的結果互異（有些產生的正面次數超過反面，就算是他們凝神期望造成相反的結果亦然）。不過許多操作員都各有「招牌」結果。彼得所得結果，往往是正面多於反面，而保羅則是相反。而且不管是使用哪種機器，各個操作員往往都分別得出獨特結果。這顯示這種過程是種普遍現象，並不只是發生於特定交互作用或特定人士。

一九八七年，迪安．雷丁（Dean Radin）和普大工程異常研究團隊的羅傑．納爾遜（Roger Nelson）也加入研究，這兩位心理學博士把當時總計完成的八百多次隨機事件產生器實驗結合起來。這套合併成果是取材自六十八位研究人員，包括施密特和普大工程異常研究團隊所完成的研究，結果顯示，參與者能夠影響機器，有百分之五十一的次數如願產生結果，而機率期望值則為百分之五十。這些結果和早期兩篇評論相仿，也與一篇針對許多骰子實驗所做的綜合評述雷同。這些研究當中，仍舊是以施密特所得結果最為精彩，竄升到百分之五十四。

不管是百分之五十一或五十四，成果看來都不是十分輝煌，但就統計上來講，這卻是壯闊的一步。倘若沿用雷丁和納爾遜的方式，綜合所有研究，進行所謂的「後設分析」，那麼出現這種整體得分的機率就為兆分之一。雷丁和納爾遜做後設分析時，甚至還把隨機事件產生器研究最為人詬病的項目納入考量。他們的作法是針對實驗程序、資料或設備，設定十六項判別準則，據此評斷各項實驗之整體資料，並給每項實驗打一個品質分數。有一篇比較新的後設分析，評述從一九五九年到二〇〇〇年的隨機事件產生器研究資料，也得到類似結果。美國國家研究委員會還歸出結論，認為隨機事件產生器的嘗試結果，無法以機率來解釋。

效應值（effect size）是用來反映研究中的實際變異或實際結果的數值。計算過程要納入參與人數和實驗時段等變數。有些藥物研究是把使用藥物產生陽性效果的人數，除以參與進行實驗的總人數來求出效應值。就普大工程異常研究資料庫而言，其整體效應值為每小時〇．二。就一般而言，介於〇到〇．三之間的效應值算是很小，若數值介於〇．三到〇．六之間就算是中等，而只要是高於此數，都可以算是很大。普大工程異常研究的效應值都算很小，而就整體而言，隨機事件產生器研究的結果，是介於很小到中等之間。不過，和看似具有優異療效的許多種藥物相比，這組效應值卻已經是大得多了。

有眾多研究都顯示，普洛爾（propranolol）和阿斯匹靈都能大幅降低心臟病發作率，特別是號稱心臟病預防妙藥的阿斯匹靈。不過，有些大型研究卻顯示，普洛爾的效應值為〇．〇四，至於阿斯匹靈則為〇．〇三，或約等於普大工程異常研究資料效應值的十分之一。有種作法可以斷定效應值大小，就是把這個數值轉換為一百人樣本中的存活人數。就攸關生死的醫療情況下，效應值等於〇．〇三，表示在一百人當中可以多三個人存活下來，而當效應值等於〇．三，則表示在一百人當中可以多三十個人存活下來。

我們在此以某種假設情況來說明這其中的差別有多大：每一百名接受某種心臟手術的病患當中，有三十人能存活下來。假定接受這種手術的病人都使用一種效應值等於〇．三（很接近普大工程異常研究的每小時效應值）的新藥，那麼手術之外施用這種藥物，實際上會讓病患的存活率加倍。醫療效應值提高了〇．三，會使原本救活比例還不到一半的療法，一變而為大多數病人都能存

活的治療良方。

另有些人也使用隨機事件產生器來進行研究，他們發現並非只有人類才能對物理世界產生這種影響。一位叫做雷尼．佩歐契（René Peoc'h）的法國科學家，還使用雅恩的隨機事件產生器的振動，完成一項巧妙的雛雞實驗。雛雞一孵化，便因為「銘印原理」，把眼前會移動的隨機事件產生器當成了牠們的「母親」。這台自動機就擺在雞籠外面，還可以四處自由移動，同時佩歐契也記錄下自動機的移動路徑。過了一陣子，證據逐漸明朗——那台自動機向雛雞移動的次數，超過它任意漫遊的頻率。雛雞希望和母親親近的意願，成為一種「推定意向」（inferred intention），而且這顯然對機器發揮影響，能把它吸引過來。佩歐契還以初生兔子完成一項類似研究。他在活動式隨機事件產生器上裝了一盞燈，能夠發出幼兔厭惡的強光。實驗資料分析結果便顯示，幼兔顯然能夠以意念不讓機器靠近牠們。

✧

雅恩和鄧恩開始構思理論。倘若現實是肇因於意識與環境的微妙互動，那麼說不定意識（就像物質的次原子粒子）也是以某種機率系統為基礎。量子物理學有一項中心信條，最早是由德．布羅意提出，這項原則是，次原子實體所表現的行為，可以是粒子形式（一種界定明確而且在空間有固定位置的東西），也可以是波型（不受疆界束縛的擴散影響作用，而且可以流穿、干涉其他的波）。他們開始斟酌意識是否也具有二元性的特質。個別意識分具獨有「微粒」分離性，卻也能夠

表現「波狀」行為，使得意識能夠流穿一切障礙，跨越任意距離，並與物理世界交換資訊並做互動。在某些時候，次原子意識還會與若干次原子物質同調共振——節拍頻率相等。他們開始根據這個模型來彙整，結合意識「原子」和普通原子（好比，隨機事件產生器的原子）造出一顆「意識分子」，但這個合成的整體並不等同於構成它的元件。原始原子群便各自獻出本身實體，構成比較複雜的單一實體。就最基礎層級，他們的理論就是在講，受試者和隨機事件產生器是逐漸滋生相干性。

當然，他們的若干結果似乎與這項詮釋相符。雅恩和鄧恩感到納悶，若是有兩人或更多人協力影響機器，那麼他們觀察個別受試者所得的微弱效應是否就能夠擴大。普大工程異常研究實驗室以兩人配對，連續完成多項研究。每個配對小組都要通力合作來設法影響機器。

四十二次實驗接續完成，由十五對參與者完成二十五萬六千五百組實驗，其中還有多對產生「顯著」結果，不過把兩人各自所得結果分開來看，卻不見得與配對結果相似。若是以同性受試配對，便往往會得到略微負面的效應。這種配對小組所得結果，往往不如小組成員的個人成績；其中有八對操作員，如願得到非常正向的結果。異性配對小組全都是由熟人組成，互補效果很強，所產生效應是組員個別成績的三．五倍。不過，戀愛中伴侶所組成的「親密」配對，所產生效應最為強大，幾乎達到個別操作員成績的六倍。

倘若這種效應會受到兩位參與者意識之間的某種共振影響，這就可以合理解釋，為什麼心意相通的人士，好比手足、雙生子或戀愛伴侶所產生的效應最為強大。親密關係可以滋生相干性。兩道

波共相便能放大訊號，或許是由於親密配對的共振特別強烈，因而強化了他們對機器的聯合效應。

幾年之後，鄧恩分析資料庫，檢視性別會不會影響結果。她把結果按男女區分，這時便發現，儘管男性所產生的整體效應低於女性，然而就整體而言，男性卻比較能夠讓機器產生所要的結果。就整體而言，女性對機器產生的效應較強，卻不見得都是朝著她們所希望的趨勢發展。鄧恩檢視了兩百七十組資料庫，這是取自一九七九到一九九三年之間完成的九項實驗，共有一百三十五位操作員參與。她發現，男性按照意願讓機器產生正反兩面（也就是高點或低點）的成功比率相等。就另一方面，女性能夠影響機器產生正面（高點）紀錄，至於反面（低點）卻不行。事實上，她們讓機器產生反面的嘗試多半都失敗了。儘管機器呈現的機率高低不等，卻都違背她們的意願，呈現相反結果。

偶爾，當女性並非全神貫注於機器，而是同時也做其他事情，這時她們就能夠得到較佳的結果。而就男性而言，全神貫注似乎就是成功要件。這或許可以算是種次原子佐證，顯示女性比男性更擅長處理多工作業，而男性則是擅長專心做一件事情。很可能就顯微層級而論，男性對所處世界的直接衝擊較大，而女性的影響作用就比較深遠。

✧

接下來就出現了某種情況，迫使雅恩和鄧恩檢討相關假設，重新審視他們所觀察效應之本質。一九九二年，普大工程異常研究計畫和吉森大學以及弗萊堡研究院合夥創辦心靈機器互動聯合會。

聯合會展開第一項工作，重做實驗並得出與普大工程異常研究相符的資料，所有人都假定這肯定一蹴可成。然而，一旦把三家實驗室所得結果都拿來檢視，乍看卻是失敗了——絲毫不比百分之五十對五十更高明，因為光憑機率就可以產生這個比例。

雅恩和鄧恩撰寫結果時，注意到資料有若干古怪扭曲。次級變數出現某種有趣現象。將資料繪成統計圖時，圖上不只會顯示該有哪種平均值，也會呈現出偏差值與平均值間的分散程度。就心靈機器互動聯合會所得的資料而言，平均值就落在機率結果該出現的位置，然而此外就沒有幾個數值相符。變異程度太高，鐘形曲線的形狀並不勻稱。總之，分布極度偏斜，結果絕非單純機率所致。這其中有某種古怪現象。

當雅恩和鄧恩稍微深入檢視資料，便發現最明顯的問題和回饋有關。截至當時為止，他們操作時都假設，若是即時提供回饋（告訴操作員，他們影響機器的表現如何），並且提供能吸引人的畫面或機器，將極有助於得到更好的結果。這會讓操作員專注於實驗過程，幫助他們和設備同調「共振」。他們的想法是，若要讓心理世界和物理世界互動，那麼能夠突破分際的介面（漂亮的畫面）就不可或缺。

然而，他們從聯合會資料卻看出，就算操作員沒有得到回饋，表現還是一樣好——偶爾還要更好。

他們還做了其他研究，其中一項稱為美術隨機事件產生器研究，也同樣沒有得到總體顯著結果。既然心靈機器互動聯合會得出這種結果，他們決定也稍微深入檢視那項研究。當初他們是採用

迷人的電腦影像，並隨機顯示反覆變換——其中一組交替呈現一幅納瓦霍族砂畫和古埃及的亡魂判官安努畢斯肖像。這項研究的構想，是要讓操作員以意志力促使機器呈現某一幅的次數多過另一幅。普大工程異常研究團隊再次假設，迷人影像可以發揮作用——運用意向就能得到「獎賞」，可以多看到喜歡的影像。

當他們檢視這項研究所得資料，細究照片呈現的次數，結果立刻發現，產生最優異效應的影像全都屬於同一類別：原型式的、儀式性的，或宗教性的圖像。這些都是屬於夢境或是無法解釋與言明的圖像，而且就其圖樣而言，這些圖像正是要用以吸引無意識。

倘若真相如此，那麼意向就是發自無意識心靈深處，說不定這也就是產生效應的起因。這下雅恩和鄧恩便明白，他們的假說錯在哪裡。運用儀器讓參與者在意識層級運作，或許會造成阻礙。他們不該提高操作員的意識知覺，反而應該削弱這種現象。

這項認識促使他們修正觀念，重新審視是什麼造成了他們在實驗室裡所觀察到的效應。雅恩經常說，這是他的「發展中的研究」。也不知道為什麼，看來無意識心靈能夠和次有形的物理世界交流，也就是與萬有可能的量子世界溝通。接著，這種未成形的心靈與物質世界之緊密結合，在外顯世界構成某種有形現象。

若是把零點場，還有普里布蘭姆、波普等人所提出的量子生物學都一併納入，那麼這個模型就完全合理。無意識心靈（思維和知覺意向形成前的世界）和物質之「無意識」（也就是零點場），雙雙棲身於萬有可能的機率狀態。下意識心靈是種前概念基質，概念就是由此萌發，而零點場則是

物理世界的機率基質。這就是心靈和物質的最根本成分。於是合理推斷，在這種或許來自共同源頭的次有形維度之中，便很有可能產生量子互動。

雅恩偶爾也就一種極端之至的觀念把玩推敲。當你充分深入量子世界，那麼心理和物理之間或許就不再有分野。到時說不定就只有概念。或許那完全就是種意識，試圖理解蜂擁而至的資訊。或許並沒有兩種有形世界，或許就只有一種——宇宙能量場，以及物質自我進行相干組織的能力。

普里布蘭姆和漢默夫提出理論，認為意識是出自超輻射，也就是次原子相干性的起伏級聯——這時光子等個別量子粒子便喪失個別屬性，並開始表現單一單元之舉止，就像部隊長發口令要士兵列隊。既然就生物過程而言，所有帶電粒子的所有運動，在零點場都有對映鏡像，我們的相干性便延伸進入世界。根據古典物理學定律，特別是熵定律，無生命世界的運動，始終都是朝向混沌、失序發展。然而意識的相干性，卻代表自然界中最富條理的有序現象，而且普大工程異常研究還暗示，這種秩序或許還有利於在世界塑造、產生秩序。當我們想要某種東西或意圖促成某事（這時你特別需要專心致力於集中思緒），或許也可以說，我們本身的相干性就具有感染作用。

✧

從最深遠層級來講，普大工程異常研究還暗示，現實是我們創造的，每個人各憑專注便令現實成真。在心靈和物質的最底層，我們每個人在創造世界上都發揮了貢獻。

雅恩所能記錄的效應，幾乎都細微到難以察覺。目前時機還太早，無法了解原因。或許機器

還太簡陋，測不出影響效應，也或許他只測得單一訊號，而真正的效應，實際上是肇因於大量訊號——所有生物在零點場的某種交互作用。他所得的結果和施密特所記錄較高成績之別，便暗示這項能力是普及全人口。不過，這就像是藝術能力，某些人比較能夠駕馭這種本領。

雅恩也看出，這種過程對機率過程有微弱影響，而或許這就能夠解釋大家耳熟能詳的故事，說明為什麼有人對機器有正負面影響——為什麼碰到倒楣的日子，電腦、電話和影印機就要失靈。說不定這還能夠解釋，賓文尼斯特的自動機為什麼會給他惹出麻煩。

看來，我們有能力讓我們的相干性延展到周圍環境。只要簡單的許願舉止，就可以創造秩序。這就相當於一種幾乎無從想像的威力。雅恩已經證明，從最粗淺的層級，或至少就次原子層級，心靈能夠支配物質。不過，他還證實了一種更基本的現象，彰顯人類意向的強大本質。隨機事件產生器資料構成一扇細小窗口，得以窺探人類創造力的最根本精髓——其創造、組織，甚至療癒的能力。雅恩得到證據，顯示人類意識有力量促使隨機電子裝置有序運作。這時他所面對的問題是，人類意識還可能造成哪些現象。

第7章 分享夢境

亞馬遜雨林深處，亞求阿族（Achuar）和華歐拉尼族（Huaorani）印第安人齊集進行例行儀式。每天清早，部落族人都在天亮之前就醒來，天色微明便聚在一起，然後當世界綻放光明，他們便分享夢境。這並不只是種交流消遣，或藉此機會來講述故事：對亞求阿和華歐拉尼族人而言，夢境不只是做夢的人獨享，而是由團體共有，每個做夢的人，都只不過是夢境決定借用的容器，藉此來與全族對話。兩個部落也都認為，夢境是他們清醒時候的地圖。夢境是種預言，諭示他們會有哪些遭遇。他們在夢中和祖先聯繫，也與宇宙的其餘部分產生關連。夢境才是現實。他們清醒時候的生活才是虛幻。

更朝北方，還有一群科學家也發現，夢境並不屬於做夢的人：那人在做了電磁屏蔽的隔音室裡睡覺，他的顱骨上還貼了若干電極。然而這些夢的主人卻是索爾．菲爾德斯坦（Sol Fieldstein），他是一所市立學院的博士生，就待在幾百公尺之外的另一個房間裡，這時正在檢視卡洛斯．歐羅茲科．羅梅羅（Carlos Orozco Romero）所作、一幅名為《札巴達黨人》（*Zapatistas*）的畫作——這是幅全景畫作，描繪追隨埃米里阿諾．札巴達（Emiliano Zapata, 1879-1919）投入墨西哥革命的志士

群像，畫中顯示風暴將至，鬥士們協同身披方巾的婦女，在烏雲籠罩下邁步前進。菲爾德斯坦遵照指令，藉由意念將這幅影像傳達給做夢的人。過了一陣子，做夢的人，心理分析學家威廉・歐文（William Erwin）博士便被喚醒。他告訴他們，他做的夢怪誕離奇，幾乎就像是美國導演西席・地密爾（Cecil B. DeMille, 1881-1959）的恢宏巨作。他不斷看到一幅影像，天象諭示災禍將至，那似乎是墨西哥某種古代文明的情景。

做夢的人是個容器，可盛裝外來思維抑或集體理念，而這樣的思維或理念，就存在於做夢人之間的微細振動中。做夢狀態大幅彰顯這種關係，因此還更為真實。他們清醒時便分處隔離狀態，各自待在不同房間，而在亞馬遜人眼中，這才是虛幻的。

在普大工程異常研究引發的問題當中，有一項牽涉到思維的從屬本質。如果你可以影響機器，於是順理成章就要提出疑問，思維究竟是棲身何方？人類的心靈究竟位於何處？西方文化通常假定，那位於我們的腦中。不過，倘若真相如此，那麼思維或意向，又怎麼能夠影響到其他人？難道說，思維是「位於外界」，在其他某處？或者有所謂的延伸心靈，或集體思維？我們所思、所夢，是否會影響到其他任何人？

思維傳遞

威廉・布勞德（William Braud）就是為這類問題勞神苦思。他讀了好些研究報告，比如查爾斯・霍諾爾頓（Charles Honorton）所完成的幾項精神感應研究，而當中較為戲劇性的研究之一就是

剛提到的墨西哥畫作研究。霍諾爾頓是知名的意識研究者，任職於紐約市布魯克林區邁蒙尼德醫學中心。在布勞德這樣的行為學家眼中，霍諾爾頓所從事的研究就相當於一種激進的新教育。

布勞德的言辭溫和，思慮周延，舉止文雅又從容不迫，他的臉龐大半滿布濃密鬍鬚。他投入這行之初，原本是名老派心理學家，對記憶和學習的心理學和生物化學特別感興趣。不過，他的個性也帶有古怪傾向，特別著迷於美國心理學之父威廉・詹姆斯（William James）所稱的「白烏鴉」現象（意指罕見現象）。布勞德喜歡異常現象，以及生命中不合成規的事物和可以顛倒曲解的假設。

就在他獲得博士學位之後幾年，學界對帕夫洛夫和史金納思想的禁錮也在一九六〇年代鬆脫，釋放了他的想像力。當時布勞德在休士頓大學任教，講授記憶、動機和學習等課程。不久之前，他開始對展現人腦驚人特性的研究產生興趣。研究生物回饋和放鬆技巧方面的早期先驅證明，只要依序針對各部位集中注意，我們就能夠影響自己的肌肉反應或心跳速率。生物回饋甚至還影響到腦波活動、血壓和皮膚表面的電活性，產生可測量的效應。

布勞德還隨性投入超感官知覺研究。他在一項研究當中試圖傳遞自己的思維，當時他有一位做催眠工作的學生同意加入研究，完成幾次精彩傳輸。他的學生在走道另一端的房間裡就坐並接受催眠。那名學生遠離布勞德，並不知道他在做什麼，卻似乎與他有種神入關係。布勞德用尖器刺手，還把手擺在燭火上方，結果他的學生便有痛楚或燒灼體驗。他看著一幅船隻照片，學生便談起一艘船。他把實驗室門打開，走進德州燦爛陽光，結果那名學生便提到太陽。布勞德不管在哪裡（在建築的另一側，或遠離他的學生好幾公里，待在密閉房間裡面），都可以完成他這部分實驗，所得結

果也都相同。

一九七一年，布勞德二十九歲時，偶然與米切爾相識，那時米切爾才剛完成阿波羅十四號任務回到地球。米切爾已經決定要寫一本書探討意識的本質，因此他當時便四處打探，想了解哪裡有這類好研究。那時休士頓只有布勞德和另一位學者採用可信方法投入意識本質研究。因此，他和米切爾自然而然要找上對方。他們開始定期聚會，並針對這個領域的現有研究交換意見。

意向影響力

精神感應方面的研究相當多。其中萊因所用的卡片實驗就非常成功，米切爾在外太空也採用了這種作法。另外在一九六〇年代晚期，紐約布魯克林邁蒙尼德醫學中心還特設夢境研究實驗室，完成一批更可靠的研究。蒙塔古・厄爾曼（Montague Ullman）和斯坦利・克里普納（Stanley Krippner）也曾經完成多項類似墨西哥畫作的實驗，目的是要檢定能不能傳送思維並併入夢境。邁蒙尼德研究相當成功，後來資料送交加州大學，由一位專擅心靈研究的統計學家負責分析，整個系列的研究得出驚人成果，正確率達到百分之八十四，僥倖出現這種情況的機率為二十五萬分之一。

甚至還有些證據顯示，有些人能夠神入感受到別人的痛楚。柏克萊有一位叫做查爾斯・塔特（Charles Tart）的心理學家設計了一項十分殘酷的實驗，他對自己施以電擊，想看他能不能將自己的痛楚「傳送」出去，並由另一個人接收記錄。接收人與幾台機器相連，可以測量心跳速率、血量和其他生理變化。塔特發現，他的接收人都知道他感到痛楚，不過並非由意識層級察覺。當他們產

生神入感應，也都是藉由血量減少或心跳加速來留下生理變化紀錄，不過他們並沒有意識知覺。然而若是詢問參與者，塔特是在何時接受電擊，他們卻是一無所悉。

塔特研究還顯示，當兩名參與者彼此將對方催眠，他們便體驗到一種強烈的共通幻覺。他們還宣稱，兩人曾經有共通超感官交流，雙方都知道對方的思維和感受。

最後，布勞德的「白烏鴉」開始排擠他的學術研究並取而代之。布勞德本人的信仰體系幾度經歷審慎小幅變遷，這時已經偏離他原有的觀念，不再擁抱腦部化學的簡單因果方程式，改而採信比較複雜的意識觀。他完成幾次試探性實驗，所得結果駭人聽聞，讓他深信腦部運作要比化學變化更複雜得多——如果腦中真有這種現象的話。

隨著布勞德對變換意識和放鬆的生理效應愈來愈感興趣，他也逐漸偏離他的行為派理論。當時米切爾一直是由專事意識研究的機構——心靈科學基金會獲得贊助。湊巧那個基金會正打算搬到（德州）聖安東尼奧市，需要增聘一位資深科學家。那項工作，還有自由實驗鑽研意識本質的職掌，布勞德求之不得。

意識研究界的圈子不大。施密特也是基金會的一員，布勞德也很快就遇上施密特，也見識到他的隨機事件產生器。於是他就此開始深思，想知道人類心靈的影響能夠及於多遠。畢竟，人類和隨機事件產生器，都稱得上是具有相當程度的可塑性和易變性——變化潛力。或許就某個層級而論（不管是在量子能級或其他層次），這類動態系統始終是變遷不定，還很容易受到心靈致動作用的影響。

只要再踏出一小步，布勞德就可以更深入思索，斟酌人類是否能夠靠專注來影響自己的身體，接著他們說不定還能夠在他人身上，產生相同的效應。同時，如果我們能夠促使無生命的物體（好比隨機事件產生器）產生秩序，那麼說不定我們也能夠對其他生物造就條理現象。這類思維逐步發展，最後演變出一種連肉體都侷限不得的意識模型，這種意識如以太般瀰漫，滲入其他肉體和生物內部產生影響。

布勞德決定構思系列實驗，探索個別意向對其他生物的影響究竟可以達到什麼程度。這類研究很難設計，難就難在多數生物都擁有自成一格的動力系統。影響變數相當多，其中變化難以測量。布勞德決定從簡單的動物開始，接著再慢慢提高演化複雜程度。他需要的是簡單的系統，可以產生若干變化，而且必須很容易進行測量。他的研究恰巧就遇上理想對象。他發現一種小型刀魚，圭亞那裸背電鰻（*Gymnotus carapo*）會發出或許是用來導航的微弱電訊號，而他可以精確量化這種電訊號的方向。研究課題是，受試者能不能改變這種電鰻的游動取向。只要在小水槽側邊貼上電極，就可以接收這種電鰻發射的電力作用，而受試者會在一具示波器屏幕上，即時看出自己是否有對電鰻造成影響。

蒙古沙鼠也是做研究的好對象，因為牠們喜歡跑轉輪。這也讓布勞德有東西可以測量。他可以將沙鼠跑轉輪的速度量化，接著就看受試者能不能以意向讓牠加快跑速。

布勞德想要測試意向對人類細胞的影響，而且最好是以免疫系統為對象，因為若是有某種外界原動力能夠影響免疫系統，那麼就大有機會藉此來做治療。不過這其中所含挑戰，遠非他的實驗室

所能因應。免疫系統複雜性極高，針對人類意向所做的任何研究，幾乎不可能把其中改變予以量化，也無從斷定這種變化從何而生。

拿紅血球來做研究就好多了。若是把紅血球擺進鹹度與血漿相等的溶劑，細胞膜便依舊保持完整並能長期存活。在溶劑中添加太多或太少鹽分，血球的細胞膜強度就會減弱，最後就要爆裂，於是細胞所含血紅素就會流出並溶入溶劑，這個過程就稱為「溶血作用」。要控制溶血速率，通常就要改變溶劑所含鹽分。既然溶劑會隨著溶血作用而逐漸澄澈，於是還可以把這種過程量化，求出溶血速率，作法是以稱為分光光度計的器具來測量穿透溶劑的光量。這也是很容易測量的一套系統。布勞德決定徵求幾位志願人員，讓他們待在遠方房間裡面，並設法測定一旦試管中添加的鹽分達到致命含量，這時他們能不能單憑意念來減緩細胞的溶血速率，「保護」這些細胞不致於爆裂。

這批研究全部成功。布勞德的志工群都能夠改變電鰻的取向，加快沙鼠跑速，並保護人類的紅血球，而且成效顯著。時機成熟，布勞德打算進一步以人類來做研究，不過他必須找到辦法來區隔生理效應。有種理想裝置具有這項功能，那是警方所有探員都知道，用來測量皮膚電活動（EDA）的儀器。進行測謊實驗時，只要皮膚導電率提高，都可以用這種機器來測得，這是由於汗腺作用提高所致，而汗腺活性則是由交感神經系統來支配。醫師能夠以心電圖儀和腦電圖儀，分別測量心臟和腦部的電活性；同樣地，測謊器也能夠錄得皮膚電活動提高現象。若皮膚電活動讀數提高，便顯示支配情緒狀態的交感神經系統是採超速運作。這就顯示，壓力、情緒或心情起伏擺盪不定（任何高漲激動情況），就是某人撒謊時比較有可能出現的反應。這些往往都被稱為「戰鬥或逃逸」反

應，當我們面對險境或心煩處境，情況還要更為明顯：我們的心臟猛跳，我們的瞳孔擴張，我們的皮膚滲出更多汗水，我們的肢端血液流量減少，輸往最需要供血的身體部位。於是若是受試者在接受測謊之前，交感神經系統先承受了壓力，這時藉由這類讀數便能夠測得無意識反應，而且甚至在受試者察覺之前就辦得到。同理，若所測皮膚電活動程度很低，便顯示壓力極微，處於安詳狀態——這就是講實話的自然狀態。

布勞德展開人類實驗——被人凝視的效應，後來這還成為他的招牌研究之一。鑽研意識本質的研究人員特別喜歡這種現象，因為這是比較容易判定成敗的超感官實驗。進行思維傳送研究要考慮許多變數，才能斷定接收者的反應與傳送者的思維是否相符。做凝視舉動之時，接收者或有所覺或不知情。處理這種主觀感受，充其量也只能簡化到這個程度，成為隨機事件產生器型的單純二元選項。

遠距影響力的本質

在布勞德手中，凝視和被凝視變成一項尖端技術，狗仔隊的天堂。參與者被安置在房間裡，貼上氯化銀掌部電極（皮膚電阻放大器），並與一台電腦相連。此外，房間裡就只有一件設備，一台日立牌VM-2250型彩色攝影機，當作暗中監視的工具。這台小型攝影機和擺在另一個房間裡的十九吋新力牌特麗霓虹電視機相連，彼此相隔兩條走道和四個房門。這樣一來，負責凝視的人就可以安詳觀看受試者，而且絕對不會留下任何感官線索。

凝視者的動作腳本完全由機率決定，所採機率則是種巧妙的數學計算結果——由電腦隨機演算求得。每當腳本規定開始凝視，負責凝視的人便緊盯螢光幕上的受試者，試圖引起男女受試者的注意。同時，被凝視的人則是待在另一個房間，斜靠躺椅輕鬆就坐，還奉指示任憑思緒飛揚，只是別去揣測自己是不是被人凝視。

布勞德進行這項實驗十六次。就多數例子而言，被凝視的人在凝視時段所表現的皮膚電活動，都明顯高於機率預期值（百分之五十九實際值對百分之五十預期值）——儘管他們在意識上並沒有察覺。第二批參與者進行時，布勞德決定嘗試不同作法。就這次情況，他讓雙方先見面。他要他們接續做幾種練習，其中包括凝視對方的雙眼，同時在談話時專心注視對方。練習目的是要紓緩被凝視時的不安感受，同時也要讓他們彼此相識。當這組受試者進行嘗試之時，他們產生的結果便與前面幾次實驗相反。當他們被凝視之際，心神正處於最安詳狀況。這就像是斯德哥爾摩症候群（Stockholm Syndrome，一種心理症狀），被囚禁的人愛上他們的獄卒，負責凝視的人也開始喜歡被凝視。這也可以說，他們已經變得喜歡被凝視。他們被凝視時會比較輕鬆，就算距離很遠也是如此，而且一旦沒有人觀看，他們還覺得悵然若失。

根據這批最新研究，布勞德愈來愈相信人類有辦法和遠處的注視眼光交流並做出反應，就算本身沒有覺知也無妨。就像塔特的電擊處境下的那群人士，被凝視的人也絲毫沒有察覺這點。這種知覺只發生於潛在意識深層。

這項研究是個重大啟示，引出一項重要因素——必要性對效應值的掌控程度。這時布勞德已經

明顯看出，隨機系統（或是對影響作用有高度感應的體系）有可能受到人類意向影響。不過，當這種系統「有必要」改變時，所受效應會不會轉劇？倘若安定人心是可行作為，那麼當某人有必要安定心神，好比緊張能量高漲的人，這時安撫效應能不能增長擴大？換句話說，若是某人有此需求，他是否就更能取用宇宙能量場的影響力量？就生物學角度而言，我們當中比較有組織條理的人，是否更能夠取用這類資訊，還更能促使他人注意及此？

一九八三年，布勞德和一位人類學家聯手完成系列研究來測試這項理論。這位人類學者瑪莉蓮·施利茲（Marilyn Schlitz）也從事意識研究，還曾經與施密特合作研究。布勞德和施利茲根據交感神經系統作用，選出一群很容易緊張的人，他們的作用都非常強烈，另外還選出一組比較鎮定的人。布勞德和施利茲採用一種簡單協定來進行凝視研究，兩人輪流安撫這兩組成員。這項研究也採用多重波動描記儀來追蹤組員的膚電活動，並根據所得讀數來測定成敗。

這批志願人員也受邀參與另一項實驗，期間他們採用標準放鬆法，試圖安定自己的心神。研究完成之後，施利茲和布勞德便注意到，兩組受試者所得結果有極大差距。就如他們揣測，有必要安定心神的那組，效應遠超乎尋常。事實上，在布勞德的研究當中，是以那次所得效應最為強大。就另一方面而言，鎮定組所記錄的結果幾乎沒有改變；他們所得的效應只略微偏離機率值。

最奇特的是，激動組由他人設法安定其心神所得效應，只略低於他們自行使用放鬆技巧所得成效。就統計觀點而論，這就表示其他人對你身心所產生的效應，和你能夠對自己產生的影響幾乎相等。由別人來對你表達善意，和你自行使用生物回饋法所得效果幾乎一樣好。

布勞德還試做了一項相仿研究，結果發現，你也可以藉由遠距影響來幫助別人凝神專注，而若是受影響對象的注意力最為飄忽不定時，所產生的效應便最強。

後設分析是評估觀察效應是真是假、顯著與否的科學方法，分析時要匯聚大批資料，其來源為眾多獨立研究，而且個別結果往往相左。實際上，這要結合多項研究來組成一項龐大的實驗，而且所含個別研究，偶爾還由於規模太小，得不出明確結果而不予採信。儘管拿設計、規模互異的研究來做比較會有問題，不過這也可能讓人對所研究的效應是大是小有些概念。施利茲和布勞德蒐羅文獻，研讀意向對其他生物之影響效應，並納入所有相關文獻完成一項後設分析。這批在世界各地完成的研究證明，人類意向能夠影響細菌和酵母菌、植物、螞蟻、雛雞、大小鼠類、貓和狗，以及人類細胞製劑與酶的活性。其中以人類為對象的研究則證明，一群人能夠影響另一群人的眼球動作或大肌肉運動動作、呼吸，甚至腦部律動模式。儘管所得效應很弱，卻是前後一貫，而且這是由生平第一次獲邀來試驗這項能力的普通人所做出的成績。

總而言之，根據施利茲和布勞德的後設分析，這類研究的成功比率為百分之三十七，單憑運氣的預期結果則為百分之五。皮膚電活動研究本身的成功率為百分之四十七，單憑運氣的預期成功率則為百分之五。

這些結果為布勞德提供幾項重要線索，讓他窺見遠距影響力的本質。顯然，普通人有能力在許多層次上影響其他生物，比如：肌肉活動、運動活動、細胞變化和神經系統活動。所有這類研究之中還隱含了另一項奇特的可能性：影響效應是取決於這對施加影響者的重要程度，也就是施加影響

者認為受影響標的與自己的關連程度有多高。最微弱的效應見於電鰻實驗；以可愛沙鼠為處理對象的實驗效應較高；以人類細胞為對象之時，效應還要更高；同時當受試者試圖影響另一個人之時，效應便達到最高程度。而當受影響者的確有必要改變時，這種效應值便達到最高峰。有所求的人（安定心神、專心注意）似乎比他人更能夠接受影響。此外還有一個最奇特無比的發現：我們對他人的影響力，只以毫毛之差低於對自己的影響。

冥想體驗

布勞德在影響實驗進行期間，還看到幾個精神感應案例。在一次實驗期間，一位施加影響者恰巧提到受試者的皮膚電追蹤圖示的一絲不苟，讓他想起一支德國電子熱門樂團「動力工廠」（Kraftwerk）。實驗結束之際，布勞德回到接收者的房間，那位女士第一句話就說，不知道為什麼，她在這個階段初期，一直不斷想起動力工廠熱門樂團。在布勞德的研究過程中，這種聯想逐漸成為常態，不再是例外了。

當時從事意識研究的科學家，全都有相同的想法。為什麼有些人的影響力比較強，還有為什麼某些情境比其他狀況更利於促成影響？這就像是種迷宮，某些人就是比別人更有辦法在裡面遊走。雅恩和鄧恩發現，觸發無意識的原型圖像或神祕影像，最能誘發強大的心靈致動效果。邁蒙尼德醫學中心的精神感應研究成果斐然，這是在參與者睡眠、做夢之際完成的。布勞德的催眠研究，儘管只算粗淺涉獵，依舊得出優異成效。就塔特的研究和他本人的遠距凝視研究而論，溝通都是發生於

下意識層級，接收者並沒有察覺到交流現象。

布勞德通盤檢視這些實驗，苦心尋覓共通脈絡。他注意到幾項特徵，認為保障實驗成功有幾個有利因素：某種放鬆技巧（藉由冥想、生物回饋或另一種作法）；紓緩感官輸入或生理活動；做夢或其他的內在狀態和感覺；還有仰賴右腦機能。

布勞德等人發現了一種現象，通稱為「綿羊／山羊」效應——當相信這類效應為真（綿羊），效果就比較好，當相信不會發生（山羊），效果就低於平均值。這每個案例都像是隨機事件產生器，都是在影響結果，就算效應是負向的（「山羊」事例）也無妨。

另外還有一項重要的特徵，那大概就是種變換的世界觀。比較有可能成功的人，往往並不認為自己和世界有別，也不覺得每個人、每件事物都是可以分割的孤立個體。在他們眼中，一切事物都是相互牽連的連續體，而且通常他們也都能了解，除了尋常管道之外，還有其他幾種溝通方式。

看來，當左腦沉靜下來，並由右腦主導支配，這時普通人就能夠取用這套資訊。布勞德讀過古印度的《吠陀》（*Vedas*）聖典，裡面說明，在深沉冥想狀態下會產生「悉諦」神通（siddhis，或就是出現通靈事件）。當一個人冥想達到最高妙狀態，他就產生一種全知體驗——同時見到八方萬物的感受。這個人進入一體狀態，和專注的那個事物融合為一。冥想男女還體驗到一種能力，有辦法促成整體心靈致動作用，好比懸浮和遠距移動物體。在所有事例當中，幾乎所有接收者都將日常感官衝擊完全排除，並深入奧妙泉源，養成靈敏的感受能力。

這種溝通方式是否和尋常溝通作法完全沒有兩樣，只是日常生活中眾多的雜訊，讓我們再也聽

不到它？布勞德明白，倘若他能夠創造出一種剝奪某人一切感受的狀態，那麼那個人的心靈，或許就比較容易注意到這種微妙的效應，而不像尋常喋喋不休的腦部那樣受到蒙蔽。如果剝奪感官的尋常刺激，是否就能改善感知能力？這樣能不能讓人接觸到宇宙能量場？

這正是超覺靜坐創始人，印度瑜伽大師瑪赫西（Mahareshi Mahesh Yogi）的理論。莫斯科腦部研究學院的神經控制學實驗室完成了幾項研究，他們檢視超覺靜坐對腦部的影響，結果發現參與資訊知覺的腦皮質區機能提高，而且腦部左右半球的機能關係也更為密切。後人還根據這些研究推斷，認為冥想讓知覺通道更開敞些許。

✧

布勞德也聽過「整場」法（ganzfeld），這個術語出自德文，代表一種截斷感官輸入的作法，於是他開始採用一套典型整場協定，投入超感官知覺研究。他的志願人員進入一間隔音室，在一張舒適的躺椅上就坐，室內有柔和照明。受試者雙眼外覆類似半顆乒乓球的半球形眼罩，頭上還戴了耳機，不斷播出輕柔的靜電聲響。布勞德要志工開口發言二十分鐘，描述他們腦中浮現的任何印象。

隨後，研究便依循精神感應實驗的尋常設計。布勞德的預感成真，整場實驗得出斐然成果。當布勞德把自己的研究和別人的二十七項成果彙總起來，其中有二十三項，或就是百分之八十二的成功率高於機率值。效應值中位數為〇．三二——這與普大工程異常研究以隨機事件產生器所得效應值不無相仿。

思想發生重大變遷經常會呈現出很有趣的同步模式。布魯克林邁蒙尼德醫學中心的霍諾爾頓，還有愛丁堡大學的心理學家艾德里安．帕克（Adrian Parker），都曾經揣摩布勞德所探究的現象，而且也開始鑽研整場法，作為探究人類意識本質的一種手段。有一項後設分析通盤彙整整場實驗，結果顯示其僥倖機率為百億分之一。

布勞德親自嘗試整場法，結果還出現預感體驗。有天晚上他待在休士頓公寓自宅，坐在客廳地板上，把半乒乓球眼罩和耳機戴好，突然之間，他體驗到一種強烈的鮮明影像，見到一輛摩托車，車頭燈射出強光，而且街道一片潮濕。

他完成那段冥想之後不久，他的太太回到家中。妻子告訴他，就在他產生幻覺那瞬間，她差點被摩托車撞上。車頭燈射出強光照在她身上，而且滿街都是雨水。

布勞德思緒湧起，在心中斟酌自己研究的重大意義，這種念頭強得讓他焦躁不安。如果我們能夠以意念讓好事發生在他人身上，那麼說不定我們也能夠促成壞事。有關於巫毒影響的奇聞軼事相當多，而基於他所得到的實驗結果，不良意圖也極有可能發揮效應。我們能不能自求多福，免受荼毒？

布勞德完成一些初步研究，讓他感到心安。他有一項研究顯示，你有可能藉由採用心理「屏蔽對策」，完全阻隔或避開你不想要的影響力量。你可以具體想像一種保安或護身盾，或者某種壁壘或隔板，這就可以防範影響力透入。在這項實驗當中，參與者奉指示設法以「屏蔽」自保，對抗兩位實驗者的影響意圖，不使自己的皮膚電活動水準提高。另一組受試者也做相同嘗試，不過他們接

受的指示是，別想阻隔任何遠距影響力。負責施加影響力的人並不知道有誰在阻隔他們的意圖，也不知道哪些人沒有這樣做。實驗結束之後，屏蔽組所表現的生理效應，遠低於任憑自己受到影響的那組。

早期超感官知覺研究全都發展出一種心理收音機模型，亦即其中有一名受試者對他人傳送思維。這時布勞德便相信，事實還要複雜得多。顯然，傳送者的意識之心理和自然構造，能夠對較無條理組織的接收者施加有序影響。還有一項潛在效應，那就是這一切自始至終全都存在，而且是棲身於某種場中，那就像是零點場，必要時便可以接通、調動。這就是大衛．波姆的觀點，他提出一項假設，認為所有資訊都存在於某種無形領域，或就是位於高等現實（隱含秩序層〔the implicate order〕）之中，不過它也能因應需求，喚出有效資訊，就像召來消防隊，這時資訊就有必要，而且也有意義。布勞德猜想，答案或許是後面這兩項的混合：某種包含萬有資訊的場，以及人類提供資訊的能力，而這類資訊便有助於更妥善安排他人和其他事物。就一般知覺機能而言，我們的腦部樹突網絡從零點場接收資訊的能力有嚴格限制，就此普里布蘭姆已經提出明證。我們只能調到有限頻率區段。然而，每當意識出現更動狀態（冥想、放鬆、整場、做夢），都會鬆動這種束縛。根據系統理論學家拉茲洛（Ervin Laszlo）的見解，我們就彷如一台收音機，而且這時我們的「頻寬」也擴增了。我們腦中接收斑團的性能提升，得以在零點場中接收更多種波長。

而且在我們與他人維持（布勞德所檢視的那種）深厚的人際關係期間，我們的訊號收受能力也提升了。當兩人「鬆動」他們的頻寬，試圖建立某種深厚的關係，他們的腦部模式就漸趨同步配合

無間。

墨西哥也完成若干類似布勞德的研究，其中有兩位志願者配對為一組，分別待在不同房間。兩位參與者奉指示去感受對方，並由腦電圖儀來測量他們的腦波，讀數顯示雙方開始同步運作。在此同時，兩位參與者腦部兩半球的電性活動也各自同步運作，這種現象通常只出現在冥想期間。不過，腦波模式最一致的參與者，才最能影響另一個人。最有序的腦部模式，始終是最占上風。

於是在這種條件下，便確立了某種相干域，這就彷似水分子的情況。原有的區隔束縛不再是阻隔，配對組成員的腦部和他們本身各自的資訊都不再那麼一致，卻變得更有辦法接收另一人的資訊。實際上，當他們從零點場收到別人的資訊，那彷彿就變成他們自己的資訊。

和宇宙對話

就如量子力學主宰有生命系統，量子測不準原理和機率，在我們的所有身體處理過程當中也都扮演要角。我們是會走動的隨機事件產生器。我們這輩子不管在任何時刻，不論是哪個構成我們心理和身體實體的顯微過程，都可以受到影響，由許多路徑擇一而行。就以布勞德研究的情況而論，其中兩個人有「同步化」頻寬，而同調（或秩序）程度較高的觀察者，則能夠影響較無條理組織的接收者之機率過程。布勞德的配對組較有條理次序，他們對比較無序的其他人的某種量子態產生影響，敦促他們朝著較高秩序發展。

拉茲洛認為，採用這種「擴展的」頻寬理念，便可以解開好幾項謎團。這幾項事件都有詳盡報

告，內容提到有人接受回溯治療，或宣稱擁有前世記憶，而這類現象大半都是發生在非常幼小的孩童身上。有些腦電圖研究以不到五歲的幼童為對象，結果顯示他們的腦子都固定採α模態運作方式（這種模態在成年人身上屬於更動意識態），而非普通成人意識的β模態。孩童很容易接納宇宙能量場中的資訊，能力遠超過一般成年人。事實上，孩子在日常活動中始終是處於固定幻覺態。若是某幼童宣稱自己記得前世事件，或許他是分不清哪些是自己的經驗，何者又是別人的資訊——而這正是儲存在零點場中。或許有某種常見特質（好比一種缺憾或特殊稟賦）能夠觸發聯想，於是孩童就收得到這筆資訊，就彷如那是他本人的前世「記憶」。這並不是輪迴轉世，而只是偶然調校對準別人的無線電台所致，這是任何時刻都有辦法接收眾多電台的人士所表現的本領。

布勞德研究暗含的模型，（就某個程度而言）描繪出一種受我們控制的宇宙。我們的希望和意圖，造就出我們的現實。這說不定可以善加運用，讓我們擁有快樂人生、阻隔惹人不快的影響力量，也讓我們都能夠待在善意護欄圈內。布勞德認為，要當心你許的是哪種願望，我們每個人都有辦法讓願望成真。

布勞德以他特有的隨性、沉靜方式，開始測試這項觀念，並運用意向來促成特定後果。他發現，似乎只有當他溫和許願而不是運用毅力強求之時，測試才能成功。這就像是你期望自己能夠入睡，愈努力嘗試，對入眠過程的干擾就愈大。布勞德認為，人類似乎是在兩個層次運作（世間的艱苦、激勵強求層次，還有宇宙能量場世界的放鬆、被動、包容層次），而這兩者似乎並不相容。過了一陣子，布勞德所期望的結果似乎愈來愈常實現，超過單憑運氣的預期值，同時他也逐漸以「許

願行家」聲聞於世。

布勞德的研究為其他許多科學家提供證據，進一步確認他們也逐漸明白的真相。我們的天生自然狀態就是種關係（探戈關係），亦即一種相互影響不絕的狀態。如同我們的次原子粒子成分都不能和周圍的空間與粒子區隔，生物也不能彼此分離孤立存在。相干性較高的有生命系統能夠交換資訊，並為失序、隨機或混沌的系統創造或重建相干性。生命界的自然態顯然就是秩序——朝向較高相干性的驅動力量。負熵顯然就是最強大的作用力。藉由觀察和意向舉動，我們得以向世界拓展一種超輻射作用。

這種探戈舞動，除了擴充到我們的肉身過程，顯然也延伸到我們的思維。我們的清醒時刻，還有我們的夢境，或許都是所有人的共通體驗，而且還與古往今來所有活過的人分享。我們和宇宙能量場不停進行對話，從那裡取得東西，也讓它更為豐富。人類的眾多偉大成就，或許都是肇因於某人突然開竅，得以取用共享累積資訊（位於零點場的集體努力成果），於是我們認為這就是靈感湧現的關頭。我們所說的「才華」，或許只是更擅於運用零點場的能力。照這樣看來，我們的智力、創造力和想像力，都不是束縛在我們的腦中，其實那就是與宇宙能量場的互動現象。

✧

布勞德的研究所提出的最根本問題和個別性有關。我們每個人的界限是到哪裡為止，還有起點何在？倘若所有結果，每起事件都是種關係，而思維則是種共有過程，那麼或許我們就必須有抱持

善意的健全社群，才能在世上妥善運作。另外還有許多研究也都證明，參與健全社群活動是極為重要的健康指標。

賓州小鎮羅塞托是這方面的最有趣實例。這個芝麻小鎮的居民，原本都是從義大利同一地區移民遷入，而且他們的文化也隨著鎮民完整移植。小鎮凝聚了同舟共濟的社區意識；貧富居民緊密相依，而且似乎就是這種相互關連感受，讓妒忌心削減到最低。羅塞托的健康紀錄十分驚人。儘管社區內存在幾項高風險影響因子（抽菸、經濟壓力、高脂肪飲食），鎮民的心臟病發率卻不到相鄰城鎮的一半。

過了一代，鎮民的凝聚力瓦解；年輕人不再有那種社區意識，不久之後，那裡開始轉變成典型的美國城鎮——孤立個體所組成的集群。在此同時，心臟病發率也迅速攀升，達到相鄰城鎮的水平。在那寶貴的幾年期間，羅塞托一度是個同調小鎮。

布勞德證明，人類闖過了個體分際。不過他還不清楚，我們能夠行進多遠的距離。

史丹佛大學物理系一棟建築的地下室內，全世界最細小碎片的最微弱動盪就逮接受測量。測量次原子粒子所需儀器，樣子完全像是約一公尺大的手動攪拌機。這具磁強計和一件輸出裝置相連，其輸出頻率就是磁場變動率的計量值。數值擺盪十分微弱，在一具X-Y記錄器、一條描記圖紙帶上，費勁繪出緩慢波盪且帶著惱人規則性的S形曲線。在外行人眼中，夸克是固定不動的：圖上始終沒有任何改變。非物理學家見了這種器具，或許會認為那就像個強化版的擺錘。

史丹佛大學一位叫做亞瑟．赫巴德（Arthur Hebard）的物理系學生認為，超導差動磁強計是博士後研究事業的好課題，於是他申請贊助來設計一種能夠阻隔萬物，僅容電磁場中磁通穿透的儀器，只要有夸克偶然經過，都會生成這種磁通。不過，任何人只要了解夸克檢測方式，都明白這項工作相當棘手。作業時幾乎要完全阻隔宇宙間永無止境的電磁雜訊，才能聽到次原子粒子輕柔無可比擬的語音。要辦到這點，磁強計內部就必須有層疊屏蔽重重包覆——銅質屏蔽、鋁質外殼、一層超導鈮質屏蔽，甚至還有 μ合金屏蔽，而此屏蔽所採用的 μ合金特別能夠約束磁場。接著這件儀器就被埋在實驗室地下的混凝土井中。超導量子干涉儀在史丹佛帶了一絲神祕氣息——看得到，卻不

能理解。還沒有人發表過這台儀器的複雜內部構造。

和通靈大師的實驗

對哈爾・普索夫而言，磁強計就是夸克捕快。他認為它是可以用來檢驗心靈能力是否存在的理想測試儀器。他的心胸寬大，願意著手測試是否真有心靈致動，儘管他並不太相信真有其事。普索夫成長於俄亥俄州和佛羅里達州，不過他經常說，自己是來自密蘇里州（Missouri），也就是極端猜疑成性、又稱「索證州」（Show Me state）的地方——拿出證據，證明給我看，給我看這是怎樣作用的。

科學原理是他的安樂避風港，也是讓他掌握真相的最佳途徑。裝設在磁強計周圍的多重屏蔽，將成為通靈人英格・斯溫（Ingo Swann）的終極挑戰。這位靈媒將在當天下午從紐約搭機抵達，然後普索夫就要對他出招，看他能不能更動描記圖樣，干擾這種可以阻截萬物、唯有原子爆裂才能滲透的機器。

那是在一九七二年，也就是普索夫還在史丹佛研究院開始構思他的零點場理論的前一年。就連在那個時期，在他還沒想到量子零點起伏的蘊涵之前，普索夫已經對生物之間或有相互關連性課題感興趣。不過在這個階段，他還沒有真正找到研究重心，更別提理論了。他曾經涉入速子（tachyons）研究，那是種移行速度快過光速的粒子。他曾經揣摩，是否能夠以速子來解釋他讀到的研究，那些文獻指出，就算相隔幾百公里，或以各種方法阻隔屏蔽，也無法阻止動植物做某種即

時溝通。

普索夫曾經認真思索，希望了解是否能夠以量子論來描述生命過程。就像米切爾和波普，他也始終都在揣摩，既然宇宙間的一切事物，追根究柢都帶有量子特質，那麼這就表示，生物之間肯定是具有非定域效應。他曾經從各方面來推敲一種觀念，倘若電子具有非定域效應，或許這就代表，世界（特別是在生物體內）存在著某種大規模的異常現象——一種能夠即時取得或接收資訊的方式。當時他只是想以一種樸實的研究來測試這項假說，大體上就是採用些許藻類，最後也成功說動比爾．邱奇投入一萬美元來贊助這項研究。

普索夫把研究計畫寄到紐約給克里夫．巴克斯特（Cleve Backster）。巴克斯特是多重波動描記儀專家，曾經為了好玩完成幾項研究，檢視植物會不會在標準測謊器上留下任何「情緒」紀錄（也就是電訊號），就像人類面對壓力時所做的反應。就是這類研究讓普索夫醉心不已。巴克斯特試過燒灼一株植物的葉片，接著測量其電流反應，他對人測謊時，就是採用這種作法來記錄皮膚反應。結果非常有意思，植物也在多重波動描記儀上留下高漲壓力紀錄，和人類的手被燒灼時會產生的反應相同。

普索夫覺得另一種現象更為奇妙：當巴克斯特也燒灼沒有連接描記設備的相鄰植物，那株仍然和多重波動描記儀相連的植物，竟然也錄下了和它先前被燒灼時的相同「痛楚」反應。普索夫認為，這就暗示第一株植物是藉由某種超感官機制來接收這項訊息，並表現神入作用。這似乎點出生物之間有某種相互關連性。

「巴克斯特效應」也在植物和動物之間表現出來。當某處的鹼水蝦突然死亡，其他地方的植物，似乎便即刻知情並表現出來，於是便在標準心理電反應儀器留下紀錄。巴克斯特曾經以草履蟲、黴菌和血液樣本為對象，彼此相隔幾百公里來進行這類實驗，結果每次動植物之間都出現某種神祕交流。這就像《星際爭霸戰》系列影片，每有人死亡，都在宇宙能量場中留下擾動紀錄。

就在斯溫來找巴克斯特那天，普索夫的藻類實驗提案恰好就擺在巴克斯特的書桌上。斯溫其實是位藝術家，卻主要以通靈大師著稱，他一直和紐約市立學院的心理學教授葛魯德．施邁德勒（Gertrude Schmeidler）合作進行超感官知覺實驗。斯溫飛快翻閱普索夫的研究計畫，好奇之下便提筆寫信給他，信中還提到，不知道普索夫對無生命物和生物的共同之處是否感興趣，是否想看看他已經開始進行的幾項心靈現象實驗。斯溫本人做過幾項離體實驗，而且結果還不錯。普索夫深感懷疑，不過還是大膽採納斯溫的建議。他聯絡邱奇，詢問他能不能修改研究，撥出一些獎助金讓斯溫飛來加州逗留一個星期。

斯溫的身材矮胖，待人和藹可親，身著奇裝異服抵達。他頭戴白色牛仔帽，還穿了白色夾克和李維牛仔褲，就像搖滾巨星大駕光臨。普索夫愈來愈相信，他這是在浪費邱奇的贊助金。斯溫到達之後兩天，普索夫帶他到物理系瓦利安樓地下室。

普索夫指著磁強計，請斯溫設法更動機器的磁場。普索夫解釋，只要有變動，都會在輸出紙帶上描記出來。

斯溫一開始還感到不安，不知道是不是辦得到，因為他之前從來沒有做過這類事情。他說，首

先他要用心靈透視機器裝置內部，深入了解該怎樣影響它。就在他進行之際，S形曲線的頻率突然加倍，約為時四十五秒——斯溫集中精神的時段。

普索夫又問斯溫，他是否能讓機器的磁場變化停止，也就是讓它不再描繪出S曲線。斯溫閉上雙眼，集中注意四十五秒。就在這段期間，機器的輸出裝置不再描繪出等距波峰波谷：圖表描出一道很長的高原線。等斯溫一說他要停止發念，機器又回復常態S形曲線。他解釋，當他檢視機器內部，集中注意不同元件，這時他就有辦法更動機器的表現。在他講話之際，機器又錄下雙倍頻率，然後是一道雙倍凹線——斯溫說，這和他集中注意機器裡面的鈮球有關。

普索夫要他別再去想它，然後花幾分鐘時間和他談點其他的事情。常態S形曲線恢復。現在集中注意磁強計，普索夫說。描記線條開始猛烈擺盪亂塗亂抹。普索夫要他別再去想它，於是又恢復緩慢的S形曲線。斯溫信筆畫了張草圖，還說這就是他所「看到」的設計，機器的內部構造，然後又說他累了，詢問能不能就此停工。隨後三個小時，機器的輸出恢復單調、穩定的規律曲線。

當時周圍聚集了一群研究生，他們認為有某種古怪電磁雜訊溜進系統，這些變化只不過是偶然造成。然而，後來當普索夫把草圖拿給赫巴德核對時，證實草圖精確無誤。

普索夫不知道該怎樣解釋。顯然，在斯溫和磁強計之間，出現了某種非定域效應。他回家之後，字斟句酌就這個課題寫了一篇報告，然後拿給他的同事傳閱，要他們提供意見。他所見現象，通常是以魂魄出竅或離體經驗相稱，甚至還有千里眼之名，不過，最後他選定一個不帶情緒的中性名詞，中肯指稱這種現象為「遠距觀察」。

最理想的間諜人選

普索夫的樸直實驗，讓他投入一項十三年計畫，和他的零點場研究齊頭並進。這項實驗的目的，是要驗證人類能不能凌駕現有一切感官機制來視物。普索夫明白，他是碰巧發現了人類的某種特質，而且和巴克斯特所觀察的效應也沒有相差十萬八千里——那是某種與無形事物的瞬時牽連。遠距觀察和他一直在推敲的理念似乎是一貫相符，看來生物之間是有某種相互關連性。許久之後，他還會私下揣摩遠距觀察和零點場是否有任何關係。不過就當時而言，他的興趣只著眼於眼中所見是否為真，還有這種作用可以拓展到什麼程度。若是斯溫看得出磁強計的內部構造，他是否有可能將世界各地盡覽無遺？

普索夫無心插柳，促成美國展開歷來最大的諜報計畫，試圖運用千里眼來刺探敵情。他傳閱報告之後過了幾週，兩位中央情報局幹員身著藍色西裝，手中揮舞那份報告來到他家門口。他們告訴他，中情局對俄國人的大量超心理學實驗愈來愈感到憂心，那些實驗是由蘇聯國防單位贊助完成。根據他們所投注的各方資源研判，俄國人恐怕深信有辦法以超感官知覺來破解西方陣營的一切機密。能夠突破時空阻隔，眼見耳聞事物、事件的人，完全就是理想的間諜。國防情報局才剛傳閱了一份報告〈受控攻擊行為——蘇維埃聯邦〉，這份報告預測，蘇聯藉由他們的心靈研究，或能探出最高機密文件的內容、查清部隊和艦隊調動、軍事設施位置，還有將校軍官的想法。說不定他們還能夠從遠距之外射殺人員或擊落飛機。

中情局有許多高級長官都認為時機迫切，美國必須師法做深入鑽研；但是多數實驗室都對他們一笑置之。美國科學界沒有人願意認真看待超感官知覺或千里眼。中情局認為，倘若他們不嚴肅以對，俄國人或許就會取得優勢，往後美國將永遠無法迎頭趕上。中情局四處尋覓，想在學術圈外找個小型研究實驗室，期望他們願意進行一項小型的低調研究。史丹佛研究院（還有普索夫當時正好對此種現象感興趣）似乎最為理想，可以投入這項工作。普索夫甚至還通過安全查核，被認為忠貞可靠，理由是他在海軍有情報工作經驗，而且還曾經為國家安全局工作。

幹員敦請普索夫進行幾項簡單的實驗，大概就只是猜猜盒子裡面藏了什麼東西。倘若他們猜得中，中情局就願意贊助進行一項前導計畫。後來，這兩位來自華盛頓的先生，便看著斯溫正確道出盒中藏了一隻蛾。中情局激賞之下便掏注將近五萬美金，贊助一項前導計畫，預計進行八個月。

普索夫同意繼續進行猜盒子作業，並與斯溫進行嘗試，延續了好幾個月。斯溫努力描述盒子裡面藏的是什麼東西，結果相當精確——遠比單憑猜測所能達到的程度更準。

到那個階段，普索夫已經有一位同事加入陣營，他叫做羅素．塔爾格（Russell Targ），專研雷射物理學，也是為希凡尼亞檢測中心開發雷射的先驅人物。於是又一位有志鑽研光線穿越空間之效應的物理學家，對於心靈可能突破遼闊距離同樣深感著迷，或許這並非偶然吧。他也和普索夫同樣通過忠貞安全查核，可以放心讓他從事機密作業，理由是他曾經參與希凡尼亞的國防研究。塔爾格身材高瘦，身高達一米九五，滿頭蓬鬆鬈髮，額前頭髮後梳——他就像是長了黑髮的歌手亞特．葛芬柯（Art Garfunkel），與長得像是大一號的歌手保羅．賽門（Paul Simon）的普索夫相映成趣。兩

人雷同到此為止；塔爾格臉上始終戴著一副厚重墨鏡，塔爾格的視力極差，符合法定盲人標準。就算他戴上眼鏡，視力矯正功能也只是杯水車薪，談不上正常。他的差勁外界視力，或許也造就了他的內觀本領，於是他才能夠在腦海中看到那麼清晰的影像。

塔爾格從他的業餘魔術師嗜好，培養出探究人類意識本質的興趣。他曾多次站上舞台，從觀眾選出幫手，對他們表演魔術戲法，儘管他大可以在台上操弄魔術伎倆，但在表演期間他卻猛然發覺，其實他所知道的資訊遠超比他聽到的還多。有時他會假裝猜測地點來解答問題，接著，突然間卻有明晰意象在腦海浮現。他自行產生的內在影像，毫無例外都是對的，這自然而然讓他的魔術師聲名更發揚光大。然而，這也給他帶來許多疑問，想不通怎麼會出現這種現象。

斯溫一向都想針對自己的能力認真做個實驗——他所採用的方法將會更貼近中情局的想法，也就是將遠距觀察應用在偵察敵情上。他想到要使用地理座標，以這種乾淨俐落、不帶情緒的作法，直截了當說出定點。普索夫和塔爾格對這種見解都不以為然。倘若他們給他座標，而斯溫也猜中地點，說不定這只表示他記得地圖上的一處位置——或許他有過目不忘的本領。

他們做了幾次實驗，結果雜亂無章，斯溫嚴重偏離目標。然而，做了五十次實驗之後，斯溫開始有進步。等到斯溫猜出第一百組座標，普索夫讚嘆之餘便拿起電話聯絡克里斯托弗．格林（Christopher Green），懇請這位中情局科學情報部分析師，讓他們為中情局進行一項真正的實驗。儘管格林半信半疑，他還是同意提供他們一組地圖座標，而且座標代表的場所，連他本人都毫無所悉。

幾小時之後，一位代名為漢克．透納（Hank Turner）的同事，應格林之請在一張紙上寫下一組數字。這組數字是極端精密的座標值，經緯度精確到分毫水平，只有透納知道那個地方在哪裡。格林收下那張紙，拿起電話打給普索夫。

普索夫要斯溫在史丹佛研究院一張桌子旁邊坐下，然後把座標給他。斯溫一邊吞雲吐霧，偶爾閉上雙眼，並不時在一張紙上塗鴉，他描述乍現的幾幅影像：「一片山岡和綿延丘陵」、「東邊遠處有一條河流」、「北邊有一座都市」。他說，那個地方看起來很怪，「有點像是軍事基地周圍那種草坪」。他的印象是，那裡「四處散布著老舊地下碉堡」，或者也可能只是「一處有頂蓋的庫房」。

隔天，斯溫又在家裡嘗試，並記下他的印象，寫成一篇報告拿給普索夫。這次他同樣模糊覺得地下有某種東西。

幾天之後，普索夫接到派特．普賴斯（Pat Price）打來的電話，普賴斯是個營造承包商，住在太皓湖區，他也栽培聖誕樹。普賴斯自認為有通靈本領，曾有一次在講堂上見過普索夫，這次打電話來，是想要出力幫他們進行實驗。普賴斯的氣色紅潤，愛講俏皮話，是個五十出頭的愛爾蘭人。他說，多年以來，他一直成功使用自己的一套遠距觀察術，甚至還用來抓罪犯。他曾經在洛杉磯近郊的伯班克短暫擔任警方專員。執勤時，普賴斯會待在調派室，一有犯罪通報，他就在心裡掃視都市。一旦確定一處地點，他立刻在心中調派一輛警車前往現場。當然，他宣稱自己逮到犯人，而且他鎖定的對象正是在他腦海中所見的現場就擒。

普索夫一時興起，把中情局給他的座標告訴普賴斯。三天之後，普索夫收到普賴斯寄來的包裹，郵寄日期是在他們談話隔天。包裹裝了多頁文字描述和素描。普索夫明顯看出普賴斯和斯溫描述的是同一處地方，不過卻詳細得多。斯溫的描述非常精確，提到山脈、那個地方位於何處，還有附近就是幾條道路和一座城鎮。他甚至還描述那裡的氣候。不過，普賴斯真正感興趣的是一處山頂地區的內部。他寫道，他認為自己是看到一處「地底儲藏區」，裡面有多種東西，而且隱藏得很好，或許是「刻意為之」。

「看來就像是從前的飛彈發射場——發射基座還在那裡，不過如今那裡面是記錄儲藏區、縮微膠片、檔案櫃，」他寫道。他還描述出鋁製滑門，門扇尺寸就和房間一般大，以及裡面儲藏的東西，甚至還有釘在牆上的幾幅大型地圖。

普索夫打電話給普賴斯，要他再看看能不能取得明確資訊，好比代號或官員的姓名。他想把結果拿給格林，必須有細節才能消除疑慮，不留下絲毫疑點。普賴斯探查出一間辦公室的詳細資料回報普索夫：檔案名稱為「弗萊特瑞普」（Flytrap）和「邁納爾瓦」（Minerva），那是檔案櫃內檔案夾標籤上的名字，也就是使用室內辦公鐵桌的上校和少校軍官的姓氏。

格林拿這份資料給透納。透納邊讀他們的報告邊搖頭。兩位靈媒都錯得離譜，他說他給他們的座標，只不過是他避暑小屋的位置。

格林離去後，一直無法明白斯溫和普賴斯所描述的地方為何如此相似。那個週末，他和妻子開車出城到那處地點。從座標位置，沿著一條泥巴路開了幾公里，他看到一面官方設立的「禁止進

入」標誌。那處場所看來和兩位靈媒描述的一模一樣。

格林開始打探那個地方的消息。緊接著他被捲入一場國防洩密火熱調查行動。斯溫和普賴斯正確描述的地點，是五角大廈一處龐大的地下機密設施，位於西維吉尼亞州的藍嶺山脈，由國家安全局派遣密碼破解人員進駐，負責截聽國際電話通訊並控制美國間諜衛星。看來他們的心靈天線，在原有座標位置收不到值得注意的資料，於是便掃描該地區並調整波長，最後才對準某種軍事相關設施。

幾個月來，國家安全局都深信，普索夫和塔爾格，甚至連格林本人，都是從那處設施的某內部消息來源收到這項資料。普索夫和塔爾格都通過忠貞安全查核，他們的朋友和同事也都受到盤查，探詢他們的共產傾向。為了平息風波，最後普賴斯只好給國安局一些甜頭：位於北烏拉山脈的蘇聯作業單位的詳細資料，此地就對等於國安局機構的祕密設施。

「潛入」俄國軍事現場？

西維吉尼亞州事件之後，中情局最高層官員都十分信服，決定做一次真正的實地測試。有一天，合約控管組派一個人帶著地理座標來到史丹佛研究院，那是中情局高度重視的蘇聯機構之位置。根據所得資訊，塔爾格和普索夫只知道那是處研發測試機構。

他們想測試的對象是普賴斯。塔爾格和普賴斯前往專案室，就位於無線電物理學建築的二樓——房間牆壁裝有雙層銅質電屏，若是有人發出高頻電磁場來做遠距觀察，這種屏蔽就能阻絕其

功能。塔爾格啟動記錄帶，普賴斯取下金屬框眼鏡，靠著椅背輕鬆坐定，從口袋取出一條雪白的手帕，把眼鏡擦乾淨，接著閉上雙眼，整整過了一分鐘才開始講話。

「我躺在一棟兩、三層磚樓屋頂上，」他夢囈般講述。「天氣晴朗。很舒服的陽光。我看到一個我所見過最奇特的東西。一台巨大的起重吊車在我上方移來移去……然後我飄上空中向下觀看，看來那東西是沿著軌道行駛，建築兩側各有一條鐵軌。我從來沒見過這種東西。接著普賴斯畫下建築布局，還特別注意他一直形容為「起重吊車」的設備。

兩、三天後，當他們在那個地點完成工作，塔爾格、普索夫和普賴斯立刻得知驚人消息，他們奉命探查的場所，竟然是中情局推測的「疑似地下核試驗場」。那個地方把中情局搞得心神不寧。美國情報單位的一切火力，全都投注到這個地點，想知道裡面究竟是在做什麼事情。結果發現，普賴斯所畫的圖和衛星照片極其相符，甚至連一批壓縮氣筒都一覽無遺。

看完建築外觀，普賴斯並沒有就此停止。他的描述還包括室內的情況。他看到工人的影像，他們辛苦勞動把金屬塊銲接拼合，想組裝成直徑約十八公尺的金屬球，組件造型就像水果瓣。然而零件卻扭曲變形，普賴斯認為，他們是想找出能夠採低溫銲接的材料。

官方人員完全沒有概念，沒有人知道這處設施裡面究竟是在做什麼，而普賴斯也在一年之後去世。不過，兩年之後，空軍的一份報告外洩，《航空週刊》（*Aviation Week*）雜誌得知中情局使用高解析度偵攝衛星實況，最後這便證實普賴斯所見為真。那群衛星是用來觀察蘇聯挖穿堅硬花崗岩地層的作業情況。他們還觀察到附近的建築，裡面正在製造龐大的鋼塊。

《航空週刊》報導說明：「這些鋼質斷片都是一個大型球體的元件，球體直徑估計約為十五公尺。美國官員認為，這類球體是吸收、儲存能量的必要裝備，所儲能量則是得自核驅動爆炸或脈衝動力產生器。當初美國有幾位物理學家認為，蘇聯並沒有辦法把構成球體的鋼塊銲接拼合，而且容器成品的強度，還要足以耐受核爆融合過程很可能生成的高壓，更由於要銲接的鋼板極厚，因此是難上加難。」

當中情局得知普賴斯的草圖和衛星照片極為貼近，他們便假定他所見的核子球體，肯定是要用來製造原子彈，一個接一個的假設，促使雷根政府天馬行空，想像出後來所謂的「星戰計畫」（Star War Program）。但是就在投注幾十億美金之後，情勢突然出現變化。塞米巴拉金斯克（Semipalatinsk），也就是普賴斯所見現場位置，根本就不是軍事設施。俄國人的確是努力想開發核子火箭，但他們的目的卻是用它來進行有人火星探勘任務。那批火箭全都是作為燃料用途。

無遠弗屆的遠距觀察

普賴斯沒辦法告訴美國政府塞米巴拉金斯克的功能為何，而且他死得太早，來不及告誡他們放棄星戰計畫。不過，就塔爾格和普索夫而言，塞米巴拉金斯克觀察作業，不只是讓他們淺嚐心靈偵監功能，其中意義還要更為深遠。這是一項確鑿證據，讓他們認識遠距觀察的運作方式。這項證據顯示，一個人有辦法根據世上任何定點的地理座標，直接觀看、體驗那裡出現的現象，就連全美國無人認識、一無所知的地點也辦得到。

不過，任意距離是不是太遠了？另一項奇妙的實驗是由斯溫完成。斯溫也有興趣測試他們的假說，驗證人類指向標是不是個要件，是不是現場必須有人，做遠距觀察的人才能收到訊號。他提出一項大膽建議——這項測試恐怕要逼他施出渾身解數。既然航太總署就要發射先鋒十號，進行近木星飛越任務，那麼搶先一步設法觀察木星又有何不可？

實驗期間，斯溫坦承自己看到木星周圍有一道環，他覺得很尷尬，不過還是把它畫了下來。他告訴普索夫，或許，他大概是看到土星，自己的注意方向錯了。沒人打算認真研究那張草圖，直到航太總署任務發現那時木星確實有一道環，這才改觀。

斯溫的實驗證明，現場不必有人，而且事實上，人類也幾乎可以跨越一切距離來「見到」或取用資訊——這就是米切爾在往返月球途中，進行卡片實驗所發現的現象。

普索夫和塔爾格想要擬出一套遠距觀察科學協定。他們逐漸從座標轉移到場所位置。他們製造了一個檔案盒，裡面包含一百個目標場所（建築物、道路、橋梁、地標）從史丹佛研究院半小時之內都可以到達，散布於舊金山灣區到聖荷西之間。所有資料都是由一名獨立實驗者準備、彌封，接著就鎖進保險箱中。目標現場是以電子計算器來決定，由程式隨機選號，據此從許多場所當中隨機選出一處。

實驗當天，他們便把斯溫或普賴斯關進專案室。其中一名實驗者和斯溫一起留守，由於塔爾格的視力很差，因此通常就是由他留守。同時，普索夫和計畫協調人之一，便取出彌封的信封攜往目標現場，而且地點並不讓志工或塔爾格知道。普索夫負責扮演注意焦點的「指向標」角色——他們

希望藉助斯溫或普賴斯的熟人，因為這樣當他們設法找出平凡現場之時，才有目標來調校對準。到了約定開始時間，還有在之後十五分鐘期間，斯溫便奉指示設法畫出所見，並對著一台錄音機描述他對目標現場的一切印象。塔爾格對目標小組所在位置也一無所知，因此他可以自由發問，不必擔心無意之間透露線索，讓斯溫推出正確答案。目標小組回來之後，馬上就帶著遠距觀察組前往目標現場，這樣他們就可以獲得直接回饋，知道自己先前憑空想像所見的精準程度。斯溫的追蹤紀錄令人驚訝。在一次又一次測試當中，他都精確認出目標現場。

過了一陣子，改由普賴斯扮演首席遠距觀察員。普索夫和塔爾格和他歷經九次嘗試，依循他們固定使用的雙盲協定，前往彌封目標現場，它們全都位於帕羅奧多市附近——胡佛塔、一處自然保留區、一個電波望遠鏡觀測站、一處小艇碼頭、一處收費站、一家汽車電影院、一處手工藝廣場、一間天主教堂，還有一家游泳池活動中心。根據獨立評審小組裁決，普賴斯在九次當中成功辨認七次。其中有幾次事例，好比胡佛塔那次，普賴斯還認出那處場所並正確講出地名。普賴斯的特點是精確性高得驚人，還能透過前往現場夥伴的雙眼來「觀看」。有一天，普索夫前往一處小艇碼頭，普賴斯閉上雙眼，接著便睜眼並衝口而出：「我看到灣岸防波堤上的小型停泊區或小艇碼頭……」

普索夫還拿枝微末節來測試普賴斯。他要格林，他的中情局老闆在胸前口袋放一張紙，再搭小飛機起飛。當時已經知道，遠距觀察幾乎是不可能正確認出數字和文字。然而，普賴斯卻逐一標示出來，甚至還按照次序排列。他只就一點發過牢騷，他覺得有點暈船，還畫了一種奇特十字架的圖

像，並因為它前後擺動的影像而感到不舒服。原來格林脖子上掛了一個「安可」（ankh），那是種古埃及十字架，和普賴斯畫的圖像吻合，想必那條項鍊在飛行期間都是猛烈搖晃。

人皆有之的本領

儘管普賴斯和斯溫所得結果都令人讚嘆，中情局還是想要再多加琢磨才能心服口服，同意這種本領並不侷限於天生奇才，更不至於誤以為這是某種巧妙騙術。中情局合約控管組有兩個人提出問題，想知道他們能不能親自動手做實驗。普索夫覺得這個想法很好，他一直希望能以普通人為對象，看他們能不能進行遠距觀察。兩位都受邀各參與三次實驗，而且練習之後兩位也都有進步。第一位科學家正確認出兒童旋轉木馬和一座橋梁，第二位則認出一台風車。總共在五次實驗當中，有三次是直接命中，還有一次是接近命中。

中情局的測試研究成功，這時普索夫和塔爾格開始遴選普通志願人員，有些人天生就能做遠距觀察，只是還沒有經驗，另有些人則沒有天分。一九七三年末和一九七四年初，普索夫和塔爾格選出四位普通人，其中三位是史丹佛研究院雇員，另一位是塔爾格的攝影師友人海拉．哈密德（Hella Hammid）。哈密德之前從沒參與過心靈研究，最後卻發現她天生擅長做遠距觀察。根據獨立評審小組裁決，在九個目標裡面，哈密德正確認出五個。

有次普索夫因公出差前往哥斯大黎加，他於是決定利用這趟行程，把自己當作長距離目標。他每天下午一點半準（太平洋日光節約時間），都詳細記錄當時所在位置和活動行程。在此同時，哈

密德或普賴斯便奉指示，在每天相同時刻，描述、繪製普索夫博士所在位置。

有一天，哈密德和普賴斯都沒有出席，塔爾格便代理他們扮演遠距觀察角色。他出現強烈感受，覺得普索夫是在一處海洋或沙灘場所，而其實他也知道，哥斯大黎加大半範圍都是山區。儘管不太相信結果，他還是形容那裡是一處砂質海灘上的一條飛機跑道，跑道一端就是海洋。當時，普索夫確實是更改既定行程來到一處離島，就在預定時間抵達一處很小的離島機場。全盤審視塔爾格所形容、描繪的機場，除了一項錯誤之外全都正確。唯一的小差錯和他的機場素描有關；他畫的那棟建築呈半桶形，看來就像是瓦楞鐵頂拱屋，實際上那棟建築卻是方形的。在隨後的行程期間，普索夫曾經待在池畔輕鬆休閒，還有次是開車穿越火山山腳的熱帶森林，這兩處哈密德和普賴斯也都正確指出。他們甚至還認出他所住旅館的地毯顏色。

普索夫總共遴選出九位遠距觀察員，多數都是第一次參與，之前並沒有絲毫靈媒活動經驗。這群人總共完成五十多次嘗試。這次也是由公正的評審小組，拿受試者的描述副本來與目標場所做比對。描述內容或有些並不精確，不過都只是細節誤差，精確度也足以讓評審小組裁定描述內容和目標場所明確相符者約達半數——所得結果顯然絕非偶然。

接著普索夫還做了其他安排，輔助評定觀察是否正確。他在史丹佛研究院找了五位和這項計畫無關的科學家，要他們進行盲目比對。這組科學家拿到遠距觀察者所述內容的打字副本和素描，全都未經編排，也不做標示，還輪流前往目標現場，據此來比對遠距觀察描述和九處目標現場是否相符。評審小組判定，其中有二十四組副本和目標現場相符，而預期值則是五組。

普索夫和塔爾格逐漸改變想法，相信這是事實。人類顯然都潛藏本領，能跨越任意距離，見到任何地方，有沒有天分都一樣。資稟最優異的遠距觀察家，顯然能夠探入某種意識架構，於是他們就觀察得到世上任何角落的景象。不過，由他們的實驗免不了要歸結出一項結論，那就是只要經過啟蒙，不管是誰都有能力辦到——就連對這整套理念十分懷疑的人也一樣。最重要的成分，顯然就是要放鬆，甚至帶點玩樂氣氛，還要刻意避免讓觀察者感到焦躁或掛慮預期結果。這樣就萬事具備，不過也需要些許練習。斯溫本人也是過了一陣子，才學會分辨訊號和雜訊——他直覺就能夠區辨哪些是他的想像，哪些則顯然就是場景內容。

精確驗證

普索夫和塔爾格以科學方法處理遠距觀察，設計出科學方法來做測試。鄧恩和雅恩更進一步改良這門科學。對他們而言，這種進展是自然顯現。鄧恩是重做史丹佛研究的先驅人士之一，那時她還在曼德林學院的大學部就讀，後來則進入芝加哥大學念研究所，不過還沒有前往普林斯頓大學任職。那次她也是負責普通志願人員，並非針對有天分的靈媒。她借助兩位學生完成八項研究，兩位都沒有心靈稟賦，但結果證明，參與者能夠正確描述目標位置。當她進入普林斯頓大學，遠距觀察也很快就成為普大工程異常研究計畫的研究課題。

雅恩和鄧恩最擔心的是，他們所採協定和資料處理技術不夠嚴謹，非常有可能影響到這些學生，況且兩位參與者也可能在有意無意之間發出「感官提示」。他們決心避開這一切弱點，煞費苦

心做研究設計。他們設計出最新的客觀方法來測定成功水平——標準化檢核表。除了描述場景並畫出圖像之外，遠距觀察員還奉指示填寫表格，表上列出三十道選擇題來詢問現場細節，目的是要讓受試者的描述更充實。同時，待在遠處現場的人，除了拍攝照片、提筆素描之外，也要填寫同一份表格。有許多次嘗試的目標現場，都是由隨機事件產生器選定，裝進信封封好並交給外勤受試者，接著在遠離普大工程異常研究中心之後才能拆開；另外幾次嘗試，外勤參與者可以選定目標現場，不過他們要先抵達遠方地點才能做選擇，而且留在普林斯頓的人，都完全不知道那是哪個場所。

外勤人員回來之後，便由一位普大工程異常研究工作人員把資料輸入電腦，接著電腦便比對外勤人員和遠距觀察員的檢核表，同時也拿兩份清單來和資料庫裡所有人的清單進行比對。

雅恩和鄧恩總共進行了三百三十六次正式嘗試，計有四十八名參與者投入，而外勤人員和遠距觀察員的間隔距離，則是從八公里到約一萬公里不等，同時還完成非常詳盡的數學分析評估，來判斷結果的準確度。他們甚至還確認憑運氣獲得正確答案的個別機率值。「將近三分之二的嘗試，正確率超過運氣所能解釋。」全盤審視普大工程異常研究的遠距觀察資料庫，僥倖產生這種結果的機率為十億分之一。

其中或有項可議之處，那就是遠距觀察配對組多數彼此相識。儘管參與者間的某種感情牽掛或生理關連因素，似乎能夠提高分數，然而某些小組的外勤和遠距觀察員卻是完全陌生，結果他們也得到優異成果。不像史丹佛研究院之初步研究，這次的實驗對象並無一人具有精神感應天分。更何況，當目標現場是從大批候選位置當中隨機抽出，接著才指派給外勤參與者時，該小組的得分反而

較高，超過由外勤人員自行選擇的情況。這樣一來，得分提高現象，就不太可能是肇因於參與配對組雙方的共通知識所致。

雅恩和普索夫同樣明白，現有生物學或物理學理論，沒有一項能夠解釋遠距觀察現象。俄國人已有定見，主張千里眼是藉由某種極低頻電磁波來觀察。這項詮釋的問題在於，許多實驗的觀察員遙視某場所之時，都像是在看錄影帶，就彷彿他們曾經去過那處現場。這就表示，這種現象超出傳統極低頻作用範疇。此外，當所用房間牆壁裝設特製雙層銅質屏蔽，就連低頻電波都透不入，結果卻減損不了任何人窺探現場的能力，而且描述充實絲毫不減，就連相隔幾千公里的情況亦然。

接著，普索夫便在一艘金牛座型（Taurus）潛艇內執行其中兩項研究，來測試極低頻假設。金牛座型小潛艇可以容納五名乘員，製造廠商為加拿大的國際流體動力學公司（HYCO）。已知超過百公尺深的海水，便能有效屏蔽電磁波，只有非常低頻波段才能透入。遠距觀察員（通常是哈密德或普賴斯）搭乘潛艇出勤，由南加州海岸外的卡達琳納島附近海域下潛一百七十公尺，而普索夫和一位官方合約控管人員，則從一批距離舊金山不遠的目標地點挑出一個目標現場。到了預定時間，他們前往現場，待在那裡十五分鐘。同時之間，哈密德或普賴斯便努力描述，並畫圖呈現他們的夥伴在八百公里外所見景象。

就這兩次事例，他們都正確認出目標現場——帕多拉谷一處山頂的一棵樹，還有山景市的一處購物中心。這樣一來，電磁波溝通途徑觀點就很不可能成立，連極低頻都很難說得通。海水深達一百七十公尺，就連非常低頻的十赫茲腦波也會被擋住。唯一不受阻擋的波動是量子效應。既然一

切物體都會吸收零點場再向外輻射，資訊就會從水「屏蔽」的另一側再向外放射。

普索夫和塔爾格確實有幾條線索，能藉此探究遠距觀察的獨有特徵。首先，史丹佛研究院的男女遠距觀察員，顯然都各有招牌特性。顯然，一個人心之所向與其他方面之性向相符；感覺型遠距觀察員，不管男女都是帶著對人的感覺來做觀察。某人或許特別擅長描畫現場，形容建築和地形方面的特徵；另一位則是專注於對目標現場的知覺「感受」；還有一位則會專注於目標實驗者的舉止，或者描述他所感所見，就彷彿他是藉由某種方法被傳輸到那裡，還能夠由目標對象的雙眼看到外界。許多觀察員都能做出「即時」反應，彷彿他們是以某種方式來到現場，從目標對象的觀點來體驗現況。當普索夫在哥斯大黎加游泳，他們從他眼中看到那幅景象；當他分心欣賞一處風景，不去觀看他當時的旅遊主要景點，這時他們也是如此。這就彷彿他們是帶了兩人的感受來表現舉止——他們自己的，還有現場那個人的。

由訊號作用來看，那就好像是藉由某種低頻位元管道來傳輸。他們的實驗資訊是逐筆接收，還往往並不完整。儘管基礎資訊傳輸通過，但有時細節會有些模糊。就一般而言，景象都經過翻轉，於是受試者所見也是顛倒的，就好像是用鏡子來觀看現場。塔爾格和普索夫曾經想過，不知道這和視覺皮質區的正常作用是否有關。就他們所知，傳統觀點認為腦皮質是顛倒接收影像，接著腦部便翻轉景象來修正所見。就這個情況，視覺並非雙眼所見，還要由腦部來顛倒影像完成修正。不過遠距觀察和正常腦部作用就只有這點雷同。許多遠距觀察員都能夠改變他們的觀察角度，這在他們的控管人略做慫恿之時還更為常見，於是他們就能夠任意改變高度和角度或者拉遠拉近，就像是架在

吊桿上的攝影機。普賴斯第一次針對五角大廈機密地點做遠距觀察之時，剛開始是從四百五十多公尺高處看到現場全景，接著才拉近做較細部的觀察。

遠距觀察員做得最差的是根據所見來做詮釋、分析。當資訊仍不斷滲入時，這麼做往往會扭曲觀察員的印象，因此他肯定會有猜錯的時候。倘若某位觀察員認為自己是看到一座城堡，他就會開始尋找護城河，這個預期或想像，便會取代管道的接收端。毫無疑問，資訊是構成一幅幅影像，並跨越空間完整傳輸過來。就如普大工程異常研究和布勞德所研究的現象，這種知覺管道顯然也是運用無意識和非分析型腦區來傳輸。就如鄧恩和雅恩以隨機事件產生器所做發現，左腦是宇宙能量場的敵人。

當工作結束，回到此時此刻，遠距觀察員全都累垮了，也全被知覺超載一類的感受給淹沒。這就好像他們是進入某種超意識，一旦他們由此脫身，世界就變得更強烈。天空更藍，聲音更響，一切都更顯得真切。那就彷如調節校準依稀可辨訊號時，他們的感官功能都調到最高。一旦他們重返世界，他們的感官立刻遭受正常強度的聲光訊號猛轟。

✧

普索夫開始思索遠距觀察的可能運作方式，他並不是想要構思出一套理論，他和多數科學家同樣都厭惡含糊揣測。不過，我們在部分醒覺層級，肯定持有世上萬物的一切資訊。顯然，人類指向標不見得總是必要。就算只是一組座標，也能夠帶我們前往現場。如果我們能夠即時看到遠方，據

此論斷，這大有可能是種量子式非定域效應。經過練習，我們就能擴展腦部的接收機制，得以取用儲存在零點場中的資訊。這套浩瀚密碼，不停編碼並納入宇宙間所有原子，保藏了世上一切資訊——所有影像、聲音和味道。當遠距觀察員「看著」特定景象，這時他們並不是藉由某種方式，把心靈傳輸到那處現場。他們是見到外勤夥伴所編譯的量子起伏碼資訊。他們是收到宇宙能量場中所含的資訊。從某個觀點來看，宇宙能量場讓我們完整持有我們的內宇宙。擅長做遠距觀察的人，並不是看到所有其他人都見不到的東西。他們只不過是消除了其他令人分心的事物。

所有量子粒子都是以波動來記錄世界，並隨時持有世界的片刻影像，而在深奧的量子能級，現場相關事項（作為標的的人或地圖座標）或許便發揮了指向標功能。遠距觀察員收到作為標的的人所發出的訊號，這種訊號便帶有我們在量子能級接收得到的影像。除了普賴斯這種熟手和天才，其他人所有接收的資訊都不完整，呈現倒置或不完備的影像，就好像是傳輸出了若干問題。由於這種資訊是由無意識心靈接收，於是我們通常就彷彿是在做夢狀態下收受，那是種記憶，或者是突然頓悟——驚鴻乍現的影像，整體的一部分。普賴斯瞧見俄國現場，還有斯溫瞥見木星，暗示一切有助記憶的方式，好比地圖或密碼，都可以喚出實際的地點。就如無知專家能夠在瞬間取得不可能的計算結果，或許零點場是讓我們持有自己內在物理宇宙的影像，然後在某種情況之下，我們便拓展頻寬，終至瞥見其部分內容。

史丹佛研究院的遠距觀察計畫（後來納入科學應用國際公司管轄）延續了二十三年，而且迄今內情依舊保密。這項計畫完全由官方贊助，首先是由普索夫主持，隨後是塔爾格，最後則是由埃德

溫・梅伊（Edwin May）負責。梅伊是名核物理家，身材魁梧，之前也為情報單位做過其他工作。一九七八年，陸軍自行設立靈媒偵監情報單位，代號為「燒烤火焰」，這或許是五角大廈機密等級最高的一項計畫，配屬人員都自稱是天生靈媒，是心靈現象專家。就在梅伊任職期間，官方人力運用和程序監督委員會也延攬了一批科學界名人來擔任委員，包括兩位諾貝爾獎得主，還有兩位大學系所主任，全都是由於他們抱持懷疑態度才獲選。他們的工作是要全盤審視史丹佛研究院的遠距觀察研究，基於這項職掌，他們還享有特權，可以無預警隨時進入科學應用國際公司來杜絕舞弊。所有人的結論都肯定這項研究完美無瑕，其中半數還認為，這項研究彰顯了某種重要現象。不過，迄今美國政府只公開了塞米巴拉金斯克研究，這只占史丹佛研究院文獻的極小部分，而且還是經過塔爾格不斷斡旋才促成解密。

一九九五年，這項計畫結束之際，政府出資檢討所得，全面審視史丹佛研究院和科學應用國際公司的所有資料，負責人為加州大學戴維斯分校的統計學教授潔西卡・厄茨（Jessica Utts），以及對心靈現象不以為然的雷伊・海曼（Ray Hyman）博士。兩人都認為遠距觀察現象的統計結果，遠高於憑運氣發生的機率值。就美國政府的觀點考量，史丹佛研究院讓美國的對俄情報工作取得潛在優勢。然而對科學家們而言，這些結果的意義則遠遠凌駕冷戰對壘謀略。這似乎暗示，由於不斷與零點場進行對話，我們就像是德・布羅意的電子，也同時在所有地方現身。

第9章 無窮盡的此時此刻

中情局見了普賴斯在塞米巴拉金斯克的成果大感震撼，不過讓普索夫和塔爾格最為讚嘆的卻不是這項實驗。那項實驗是完成於更早一年，而且只牽涉到當地一處游泳池，和攻防軍備實在扯不上關係。

當時塔爾格和普賴斯都是待在史丹佛研究院物理系建築二樓的銅質屏蔽室內；普索夫和一位同事操作電子計算器，從許多位置當中隨機挑出一個地點，這次選定距離約八公里外的一家游泳活動中心，位於帕羅奧多市林柯納達公園。

過了三十分鐘，當普索夫大概已抵達目的地時，塔爾格便要普賴斯開始進行遠距觀察。普賴斯閉上雙眼，詳細描述所見，而且所述大小兩座泳池和一棟混凝土建築的尺寸都極為接近。從各方角度觀之，他的素描都很準確，只除了一項：他強調那裡設有某種淨水廠。他甚至還在游泳池素描中，畫出轉動的裝置，並在現場添加兩個水槽。

往後數年，普索夫和塔爾格都假定這完全是普賴斯犯了錯，他們都認為這是訊號帶了太多雜訊

所致。那裡並沒有淨水系統，而且肯定連一個水槽也沒有。

後來在一九七五年初，塔爾格收到帕羅奧多市年報，那是一本百年慶紀念專刊，裡面擇要列出帕羅奧多在過去一個世紀期間的重大市政建設。塔爾格翻閱那本年報，啞然讀到：「一九一三年，新建市立水廠在林柯納達公園現有位置落成。」文章還刊出現場照片，明顯看出有兩座水槽。塔爾格記得普賴斯的素描並調閱審視；兩座水槽正好就位於普賴斯所繪地點。普賴斯「看到」的那處現場，是五十年前的景象，而那座淨水廠的一切證據，早就蕩然無存。

普索夫、雅恩和其他科學家所累積的資料中有一點相當驚人：一個人不必待在附近，就能影響隨機事件產生器，所有結果都不受距離影響。雅恩的研究中，至少有四分之一的參與者位於遠處，距離介於隔一個房間到幾千公里不等。然而所得結果和近距離實驗卻幾乎毫無二致，近距離實驗的參與者都是待在普大實驗室中，就坐在機器正前面。

普大工程異常研究團隊和史丹佛研究院的遠距觀察研究，也都出現相同現象。遠距觀察員的視野能夠跨越國界、遠隔重洋，甚至進入外太空。

然而，普賴斯研究卻是更罕見現象的一個實例。這是從普大工程異常研究和史丹佛研究院等實驗室產生的研究，據此推測人類能夠「看見」未來或回溯過去。

在我們對自身和對我們所處世界的體認當中，最能一以貫之的理念之一就是時空觀念。我們認為生命是種進程，而且能夠以時鐘、曆法和我們的生活重大里程碑來衡量。我們出生、成長、成家生子，還逐步累積一棟棟房子、財產、貓狗寵物，期間都不免要增長年歲，一步步邁向死亡。這種

時間進程的最確鑿證據，正是我們的肉體逐漸老化的事實。

還有一個一以貫之的古典物理觀點則認為，世界是幾何處所，裡面充滿實體物質，而且彼此之間存有空間。而物體對另一件物體的影響作用，就要取決於間隔空間的大小。倘若物體相隔幾公里遠，彼此就不可能產生即時影響作用。

普賴斯研究和普大工程異常研究率先指出，或許在最根本的存在層次並無空間或時間，沒有明顯的因果關連——沒有東西觸及其他事物，跨越時空造就一起事件。牛頓的絕對時空理念，甚至愛因斯坦的相對時空觀點，都被更真實的面貌所取代——宇宙真相就是某種浩瀚的「此處」，而此處便代表某單一瞬間的一切時空點。倘若次原子粒子能夠跨越一切時空交互作用，那麼由此所構成的較大物質或許也辦得到。在宇宙能量場量子世界的純粹潛在次原子世界當中，生命現實就是浩瀚的現在。「從這裡把時間抽離，」雅恩很喜歡這樣說，「那麼一切都說得通了。」

「預見」未來

雅恩本人累積了一批證據，顯示人類能夠預示事件。布蘭達．鄧恩在曼德林學院也做過類似研究，大體上就是受此影響，於是鄧恩和雅恩所做的遠距觀察研究，多半都是採「預知遠距知覺」設計。待在普大工程異常研究實驗室的遠距觀察員，奉指示講出外勤夥伴的目的地，而且不只是在他們抵達之後才指出地點，甚至還要在幾小時或幾天之前，當他們還不知道自己要往何處去之時就要先期預報。另一名不涉入實驗的人負責使用隨機事件產生器，從預先選定的一批目標位置當中，隨

機挑出外勤人員的目標現場，也有些是由外勤人員在啟程之後才自行選定目的地。接著，外勤夥伴便遵循遠距觀察實驗的標準協定動身出差。他在目標現場逗留十到十五分鐘，並在預定時間記錄他對現場的印象、拍攝照片，並填答普大工程異常研究團隊所編寫的問卷。同時，留守實驗室的遠距觀察員則要繪圖並記錄自己對外勤人員目的地的印象，而且這是在外勤人員抵達定點之前完成，提前時段從半小時到五天不等。

普大工程異常研究團隊完成了三百三十六項遠距觀察正式嘗試，其中絕大多數都是採「預知遠距知覺」或「倒攝認知」設計（外勤人員離開目的地之後幾小時或幾天），其結果與「當場」完成的實驗同樣準確。

許多接收者的描述都極準確，和外勤人員所拍攝照片吻合得令人咋舌。有一次，外勤人員前往伊利諾州格倫柯的西北鐵路火車站，對進站火車拍了一張照片，接著又對火車站內的灰褐色小候車室拍了一張照片，照片中拍到一幅標誌，底下還有一面告示牌。「我看到一處火車站，」遠距觀察員在外勤人員選定出差目的地之前三十五分鐘寫道，「一處通勤火車站，位於高速公路沿線——有白色水泥和銀色欄杆。我看到一列火車接近……我看到或聽到鞋子在木質地板踩出踢踏聲……火車站牆上有海報一類的東西，某種廣告或海報貼在牆上。我看到幾張長條椅。我看到一幅標誌……」

還有一次，普大工程異常研究的遠距觀察員在實驗室中寫下他所看見「不斷浮現的奇特」影像，他覺得那位外勤人員是站在一個「大碗」裡面，而且「倘若裡面是裝滿湯，（人員）大小就像顆大水餃。」過了四十五分鐘，那位外勤人員來到一處龐大的彎曲半球型構造，那是坐落於亞利桑

那州基特峰的電波望遠鏡天線，他就站在凹槽底端，相形之下，體型確實就像顆水餃那般大。另一位參與者則描述他的外勤夥伴是待在一棟「老舊建築」，而且「窗子都呈弧形」，同時「幾乎都在頂端一點相接」，卻「並非規律定點」，還有「壯闊的大型對開門扇」和「頂端帶有球體的方柱」。將近一天之後，外勤人員抵達目的地，也就是莫斯科的特列季亞科夫畫廊，那棟建築華麗且非常壯觀，正面有幾根很特別的柱子，呈尖拱形的入口底下是對開的大型門扇。

另外有些案例的遠距觀察員，則是接收到一處不屬於「公務」的場景。有一次，外勤人員打算前往德州休士頓，到航太總署太空中心參觀農神登月火箭。同時，遠距觀察員「看見」一幅室內場景，外勤人員則是在地板上和一群小狗玩耍。然後就在那天傍晚，外勤人員（對遠距觀察員預見的景象還一無所知）到朋友家中拜訪，而且他也確實在那裡和一窩初生小狗玩耍。

甚至有些遠距觀察員還收到偏離主要目標的資訊，察覺外勤夥伴分心時所做事項或所見景象。一位外勤人員站在愛達荷州一處農場，凝神專注一群乳牛，卻分心注意沿路幾公尺外的一條灌溉渠道。他拍下渠道照片，並在筆記中敘述所見。待在紐澤西州的遠距觀察員在事件發生前便收到這幅景象，描述中雖然沒有提到牛群，不過內容確實提起這位外勤人員看到的景象，裡面有農莊建築、田野和灌溉渠道。

此外還有一些科學證據也支持人類擁有「預見」未來的本領。邁蒙尼德中心的查爾斯・霍諾爾頓蒐羅審閱各式優異科學實驗，涵括範圍包羅萬象。這些實驗都要求參與者猜測哪盞燈會點亮、會出現哪張卡片符號、拋下一組骰子會擲出哪個數字，或甚至預報氣象。霍諾爾頓總結兩百萬組實

驗，分別出自三百零九項研究和五萬名參與者，而且猜測和事件發生之間隔時段，則是從幾毫秒到一整年不等。最後他得出正向結果，而且單憑運氣產生這種結果的機率為兆分之一。

美國林肯總統在死前一週，便做夢預見自己遭刺身亡。有許多故事都提到這類預感和未來夢兆，而且還寫進歷史，這就是其中一則。多數科學家對這種情節都感到為難，不知道如何在實驗室中量化預感，該如何設計實驗控制？

邁蒙尼德夢境研究實驗室就做過這種嘗試，希望採用可靠的科學實驗重現民眾對自己未來所做的夢。他們想出一種奇特程序，借助一位叫做馬爾科姆．貝森特（Malcolm Bessent）的英國天才靈媒來進行。貝森特曾經在倫敦心靈研究學院投入多年，接受具有同等稟賦的超感官知覺和千里眼高人調教，淬礪他的特殊才能。貝森特獲邀來到邁蒙尼德實驗室睡覺，奉指示藉夢境顯現他隔天會發生什麼事情，接著馬上被喚醒提出報告，並錄下他的夢境。有一次，貝特森遵照預定程序，完成夢境提報。隔天早上，另一位不認識貝森特、也沒有接觸過他的夢境的研究員，遵照預定程序，由若干美術複製品當中，隨機選定一幅目標畫作，結果選出梵谷〈聖雷米醫院走道〉（Hospital Corridor at Saint-Remy）畫作。為了進一步防範偏誤，貝特森的夢境敘述錄音帶，在畫作選定之前就封好寄給一名繕打員。

畫作選定之後，邁蒙尼德員工立刻加緊工作。當貝森特醒過來離開臥房時，一位白袍員工迎向他，稱貝森特為「梵谷先生」，而且舉止草率態度敷衍。當貝森特沿著走道前進，耳中聽得到歇斯底里笑聲。一群「醫生」逼他吞下一顆藥丸，還拿一團棉花幫他「殺菌」。

隨後，貝森特的夢境描述副本接受檢視。結果在他的敘述中提到一位試圖逃脫的病人，而許多身著白袍的人（醫生和其他醫療人員）則以惡劣行徑對待他。

貝森特的實驗室預感都非常準確，八次中有七次可被視為完全準確。在第二批實驗中，貝特森證明他能夠正確夢到未來目標以及他所見到的景象。後來夢境實驗室由於資金短缺，在一九七八年關閉，當時他們總計完成三百七十九次嘗試，而且針對目前和未來所做夢境的準確比率，達到驚人的百分之八十三．五。

雷丁的實驗

迪安．雷丁想出一種測試預感的怪點子。他不再評估語言陳述是否準確，改以衡量身體是否記錄、預知事件。這個構想是夢境研究的簡化版本。邁蒙尼德實驗耗費極鉅，每次實驗都需要八到十名人力，並需要投入一天時間才能完成。採用雷丁的協定，將可以在二十分鐘之內做出相同結果，而且所需成本只為九牛一毛。

雷丁是意識課題核心研究圈的少數成員，是刻意選定投身這個領域的少見科學家之一。他為什麼投身這個研究學門，這要牽涉到他這輩子是如何以獨特手法，將科學與科幻融於一爐。當年五十歲的雷丁，儘管蓄留黑色細長八字鬍，髮線也逐漸後退，卻還是聰明機靈、天真爛漫，依舊保有幼時那種天才兒童相貌。他五歲就開始拉奏小提琴，直到二十五歲才停止學習。原本他的前景看好，大有可能進入樂團，當個職業小提琴手，卻由於體力因素才讓他斷念。世界級演奏家必須具備傑

出運動員的本領，願意每天花好幾個小時來練習、演奏，磨練運動控制細膩技巧，後來雷丁逐漸明白，自己的體格太過弱小，力有未逮。於是他轉而追求第二最愛——神話故事，企盼投入神祕的魔法世界。不過他生性講究精確、擅長解析，也因此他才能養成小提琴演奏能力，這類性情同樣也促使他成為高明的研究員，生性擅長研究論述證據或挖出模糊線索。他小學一年級老師便指出，這名瘦小學童實事求是，直截了當，下定決心便認真從事，還準確預料他將來的職業。雷丁幼時真正想帶進實驗室的是魔術。他總是想要解析魔術，拆開擺在顯微鏡下研究。十二歲時，他已經開始自行鑽研超感官知覺。

他在大學受教十年，剛開始是研讀工程學，接著是心理學博士學位，就連第一個工作，都是在貝爾實驗室的人因部門任職，意識運作和人類潛能極限始終都是他的最愛。他聽過赫爾穆特·施密特的機器，不久就登門拜訪施密特，還借了一台亂數產生器回家進行自己的幾項研究。雷丁幾乎立刻就得到優異成果——和施密特的同樣優異。這實在太重要了，不能只作為一項副業。雷丁四處遊說，希望和已經投入這個領域的科學家合作，也開始進行實驗作業。他一度待在史丹佛研究院，接著又進入普林斯頓大學，隨後才在拉斯維加斯的內華達大學創辦自己的意識實驗室。內華達位於學術邊陲，他希望待在那裡不會有人來打擾。

生理層級的預知

雷丁苦心進行嚴苛統計，對這門研究做出初步貢獻。他早期所從事的工作大多在重做同事的研

究，或進行數學運算來核對結果。除此之外，普大工程異常研究的隨機事件產生器研究，還是由他彙總並完成後設分析。

雷丁曾經鑽研預知方面的夢境研究資料。他感興趣的課題是，人類在清醒的時候是否也擁有同樣明晰的預感。雷丁在他的拉斯維加斯實驗室中裝設了一台電腦，能夠隨機選出各種照片，照片內容則分別要讓參與者感到安心、激動、振奮或沮喪。雷丁的志願人員都要連接生理監測器，用來記錄皮膚傳導性、心跳速率和血壓變化。

接著電腦便隨機播放彩色照片，或為祥和景象（大自然或風景照片），有些則可以令人震撼或振奮人心（屍體解剖照片或色情作品）。結果不出所料，當參與者觀看祥和景象，他們的身體馬上放鬆下來，而接觸到色情或不安景象後，則會變得激動。當然，當研究參與者一見到照片，即刻記錄下的反應最為強烈。然而雷丁卻發現，他的受試者也在心中預期稍後會見到什麼景象，而且在實際見到照片之前，也會留下生理反應紀錄。見到惱人影像之前，他們的反應最為強烈，就好像是要鼓起勇氣面對衝擊。血壓在影像閃現之前一秒鐘降到最低。有種最怪的現象顯示，或許也反映出美國人遇上性愛，比見到暴力更容易心旌動搖。雷丁發現，色情遠比暴力更能引發預感。他明白，自己率先掌握了若干實驗證據，顯示我們的身體在無意識之間，便能預期將來的情緒狀態，並先期表現出來。這也暗示，「神經系統並不只是被動『反應』未來的震撼，同時也醞釀出其中的情緒意涵。」

雷丁的研究由他的荷蘭同事重做成功，這位心理學家叫做迪克・畢爾曼（Dick Bierman），在

阿姆斯特丹大學服務。畢爾曼繼續使用這套模型，驗證人類是否能夠預料好壞消息。有次畢爾曼研究皮膚電活動，受試對象都曾經參與另一項已發表研究，研究目的是以一種賭博牌戲來檢視習得反應，結果他發現，參與者在發牌之前已經出現皮膚電活動反應，留下迅速變化紀錄。此外，這類變化還與他們拿到的牌好壞相符。稍後要拿到一手爛牌的人，舉止比較慌亂，他們的反應高漲，表現出戰鬥或逃逸反應的一切主要特徵。看來這便顯示，當我們就要聽到壞消息，或者當壞事就要發生在我們身上時，我們在下意識生理層級都會略有所覺。

回溯時空之旅

雷丁還嘗試修改施密特的機器，用來進行另一項預見未來的實驗。這類機器是種「準隨機事件產生器」，也是不可預測，不過運作機制不同。這次是以一個種子數值（或稱初始數值）來引出由其他數值組成的高複雜數列。這台機器包括一萬個不同數值，因此能夠產生一萬組可能數列。準隨機數產生器的功能，是要產生隨機位元序列，也就是0與1數串。其中包含最多數字「1」的級數，肯定就是最好的級數，因此也最受歡迎。受試者的目標是要讓機器在特定動作時停頓，亮出特定種子數值，並帶出最好的數列。

當然，那正是本實驗的詭妙之處。選擇窗口小之又小；由於電腦計時鐘每秒擺動五十次，正確種子數值的閃現窗口便為二十毫秒——相當於比人類反應的時段快十倍。若想成功選出種子數值，就必須以某種方式，直覺知道好數值就要出現，並在正確片刻分毫不差摁下機器按鈕。儘管這看來

是萬不可能，雷丁和他的史丹佛研究院上司梅伊卻完成了這項使命。歷經幾百次嘗試，也不知道為什麼，雷丁和梅伊就是有辦法「知道」該在何時摁下按鈕，選出他們想要的數列。

施密特醉心於一種曼妙的可能性：他期盼能夠逆轉時間。他總是在想，自己以機器做研究所見效應，似乎違背了空間規律或因果關係。有個疑惑在施密特的心中逐漸成形，而且幾乎可說是非常荒謬：試圖影響機器輸出的人，在機器輸出完成之後，是否也同樣能夠發揮影響？既然量子態和翻飛的蝴蝶同樣捉摸不得，那麼只要你是率先嘗試的第一人（第一名觀察者），當你在設法確立量子的狀態時，是否會產生影響？

施密特把他的隨機事件產生器重新配線，連到一套音響裝置，於是機器隨機發出滴答聲，然後就可以錄音並分別由耳機的左右耳播放出來。接著他啟動機器把輸出錄下，還確保沒有人聽到，連他自己也不例外。他還由原版錄音帶轉錄一卷副本，這次也沒有人聆聽，然後鎖起來藏好。此外，施密特還每隔一陣子就製作錄音帶來當作控制組，這幾卷帶子錄製時，都絕對不會有人試圖去影響左、右耳滴答聲。結果不出所料，把帶子拿來播放時，控制帶的滴答聲，大致上都平均分配到左右耳。

接著在隔天，施密特讓一名志願人員帶著其中一卷錄音帶回家。他的工作是要聽帶子，並設法影響內容，讓較多滴答聲播放到他的右耳。隨後，施密特和他的電腦便清點左右側滴答聲。他得到的結果似乎違反常識。根據他的發現，這位施加影響的人改變了機器的輸出，彷彿當初錄音時他就在現場。更有甚者，所得結果還相當好，和他以隨機事件產生器所做的普通實驗沒有兩樣，也就是

與某人坐在機器前面所得結果同樣好。

完成幾項實驗之後，施密特便明白，這其中出現了某種效應，不過他並不認為這群參與者改變了過去，或是把錄音帶消磁並重新錄製。他認為情況或許是施加影響的人改變了當初所發生的事情。他們的影響力回溯時光於當初錄音的時間點，並對機器的隨機性產生作用。他們並沒有改變既成事實；他們是影響到當初或可發生的事情。現在或未來的意向，對最初的機率起作用，並決定哪些事件落實成真。

在一九七一到一九七五年之間，施密特完成了五項研究，總計執行了兩萬多次嘗試，結果顯示差異達到極顯著水準，有極多帶子都偏離預期結果——左右耳滴答聲約各占百分之五十。他還使用一種有儀表指針左右移動的機器，所得結果雷同。總計八百三十二次作業當中，有將近百分之五十五的指針左移次數超過右移者。就時間旅行課題的所有研究而言，施密特的過程或許最為安全。由於結果已經製成副本並鎖藏起來，因此完全不必擔心或有人作假。他們提出確鑿證據，顯示心靈致動對隨機事件產生器等隨機系統的影響，可以在任何時間生效，包括過去或未來。

施密特還發現，施加影響的人必須是第一位觀察者，這點很重要。倘若之前有其他人先聽了帶子，而且是全神貫注聆聽，隨後這套系統似乎就比較不會受到影響。只要是全神貫注，不管是什麼作法，似乎都要讓系統凝固成最後狀況。甚至有幾項零星研究還暗示，凡是有生命系統做了觀察，包括人或甚至動物，似乎都會阻隔未來的時間位移影響企圖。儘管這類研究的基礎都很薄弱，卻與量子論不謀而合，和我們對觀察者效應的知識相符。據此推知，有生命觀察者所做觀察，讓萬象落

實構成某種不變事物。

雅恩和鄧恩也開始在隨機事件產生器嘗試過程隨性操弄時間。在八萬七千次實驗當中，他們要志願人員凝神專注機器運作，而且分別從機器啟動運作過後三天到兩週不等才開始進行。當他們檢視資料，立刻就發現驚人現象。從所有方面來看，這批資料和他們做出的較傳統資料都完全一致，而當初那批實驗者都是在機器運作期間試圖施加影響——男女差別依舊存在，整體族群的扭曲現象也雷同。其中只有一項重大差異。就「時間位移」實驗而言，每當志願人員以意志力要機器產生正面結果，其所得效應都高於標準實驗所得。然而，由於所得次數比較少，因此雅恩和鄧恩只得認定這種奇特效應並不顯著。

另有幾位研究人員也嘗試這種逆向時間旅行，藉此來影響沙鼠的活動轉輪跑步表現，或人類在黑暗中行走（並觸及一道光束的）方向，甚至還在維也納一處隧道裡，設法在尖峰時間影響汽車觸及光束。轉輪旋轉和觸及光束的次數都被轉換為滴答聲，並錄製成帶子存放起來，隔了一天到一週不等時段，才首次播放給觀察者聽。觀察者據此試圖影響沙鼠，讓牠跑得快些，或影響人類或汽車，增加觸及光束的次數。

另有一項研究則是要檢視治療師的回溯能力，看他能不能影響大鼠的血液寄生蟲散布。布勞德還做過多項皮膚電活動研究，記錄特定受試者的反應，並要他們檢討自己的反應，設法影響本身的皮膚電活動。雷丁也使用皮膚電活動錄音帶，並與治療師合作完成一項類似研究。施密特做過幾項研究，親自嘗試去影響本身預先錄製的呼吸速率。整體而言，在十九項研究中有十項產生效果，和

機率值有顯著差異——足以顯示其中產生了非比尋常的作用。

就是這類結果讓普索夫最感困擾。他最熟悉的零點能量是種電磁能：這種世界有因果、有秩序、有若干定律和束縛——就本例而言則是光速。萬物都不能違逆時間或超前行進。

他從這批實驗推出三種可能情況。第一種是徹頭徹尾的宇宙必然論理念，古今任何即將發生之事物全都已發生。在這個全然定型的必然宇宙間，一個人只要接通資訊便能擁有預感能力，而且只要進入某個層次，就能取用這種資訊。

第二種可能情況完全可以用已知的宇宙理論定律來解釋。雷丁的同級對手，阿姆斯特丹大學的畢爾曼認為可以用一種耳熟能詳的量子現象來解釋預知，這種現象稱為推遲波和超前波（即所謂的惠勒—費因曼吸收理論）。根據這項學說，波能夠在時間中逆向移行，從未來抵達其源頭。這種情況也會出現在兩顆電子之間。當一顆電子輕微抖動，這時電子便釋出波動，朝著過去和未來同時輻射而去，於是舉例來說，未來的波就撞擊一顆未來粒子，這時未來粒子也抖動，同時也自行釋出超前波和推遲波。這兩顆粒子釋出的兩組波動彼此牴銷，然而介於兩者之間的區域卻是例外。既然源自第一顆的波逆向移行，出自第二顆的則是順向移行，最後便構成一種即時聯結。就預感而言，雷丁揣測，或許在某種量子能級，我們是射出波動來與我們的未來相逢。

第三種可能情況或許最有道理，這說明未來萬象全都已然存在，就位於純粹潛在界的某種基礎梯級層次，而當我們前瞻未來或反覷過去，我們都是在促使現象成形並落實成真，這和我們藉觀察來影響現在的量子實體的作為並無二致。藉由次原子波來傳輸的資訊，並不存在於時間或空間裡

面，而是以不明方式向外傳播並永遠存續於現在。過去和現在交融構成浩瀚的「此時此刻」，於是腦部便能「收到」來自過去或未來的訊號和影像。我們的未來已經存在，它處於一種朦朧狀態，可供我們著手落實於現在。這種說法很有道理，試想，除非經過觀察（被人想起也包括在內），否則所有次原子粒子都是處於一種純然潛在的狀態。

歐溫．拉茲洛提出一種很有趣的說法，以物理作用來解釋時間位移現象。他主張，電磁波零點場本身或具有次結構，也就是種次級場，稱為純量波，產生自與宇宙能量場互動之次原子粒子的運動。純量波不是電磁波，沒有方向，也不自旋。這種波的傳播速率遠超過光速——就好像普索夫的虛擬速子。拉茲洛主張，時空資訊就是由純量波譯成密碼，構成不受時空影響的量子干涉圖樣速簡表達法。根據拉茲格的模型，零點場的這種基礎梯級層次（萬場之母）為古今未來一切時間，提供這個世界的終極全像藍圖。我們就是由此入手，才得以反覷過去或前瞻未來。

雅恩便推想，要把方程式的時間排除，我們就必須取出裡面的分離屬性。存在於量子能級的純能並沒有時間或空間，而是種綿延不絕、浩瀚無邊的起伏電荷。就某種意義而言，我們就是時間和空間。當我們藉知覺作用，把能量帶進意識醒覺狀態，這時我們便藉由一種受測連續體，創造出存在於空間的分離物體。我們創造出時空，同時也創造出本身的分離屬性。

由此所擬出的模型，和英國物理學家大衛．波姆所說的蘊涵次序不無相仿。波姆尋思理論，認為世上萬物都是包覆在這種「蘊涵」狀態裡面，要經過闡述才得以外顯——就他想像，這正是零點起伏的一種構型。根據波姆的模型，時間是隸屬於一種更廣大的現實，這能夠把眾多序列或片刻映

入意識，卻不見得都是採用線性次序。他論據說明，由於相對論主張時間和空間都是相對的，實際上也是個單一實體（時空），還有既然量子論也規定，在空間中彼此分離的元素都有關連，而且都是高等維度現實的映像，那麼依此類推，在時間中彼此區隔的片刻，也都是這種更廣大現實的映像。波姆曾說：

就一般經驗和物理學理，時間往往被視為一種基本、獨立，又普適可行的次序，說不定還是我們所知最根本的一種。這時我們卻循線提出時間是次級的，而且和空間同樣衍生自一種高等維度根基，構成一種特有的次序。的確，我們還可以進一步說明，這種交互關連的特有時間次序，有許多都可以根據不同的片刻時序組合衍生出現，而且和移動速度互異的物質系統兩相呼應。然而，這些全都是取決於一種多維度現實，而這種現實卻是完全無法從時間次序，或這類次序組合之觀點來通盤理解。

過去、現在、未來

倘若意識是在量子頻率層級運作，那麼它自然也是棲身於時空之外，這就表示，理論上我們都能夠取用「過去」和「未來」的資訊。如果人類能夠影響量子事件，那麼想必我們也能夠影響超乎現在的事件或片刻。

這就令布勞德聯想起最後一種耐人尋味的見解。經過時間位移的人類意向，不知為何竟然對若干事件產生作用，並引發一種結果，而且對連鎖事件的第一環節，也就是布勞德常說的「種子關頭」（seed moments）作用最為強大。所以，倘若把這些原理做身心健康應用，或許這就表示我們可以運用宇宙能量場來引領影響作用「回到過去」，從而改變樞紐契機或初始條件，不使問題全面擴大或養癰成患。

倘若腦中思維是種或然性量子過程，如果卡爾．普里布蘭姆和他的同事主張為真，未來意向或許能夠影響某一特定神經元之觸發作用，並啟動某種或某一連串化學和內泌素事件，從而引發病症或不使成疾。布勞德想像出一種「種子關頭」，其中有一顆天然殺手細胞，它或許能殺死某種癌症細胞或不予理會，機率各為百分之五十。第一個單純決定，到頭來就有可能帶來健康或令人生病，甚至造成生死之別。說不定將來我們就可以採取多種作法，運用意向來改變概率，以免潛在後果發展成疾病重症。事實上就連診斷本身，或許也會影響未來的病程發展，因此必須謹慎為之。

如果疾病已經成形，恐怕就不是你可以逆轉的。不過，危害最大的症狀或許還沒有顯現，而且說不定還有機會改變。當人在某段時間染上疾病，或許就可以引導症狀朝不同方向發展，或者就恢復健康，也或許病發而死。布勞德仔細斟酌，有沒有任何自發性緩解病例歸功於未來意向發揮作用，不使疾病發展到無法挽回的地步。我們生活的每個瞬間，都很有可能影響到其他片刻或及於未來、溯及既往。就如《魔鬼終結者》（*The Terminator*）電影劇情所示，說不定我們有辦法回到過去，影響我們本身的未來。

第3篇

接通宇宙能量場

上個世紀是原子時代，這個世紀則很可能成為零點時代。

——哈爾．普索夫

第10章 療癒場

普索夫、布勞德等科學家都曾經面對一項百思不得其解的課題：他們所觀察的非定域效應之終極效益。他們的研究指出，或有幾種優雅的形而上觀念可以說明人類和所處世界之關係，不過還有幾項現實考慮因素依舊尚未解答。

意向的力量有多強大？個別意識的相干性究竟帶有多大的「感染」力量？我們有沒有辦法實際接通宇宙能量場，藉此控制自身健康，或甚至用來治療別人？它能否治癒癌症一類的重大疾病？心理神經免疫作用（心靈治療對肉體病症所產生的療效）該不該歸功於人類意識的相干性？

布勞德的研究更明顯指出，人類意向或許可以發揮療癒作用，而且效能還特別強大。我們似乎有辦法條理組織零點場中的隨機起伏，並藉此為他人建立更有規律的「次序」。有了這類能力，我們就應該能夠發揮療癒導管功能，引入宇宙能量場來重新調理別人的構造。

波普便主張，人類意識可以發揮提醒功能，讓別人恢復相干性。只要有辦法調動非定域效應，那麼遠距心靈治療這樣的學門肯定就行得通。

這時顯然有必要針對這類觀念做實地測試，而且研究設計必須小心從事，才得以徹底解答其中

若干疑點。一九九〇年代早期，解惑的機會降臨，最理想的候選人出現了——一位對遠距心靈治療相當懷疑的科學家，以及一群已經放棄生存指望的病人。

伊莉莎白・塔爾格（Elisabeth Targ）是位年紀三十出頭的正統精神病學家，父親是普索夫的工作夥伴羅素・塔爾格，也是史丹佛研究院遠距觀察實驗計畫接班人。伊莉莎白對兩門領域同感好奇，她雖然對父親在史丹佛研究院的遠距觀察研究很感興趣，卻又由於受過嚴苛的科學訓練而綁手綁腳。由於她曾經追隨父親從事遠距觀察研究，因此加州太平洋醫療中心便延攬她加入，當時她已經是該中心輔助療法研究院的院長。她的一項職掌，便是針對該診所提供的各式療癒術做正式研究，這些療法大體上都被歸為另類醫學體系。她夾在雙方陣營之間，經常顯得左右為難——希望科學能掌握、研究超自然奇蹟，也希望另類醫學更有科學根據。

她生命中原本分歧的走向開始匯聚。她接到友人海拉・哈密德（Hella Hammid）的電話，對方說自己罹患了乳癌。從事攝影工作的哈密德是伊莉莎白父親手下最有天分的遠距觀察員之一，哈密德打電話是想要請教伊莉莎白，有沒有證據顯示另類療法（如遠距心靈治療）能協助治癒乳癌。

遠距心靈治療

一九八〇年代，愛滋病流行進入高峰（在當時，診斷出人體免疫缺陷病毒，無異於被宣判了死刑），當時伊莉莎白所處的舊金山，正是美國愛滋流行病大本營。哈密德打電話之時，心理神經免疫學正是加州醫學圈的熱門話題。患者開始湧入鎮民大會堂，聆聽露易絲・海（Louise Hay）等熱

中研究心身人士所發表的專題演講，也有些患者群集參加直觀想像和意象導引工作坊。

儘管對海氏所採途徑深感疑慮，伊莉莎白本人也曾經由於她面對愛滋後期患者只能束手，而親自投入身心醫學研究。早期她自己也做過幾項研究，結果顯示，針對愛滋病患的憂鬱症狀，團體心靈治療和百憂解（Prozac）藥物同樣有效。她也讀過史丹佛醫學院大衛．史匹格爾（David Spiegel）的研究報告，結果顯示團體心靈治療能夠大幅延長乳癌女病患的預期壽命。

伊莉莎白以理性、務實精神提出質疑，認為這種效應的起因，或許是結合了希望和一廂情願的想法，說不定還加上團體支持所帶來的些許信心。她們的心理情況或許有改進，然而她們的T淋巴球數量，卻肯定沒有增長。不過，她依舊抱持些許疑惑，或許這是源自多年以來，她在史丹佛研究院觀察父親做遠距觀察研究所致。羅素的成就是確鑿明證，顯示人類和連結萬物的場之間，存有某種超感官關係。伊莉莎白本身也常思索，不知道能不能運用遠距觀察研究成果，以觀察到的特殊能力做點其他事情，而非只是用來偵監蘇聯或預測賽馬結果。

隨後在一九九五年，伊莉莎白接到弗烈德．西瑟爾（Fred Sicher）打來的電話。西瑟爾是位心理學家暨研究員，原本做醫院行政，當時已經退休。他是透過布勞德的老同事瑪莉蓮．施利茲（Marilyn Schlitz）介紹認識伊莉莎白。當時施利茲在知性科學研究院主持院務，這個研究機構設於索薩利托鎮。西瑟爾忙了一輩子，終於有時間研究他所醉心的課題。伊莉莎白擁有特殊背景，正是領導這項研究的合理人選。他接受施利茲的建議去找伊莉莎白，詢問她是否可能和他合作研究遠距心靈治療法。

伊莉莎白並不常祈禱，她從父親身上不只遺傳了俄國人的抑鬱神情、黑中泛灰的濃密長髮，還繼承了對微觀現象的熱情。科學方法是塔爾格家族唯一信奉的上帝。塔爾格教養女兒對科學產生熱情，還傳授她如何以科學解答重大問題。塔爾格本人決定要探究世界運作方式，而他的女兒則選擇以人類心靈活動為研究課題。她在十三歲時，還施展狡計向普里布蘭姆謀得一職，進入史丹佛大學的腦部研究實驗室工作，負責檢視左右半球活動之別，隨後她才決定採行正統路線，進入史丹佛研究精神醫學。

不過，伊莉莎白對蘇聯科學研究院依舊非常景仰，她曾經隨同父親到那裡參觀，當時她便十分佩服這個研究機構竟然可以公開從事超心理學實驗研究。蘇聯官方否認有神，俄國人只相信萬物區分為兩類：真實或不真實的。美國人心目中還有個第三類別：把若干事物擺在科學研究萬難企及之處的宗教領域。科學家解釋不得的一切現象，所有和心靈治療、祈禱或超常領域（她父親的研究領域）有關的事項，似乎全都歸入這第三個類別。一旦被納入這個範疇，就等於正式宣告這類事物無法被解釋。

她父親設計的實驗是出名的無懈可擊，塔爾格也曾經教導她要尊重一絲不苟、嚴謹控制的實驗，並重視其結果。她在成長過程始終相信，只要把變數控制納入實驗設計，一切效應都可以量化。的確，普索夫和塔爾格便聯手證實，連超自然奇蹟都能夠以嚴謹設計的實驗來證明。所得結果就是真理，至於那是否違反研究人員的一切預期全都無妨。只要是好實驗全都「有用」：問題只在於我們或許並不喜歡實驗所得出的結論。

就連當老塔爾格的想法改變，皈依某種心靈觀念，伊莉莎白依舊維持冷靜的理性態度。在她研讀精神醫學、接受正統訓練期間，始終不忘父親的教誨：襲人故智是好科學的敵人。她在就學期間還會尋找十九世紀的塵封精神醫學著作，那時現代精神藥理學還沒有出現，精神病醫師則是住在療養院，寫下患者的胡言亂語，試圖更深入理解他們的症狀。伊莉莎白相信，真相就藏在原始資料某處，在背離該時代教條的地方。

人類意念可以影響事件

伊莉莎白同意和西瑟爾合作，不過私下完全沒把握這能行得通。於是她針對遠距心靈治療做最徹底考驗。她以手中最後期愛滋患者來測試這種療法，這群人除了希望和祈禱之外已別無生路。她就要找出解答，了解祈禱和遠距意向能不能治癒藥石罔效的絕症。

她開始蒐羅心靈治療證據。這類研究或可區分為三大類：試圖影響孤立細胞或酶的嘗試；針對動植物或微細有生命系統之心靈治療；還有人類研究。其中也包括布勞德和施利茲的所有成果，這些研究顯示，人類或許能夠影響所有類型的生命過程。還有若干有趣證據顯示，人類對動植物的可能影響效能。甚至還有若干研究顯示，正負向思維和感受，好像有辦法傳達給其他的生物。

一九六〇年代，心靈研究界先驅人物之一，蒙特婁麥基爾大學的生物學家伯納．葛拉德（Bernard Grad）博士，想驗證靈媒治療師是否能向病患傳送能量。葛拉德並未採用活人病患，而是使用植物，他設計把植物種子泡進鹽水，讓種子「生病」，延遲成長。不過，將種子泡進鹽水之

前，必須先讓一位治療師把手擺在鹽水容器上方，隨後才用來收納其中的一批種子。而另一個未接受治療師處理的鹽水容器，則用來盛裝其他種子。種子在兩個鹽水容器中浸泡過後，接觸到治療師處理過的鹽水的那批種子，比另一批長得更高。

接著葛拉德提出假設，認為相反作法也可能產生影響——負面感受或許能夠對種子成長發揮反向影響。葛拉德做了後續研究，他要求數名精神病患握著裡面盛裝普通水的容器，這也是要用來讓種子發芽。葛拉德使用其中一名重度憂鬱症患者處理過的水來讓種子發芽，結果這名憂鬱症男性患者接觸過的水完全抑制種子成長。這或許可以解釋為什麼某些人對園藝很有辦法，有些人卻什麼都種不活。

後來葛拉德還做了幾項實驗，以紅外光譜分析水中所含化學成分，結果發現治療師處理過的水，分子構造出現細微變化，而且分子間氫鍵強度也減弱了，此現象和水暴露於磁體所受影響相仿。其他幾位科學家也證實葛拉德的發現。

葛拉德接著便以小鼠為對象，先在實驗室中弄傷小鼠皮膚。他把幾項因子納入控制，包括人手熱度的影響。結果發現，接受過治療師處理的測試小鼠，皮膚痊癒速率相較快得多。葛拉德還證明，治療師能夠抑制實驗室動物癌症腫瘤的成長，而長了腫瘤但未接受心靈治療的動物死得較快。另有些研究也證明，治療師可以為實驗室動物治癒類澱粉沉著症（amyloidosis）、腫瘤，還有在實驗室中誘發的甲狀腺腫。另有些人的科學研究則顯示，人類能夠影響酵母菌、黴菌，甚至分離的癌細胞。其中費城聖約瑟大學的生物學家卡洛爾．納許（Carroll Nash）發現，人類單憑意志力就能影

響細菌的生長率。

吉羅德．索爾芬（Gerald Solfvin）完成一項巧妙嘗試，證明我們「如願以償」的能力，或許真的能夠影響其他生物的療癒作用。索爾芬設計出複雜、精巧的系列情況來進行測試。他為一批小鼠注射瘧疾病原，齧齒類動物染上瘧疾通常都會死亡。

索爾芬找來三位實驗助理，告訴他們其中只有半數小鼠注射虐疾病原。接著就由一位靈媒治療師上場，試圖治癒半數小鼠（不見得全都帶有虐疾病原），然而助理也無從知道哪隻小鼠就是療癒對象。兩項說明都沒有道出真相。

助理只能期望自己負責照顧的那群小鼠能夠恢復健康，而且靈媒治療師的處置也能夠生效。然而，其中一位助理卻比同事都更樂觀，結果也生效了。研究結束之際，他照顧的小鼠病情，都比另外兩位助理看護的那群更輕微。

葛拉德的治療師人數很少，索爾芬研究的規模同樣也太小，兩項成果都不是定論。不過，之前還有一項研究，由雷克斯．史丹佛（Rex Stanford）在一九七四年完成。史丹佛證明，人類單憑「期望」事事順利就能夠影響事件，就連他們並不完全了解自己該期望事情朝哪個方向發展時也能生效。

嚴謹的科學檢驗

伊莉莎白閱讀心靈治療方面的大批研究（至少一百五十次的人類實驗），並十分驚訝於該類實

驗所得的結果。這些實例都有治療師介入，分別選用各式心靈治療法，藉由撫觸、祈禱或某種凡俗意向，設法發出療癒訊息。就以治療撫觸來講，進行時患者要放鬆心情並設法凝神內斂，治療師則將雙手擺在患者身上，以意念促使患者痊癒。

有一項典型研究以九十六位高血壓患者為對象，也用上幾位治療師。醫師和患者都不知道是誰要接受心靈治療處理。研究後統計分析顯示，和控制組相比，接受治療師處理的病患組，收縮壓（也就是由心臟泵出之血流壓力）有明顯改善。治療師採行嚴格界定的作法，包括放鬆、與高等力量（Higher Power）或超限生靈（Infinite Being）取得聯繫，並使用直觀想像或肯定技巧，堅信患者是完全健康無恙，還要向療癒源頭表達謝意，不論那是上帝或是其他某種精神力量。治療師的整體表現很成功，某些案例還有非凡成果。總結四位治療師所產生的療效，在他們負責的患者當中，有百分之九十二．三的人病情得到改善。

最讓人讚嘆的人類研究，或許要數藍道夫．伯德（Randolph Byrd）醫師於一九八八年完成的那項研究。他採用隨機嘗試雙盲設計，目的是要驗證遠距祈禱能不能發揮任何療效，讓冠心病看護病房的住院患者病情改善。在超過十個月期間，將近四百名患者分別歸入兩組，其中只有半數（在他們不知情下）接受一支基督徒祈禱團在院外祝禱。所有患者都接受評估，在處理之前兩組病況相仿，彼此沒有統計差異。然而經過處理之後，和沒有接受祝禱的患者相比，接受祝禱組的症狀明顯較輕，罹患肺炎的事例較少，而且較少需要用上呼吸輔助器，抗生素用量也較低。

在伊莉莎白眼中，儘管完成的研究為數極多，但其中的許多研究都帶有一項問題，那就是所用

協定有可能都太過鬆散。研究人員所設計的實驗還不夠嚴謹，不足以證明正向結果確實是療癒術之功。這說不定可以歸功於其他幾種影響因素，而非療癒機制的實際療效。

就以血壓治療研究為例，作者並沒有記錄或控制患者是否使用血壓藥物。儘管結果相當好，卻無法明確區分那是療癒術或藥物所產生的效果。

儘管伯德的研究設計得很好，卻有一項明顯缺失：在研究開始之際，患者的心理狀態相關資料都付之闕如。我們知道，好幾種疾病的預後復元情況都會受到心理因素的影響，特別是心臟手術。說不定當時分組並不均衡，或許有較多心態樂觀的患者被分到治療組。

若要證明心靈治療是患者病情改善的真正功臣，絕對有必要區隔出或許可歸功於其他因素的療效。就連人類預期也可能扭曲結果。有必要把如期望或放鬆等會對實驗結果造成影響的因素納入控制。摟抱動物或甚至於處理有蓋培養皿樣本，都有可能讓結果產生偏差；此外，出門去找治療師，或甚至於溫暖的雙手，也同樣有可能扭曲結果。

不管是哪種科學實驗，只要想要檢視某種介入處理的效用，都必須確認處理組和控制組之間只有接受處理的項目有所不同，其他各項全都沒有差別。這表示要讓兩組配對盡量一致，讓彼此的健康、年齡、社經地位等相關因素全都相符。倘若患者都染有疾病，就必須確保兩組症狀並沒有高下之別。然而，就以伊莉莎白閱讀的報告而言，卻很少有研究試圖確保受試族群的相似性。

有一項針對臨床憂鬱症病人進行的遠距心靈治療，為期六週，所有患者的病情都得到改善，連沒有接受心靈治療的控制組也一樣。這些患者，包括接受心靈治療和沒有接受的，說不定都由療程

獲得心理鼓舞，這或許就蓋過心靈治療的一切成效。

這些考慮因素令人望而生畏，伊莉莎白必須克服難題，才能全盤納入進行實驗。這項研究必須嚴謹設計，不容任何變項影響結果。就連治療師現身或缺席與否，也很可能影響結果。儘管以手碰觸或許有利於療癒進程，然而若想符合科學控制原則，患者就不應該知道，他們是否被人碰觸或者正接受心靈治療。

✧

伊莉莎白和西瑟爾花了好幾個月來設計實驗作法。當然，實驗必須採用雙盲設計，這樣患者和醫師才都不會知道誰要接受心靈治療。患者族群必須同質，因此他們便從伊莉莎白的後期愛滋患者中，選出病情輕重相當的病人——T淋巴球數量和愛滋界定疾病項數都相等者。重點是要先認清，心靈治療機制的哪些元素可能混淆結果，好比與治療師會面或接受治療撫觸，這些影響必須完全排除。他們斷定，所有心靈治療都必須從遠方來進行。由於他們是要測試心靈治療本身，好比基督徒祈禱，並不是要檢定某種療法的威力，因此他們的治療師應該是來自各種不同背景，而且所採途徑要能涵括所有門派。他們還會篩檢、排除太過自我本位，只為金錢或想行騙才參與的人。治療師必須能夠獻身投入，因為他們並沒有報酬，也不會有個人榮耀。每位病人都至少由十位治療師分別治療。

歷經四個月的尋人，西瑟爾和伊莉莎白找到他們的治療師——四十位宗教和心靈療癒師，分屬

各門各派，來自全美各地，其中許多人都在各自領域深受景仰。只有極少數人自許為傳統宗教人士，憑著向上帝禱告或採念珠祈禱來做治療：幾位基督教治療師、少數福音派教徒、一位猶太教喀巴拉治療師，還有幾位佛教徒。

另外有幾位治療師是由非宗教心靈治療學校培訓，好比芭芭拉·布萊蘭光能靈療學校（Barbara Brennan School of Healing Light），還有些則是借助複雜的能場來做治療，試圖改變患者的氣場色彩或振動方式。有些採用冥想治療法或直觀想像法；另有些是以音調來治療，並打算為患者吟唱或鳴鐘，按照他們的說詞，這是要重新調校患者的「氣輪」，也就是能量中心。少數人是以水晶來治療。一位治療師擁有蘇族拉科塔支派薩滿訓練背景，他想採用美洲原住民的敬煙禮儀，擊鼓、吟誦可以讓他進入催眠狀態，這時他就可以代表患者與神靈接觸。西瑟爾和伊莉莎白還從中國找來一位氣功大師，他自稱要為患者灌氣，注入和諧能量。

伊莉莎白和西瑟爾堅信，唯一的準則就是治療師必須相信自己採用的作法能夠生效。此外，這些治療師還得要有另一項共通要素：曾經成功治癒絕症病人。總體而言，這群治療師平均擁有十七年心靈治療經驗，而且照他們所言，平均每人做過一百一十七次遠距心靈治療。

接著伊莉莎白和西瑟爾便把他們的二十名患者對半分組。研究計畫讓兩組都接受常用的正規治療，不過兩組之中，只有一組也接受遠距心靈治療。醫師或病人都無從知道，誰會接受心靈治療，哪些人則不會。

個別患者的資訊全都裝入信封並密封保管，然後按照研究步驟個別處理。患者的名字、照片和

詳細健康資料，都由一位研究員蒐集並裝進編號資料夾中，接著就交給另一位研究員，由他將資料夾隨機重編號碼。接著再由第三位研究員將資料夾區分為兩組，隨後就全部擺進檔案櫃鎖好。每位治療師都會收到五個彌封封包，裡面裝有五名患者的資訊副本及起始日期，指明從哪一天開始針對某人展開治療。在研究參與人員當中，只有治療師本人才會知道哪個人要接受心靈治療。治療師並不和他們的患者接觸，甚至還永遠不會見面。他們只會拿到一張照片，得知名字和T淋巴球數量來從事治療。

每位治療師都奉指示，心懷意向期許患者身心安康，每天做一小時，每週做六天，為期十週，隔週休息。這種治療協定史無前例，治療組的每位患者都要由所有治療師輪流處置。為徹底排除個別偏差，治療師採用每週輪班制，因此他們每週都會分配到一名新病患。如此便可以把所有治療師都分配給整組患者，於是受研究對象就是心靈治療本身，而非某特定門派的療法。治療師要撰寫療程日誌，記載他們的療法資訊，還有他們對患者健康情況的印象。等到研究結束，每位治療組患者都會有十名治療師，而每名治療師會有五名患者。

伊莉莎白敞開心胸看待此事，然而她的保守習性卻不斷浮現。儘管努力嘗試，她的訓練和她本人的偏好也持續湧現。她依舊深信美洲原住民抽菸斗和氣輪吟誦都與治療毫無關係，這類作法治不了後期重症患者，這群男子病入膏肓，可說是死定了。

然而她卻看到她的末期愛滋病患，在六個月嘗試期間逐漸好轉，而控制組則有百分之四十的死亡比例。然而治療組的所有十名患者，不單單只是存活，根據患者本人所述以及醫學檢驗報告，他

們甚至還更健康了。

研究結束之際，患者由一個科學家團隊進行檢視，根據他們的病情，不可避免要得出結論：心靈治療有效。

伊莉莎白幾乎不敢相信自己的結果。她和西瑟爾有必要確認這是心靈治療的功效。他們反覆檢驗所用協定。治療團體有沒有任何不同之處？所用治療藥物是否不同，醫生不一樣嗎？他們的飲食不一樣嗎？他們的T淋巴球數量原本相同，他們也沒有更早就呈現人類免疫缺陷病毒陽性反應。做完資料複查，伊莉莎白發現他們忽略了一項差別：控制組患者的年紀略長，年齡中位數為四十五，而治療組的年齡中位數則為三十五。這個差距並不大（只有十年分野），但這或許就是其中有較多人死亡的因素。伊莉莎白在這項研究完成之後繼續追蹤患者，結果發現接受心靈治療的人活得較好，原因和年齡無關。不過，伊莉莎白知道他們處理的領域有很大爭議，而且就表面上來看，這種效應也難以置信，所以按照科學規範，除非有十足把握，否則就必須假定這不是真的。

伊莉莎白和西瑟爾決定重做實驗，不過這次要擴大規模，還要控制年齡以及上回忽略的一切因子。這次選定參與的四十位患者做了完美配對，包括年齡、病情嚴重程度，還有許多其他變數，甚至他們的個人習性：抽菸量、做哪種運動、他們的宗教信仰，連他們的吸毒習性也都等量匹配。從科學觀點來看，這群人配對得很好，再也找不到更理想的對象了。

這時研究人員已經發現蛋白酶抑制劑（protease inhibitor），大家對這類抗愛滋良藥都寄予厚望。所有患者都奉醫囑接受愛滋病標準三合一療法（蛋白酶抑制劑加上兩種抗反轉錄病毒藥物，好

比疊氮胸甘〔AZT〕），不過其他所有醫療處置也都繼續進行。

由於三合一療法對愛滋病患者的存活率有大幅影響，伊莉莎白便假定，這次兩組患者都不會有人死亡。這就表示，她必須修改預想的結果。她希望藉由新研究來確定遠距心理治療是否能夠延緩愛滋病發展進程。這能不能減少愛滋臨床症狀項數，改善T淋巴球水平，減少醫療介入，促進心理健康？

伊莉莎白的謹慎態度終於獲得回報。六個月後，從所有參數來看，處理組都比較健康——較少去找醫師，較少住院，住院日數也較少，而且差異都很顯著，新出現的愛滋臨床症狀較少，而且病況也明顯較輕。處理組只有兩人新發展出愛滋臨床症狀，而控制組則有十二人出現，同時處理組只有三人曾經住院，控制組則有十二人。根據心理測驗紀錄，處理組的心情也比較好。總計十一項醫療測量值當中，有六項出現顯著差異，顯示接受心靈治療的處理組結果較好。就連患者群的正向思考力量也受到控制。研究進行到一半，所有參與者都接受詢問，請教他們是否認為自己正接受心靈治療。

結果處理組和控制組都有半數認為是，半數認為否。這種對心靈治療正反觀點的隨機分布現象，代表研究結果應該完全沒有受到正向心態活動的影響。分析結果顯示，參與者對自己是否接受心靈治療處理的想法，和任何變數都沒有關連。直到研究進行到結束階段，受試者才比較能猜到自己是屬於心靈治療組。

為了確認結果，伊莉莎白還進行了五十項統計檢定，要全面排除或能促成結果的患者屬性變

數。這次就只剩下偶然，找不到其他因素了。

其結果無懈可擊。不管他們是採用哪種心靈治療法，不管他們對高等生靈的觀點為何，所有治療師都大幅改善了所屬患者的身心健康。

單憑意向就能發揮療效

一年後，伊莉莎白和西瑟爾的結果獲得佐證，當時美中心臟專科醫院發起一項心臟病住院病人遠距祝禱效果研究，為期十二個月。結果顯示，接受祝禱的患者較少出現不利病症，而且住院為期較短。然而，這項研究的「代禱者」都不是資稟優異的治療師，只要他們信仰上帝，還有當他們對神禱告，求祂治癒某位病患，這時神也做出回應就可以。參與這次研究的人，全都使用某種標準禱詞，其中多數是新教徒或羅馬天主教徒，也有些並不屬於任何教派。每人都有一名指定患者作為祝禱對象。

過了一個月，祈禱組的症狀減輕了，比起接受標準療法的患者至少好上百分之十，所採用的評分系統是由美中心臟研究院的三位老練心臟病學家負責設計，這套系統評定患者病程，分別歸入從極佳到悲慘不等層級。儘管心靈治療並沒有縮短住院日數，就其他所有事項而言，接受祝禱組患者的病情，卻肯定都是比較輕微。

除此之外，這時還有幾項研究也分別在不同大學推展進行。伊莉莎白本人則展開一項實驗（就在二〇〇一年本書撰寫期間，那項研究仍在進行），她想比較遠距治療師和護士兩者所產生的效

果，看看以關愛的態度照護患者的保健專業人員是否也能發揮心靈治療機制的功效。

和藍道夫．伯德的研究相比，美中心臟研究院的研究有好幾項重大改進。就伯德研究而言，全體醫療人員都知道當時正在進行一項研究，但美中心臟研究院在進行研究期間，醫療人員則是完全不知情。

美中心臟研究院的患者也不知道自己正參與一項研究，因此其中應該沒有任何潛在心理效應。就伯德的研究而言，總計四百五十名患者之中，有將近八十位拒絕被納入研究。這就表示，只有願意接納旁人代禱，或至少並不排斥的人士才得以應邀加入。最後，在伯德的研究中，做祈禱的人都得知所屬患者的大量資訊，而就美中心臟研究院的研究而言，那群基督徒對他們代為祈禱的人幾乎是一無所知。他們只得知要祈禱二十八天，別無其他。他們並未被告知祈禱是否靈驗。

伊莉莎白和美中心臟研究院的研究，都沒有證明上帝是否親自回應祝禱，甚至也沒有證明祂存在與否。美中心臟研究院的研究很快就指出一點：「我們的觀察結果只顯示，當有人在院外懷著祝禱心態談起（或想起）住院病人的教名，患者在冠心病看護病房的處境顯然就『比較好』。」

事實上，就伊莉莎白的研究而言，只要心懷意向期許病人痊癒，那麼不管是採用哪種方法似乎都沒有關係。不管從哪方面來講，祈求蜘蛛女（在美洲原住民文化中常見的祖母級重要角色）和祈求耶穌同樣有效。

伊莉莎白開始分析，評定哪位治療師的療癒能力最強。這些治療師所採用的技術迥異。有位在匹茲堡開業的「能流校正」師，嘗試治療幾位患者之後，便察覺這些人都有一種共通能場，後來她

認為這是種「愛滋能量識別標誌」，於是便設法和患者的保健免疫系統進行接觸，不去理會那種「壞能量」。另有一位的手法比較像是心靈手術，從精神上移除患者體內病毒。還有一位是來自聖大菲的基督徒，她在自己的聖壇前方進行治療，壇上陳設聖母瑪利亞和多名聖徒照片，還點亮許多蠟燭，她自稱已經召來靈界醫師、天使和導師。另有些人，好比那位喀巴拉治療師，則只是集中注意能量模式。

不過，他們似乎有一個共通特點，他們全都能夠退避謙讓。就伊莉莎白所見，多數人似乎都宣稱意向既已提出，接著就退避聽憑某種心靈治療力量處置，就好像他們是開啟門戶引進高明。有許多效果比較強大的治療師還徵求幫手，求助靈界或集體意識，甚至向耶穌等宗教人物求援。他們所做的並不是自我本位的心靈治療，而比較像是種祈求：「懇請讓此人痊癒。」他們的意象多數都涉及聖靈、光或愛，要鬆手、釋開，或容許它們進入。至於那是哪位聖靈，是耶穌或蜘蛛女，顯然沒有關係。

由美中心臟研究院的研究成果推斷，任何人都可以藉由意向來做心靈治療，不過治療師或許比較有經驗，或天生更具長才，更有本事接通宇宙能量場。

堪薩斯州托皮卡市一位叫做埃爾默．格林（Elmer Green）的研究員，完成了名為銅牆計畫的研究，他證明熟練的治療師在療程階段，會發出異常強大的電場模式。格林在測試期間，把參與者關進對外隔絕的房間，四壁全部由銅牆搭建，可以把四方傳來的電訊號完全擋住。儘管一般參與者也預期會出現呼吸或心跳方面的電性讀數，治療師在療程階段卻發出強大電突波，以靜電計連接治療

師本人和四壁，測得電壓超過六十伏特。根據攝影紀錄，治療師發出的電壓突波和身體動作完全無關。

有幾項研究針對中國氣功師的療癒能量探究其本質，結果發現證據，顯示在療程階段有光子發射現象並出現電磁場。這種能量突發湧浪，或許就是治療師具有高度相干性的物理證據——他有能力編組本身的量子能量，並傳給較無條理組織的人。

✧

伊莉莎白的研究和布勞德的成果，引出有關於疾病和心靈治療本質的幾項重大蘊涵。這暗示單憑意向就能發揮療效，不過心靈治療也是種集體力量。由伊莉莎白的治療師所用療癒方法可以推斷，或許宇宙間存有某種療癒靈魂的集體記憶，可以凝聚生成醫藥力量。根據這個模型，疾病可以藉由一種集體記憶來治癒。宇宙能量場中的資訊，可以協助維持生物健康。甚而就某個程度來說，大家是健康或染病，說不定也是種集體現象。或許流行病危害社會就是種能量紊亂的現實表徵。

若是意向能夠為別人帶來健康，也就是強化秩序，這便暗示疾病就是人類量子起伏的擾動。從波普的研究可以推斷，心靈治療或許就是在改編我們的量子起伏程式，讓我們更和諧運作。或許心靈治療也可以算是在提供資訊，好讓系統重新安定下來。凡生物過程都必然包含細膩級聯過程，而且此種級聯過程肯定對普大工程異常研究觀察到的微弱效應也會有敏銳反應。

生病也可能就是孤立：和宇宙能量場與社群之集體健康聯繫不足。的確，在伊莉莎白的研究

中，有一位在匹茲堡開業的能流校正師黛比．施尼塔（Deb Schnitta），她發現愛滋病毒似乎是由恐懼獲得生機——凡是遺世孤立的人都有可能體驗到的恐懼，而在愛滋開始流行階段，就有許多同性戀人士陷入這種處境。有幾項以心臟病患者為對象的研究便顯示，孤立（與自我疏離、脫離社群和疏遠自我靈性）是極重要的致病因素，而高膽固醇等身體狀況卻並非重要起因。有幾項長壽研究顯示，最長壽的人通常都不只是相信有高等生靈，他們的社群歸屬感也往往最強。

或許這就表示，治療師的意向和他們的醫術同等重要。醫生忙到希望患者取消掛號好讓他去吃午餐；資淺醫生連續三晚沒有睡覺；某個醫生不喜歡某位患者——這些說不定都會產生惡劣影響。或許這也表示，醫師所能提供的最重要治療，就是希望患者能夠健康、平安。

從此伊莉莎白在要踏入病房之前，都先檢查自己的意識內容，確保自己是發出正面意向。她也開始研究心靈治療。她認為，既然這在不認識代禱患者對象的基督徒手中都能生效，那麼在她手裡或許也行得通。

她根據參與研究治療師所用手法，推出一項最怪誕的觀念：個人意識不滅。沒錯，亞利桑那大學曾經藉一群靈媒做了一批實驗，那是最早在實驗室中認真完成的意識研究之一，結果發現在我們死後，意識或許依舊存續。那些研究有嚴謹控制以防造假舞弊，實驗顯示靈媒通常都能講出逝世親屬的八十多筆資訊，從姓名到個人怪癖，到他們的死亡過程實際細節。總體而言，這群靈媒的準確率達到百分之八十三——甚至還有一位的正確次數達百分之九十三。至於非靈媒控制組的正確次數，平均只達百分之三十六。研究團隊領導人蓋瑞．史瓦茲（Gary Schwarz）教授表示：「最簡單

的解釋就是，那群靈媒直接和死者取得了聯繫。」

弗里茨—艾伯特．波普便曾說明，我們死時會產生一種體驗，覺得我們的頻率和本身的細胞物質「退耦合」。或許死亡只不過是回家，或講得更明白一點就是留在原處——回返宇宙能量場。

第11章 蓋亞發出的電報

在迪安・雷丁記憶中，這肯定是最引人矚目的關頭，而且他也斷定，再也沒有比辛普森殺人案的最後結局更引人矚目的事件，這起案例還凌駕思科普斯的「猴子大審」案，號稱美國的世紀大審。*從那輛白色福特野馬型車竄上洛杉磯高速公路狂飆瞬間開始，每分鐘都有千萬美國人觀看法庭電視節目，目睹劇情發展。從審訊開始至今將近一年，辛普森還在等候陪審團針對他是否凶殘血刃髮妻和她的情夫進行裁決，同時全世界也有五億觀眾打開電視機，想要觀看這名野馬型車駕駛最後命運的現場轉播。

於是許多美國人就這樣緊盯著電視螢光幕，在整整九個半月審訊期間，觀看一百三十三天的蒐證庭訊、一百二十六位證人、八百五十七件物品列為證物，還有種族歧視議題、DNA檢定和染血手套、警方和法醫專家的反覆說詞，以及藍斯・依藤（Lance Ito）法官兩次下令把電視攝影機撤出庭外，厲聲斥責當庭爭吵的兩個法律團隊等情況，結果讓美國國民生產毛額大減，估計生產力損失達到美金四百億元。從最初陪審團選定之後過了一年又四天，這場誘人不可自拔、大幅削減晝間肥皂劇收視率，還有辦法自創電視廣告黃金時段的生活寫實劇，就要上演最後結局。

就連最後關頭劇情都有轉折，出現扣人心弦發展。就在陪審團達成一致裁決齊聚審判室時，陪審團主席阿曼達．庫利（Armanda Cooley）卻發現，她把一個彌封封套留在陪審討論室內，裡面裝了寫有裁決文的表格。不過，就算她帶著封套，辯方兩位律師，包括辛普森的卓越律師「夢幻團隊」首席強尼．寇奇蘭（Johnny Cochran），卻都沒有出席。依藤法官宣布休庭。裁決內容要等到隔天上午十點才會宣讀。全世界還要多等一天。

一九九五年十月三日，廣大觀眾打開電視機，盛況凌駕前五次超級盃中的三次收視紀錄，也超越電視劇《朱門恩怨》（*Dallas*）「誰殺了小傑？」一集的收視表現。裁決文按照依藤法官所請轉交給法庭書記黛兒蕾．羅勃森（Deirdre Robertson），她和辛普森起立，全世界屏息以待。

「加利福尼亞州州民對歐倫塔爾．詹姆斯．辛普森（O. J. Simpson）起訴案裁決文，案件編號BA 097211。本陪審團就上述案情裁決被告歐倫塔爾．詹姆斯．辛普森無罪，」羅勃森女士宣讀。

審訊全程大半面無表情的辛普森，這時綻開勝利笑容。

集體意識

辛普森面對兩項指控都獲判無罪。這是故事的最後轉折。電視觀眾得知陪審團決議都大感震

---

*：思科普斯（John T. Scopes）為美國科學教師，一九二五年在課堂上講授演化論而受審獲罪。

驚，另外五個沉默的旁觀者也是如此——那是五台隨機事件產生器電腦：一台位於普大工程異常研究實驗室，一台在阿姆斯特丹大學，另外還有三台擺在內華達大學。這批電腦事先都經過設定，在判決文宣讀前後時段，連續運作了三個小時。

事後雷丁檢視所有電腦的輸出。這五台電腦全都出現三個統計顯著高峰，在三個瞬間一致顯現：有個小高峰在太平洋時間上午九點整出現，過了一小時還有個較大高峰，接著再過七分鐘，又出現一個巨大波峰。這三次起伏走勢，和審訊的三個最關鍵時刻全都吻合：節目開始並播出初步電視評論之際（也就是多數人打開電視機的時候），接著是開始播映法庭訴訟實況的時間，最後則是裁決文宣讀瞬間。這些電腦和全世界所有人一樣，也都是全神貫注，想知道辛普森是有罪或無罪。

多年以來，雷丁不斷推敲是否存有集體意識，這種可能前景也在他心中逐漸成形。早些年來，他的母親都熱中瑜珈，因此這說不定還是受到母親的影響。當然，這項理念經常出現在古文化中，也是種東方人熟悉的概念。

然而，包括心理學家威廉·詹姆斯在內的其他人則主張，腦部只不過是映現出這種集體智慧，就像是電台接收訊號並對外傳送。雷丁和同事觀察人類心靈之時，便曾經發現心靈有辦法擴展本身範圍，這時他們自然心生疑問，若是許多人一致運作，那麼這種效應是否能夠擴大，還有心靈是否真能凝聚合一並整體運作。倘若每個人和所處環境都能夠發展出相干性，那麼是否也可能構成團體相干性？

雷丁的想法有點不同，他想要設計出科學檢定作法。這方面的開山祖師是羅傑·納爾遜，他想

知道隨機事件產生器能不能收到集體意識證據。這個想法是出自一次經驗，當天他就是在研讀普大工程異常研究實驗室的資料。那是在一九九三年，納爾遜五十三歲，這位心理學博士在普大工程異常研究實驗室負責協調實驗。他生性擅長指揮調度，讓所有人協力合作確保工作順利。一九八〇年代，納爾遜還在佛蒙州一所學院教書，他進入這家實驗室度過整個休假年。後來一年變成兩年，不久之後，他就通知任教學院他不會回去了。普大工程異常研究工作讓納爾遜沉醉，深深吸引這位生於內布拉斯加州，蓄留紅色山羊鬍的質樸人物，又一位哲學科學家蒙受召喚，投入科學邊陲領域，而且在他還年輕時就開始沉迷。

納爾遜在普林斯頓土木工程學系熬夜工作，為隨機事件產生器的多次作業結果繪製分布圖示。他檢視圖表，只見有些人發出一組意向（高點），還有些圖形則代表反面意向（低點），看來毫無反常之處。結果不出所料，高點圖示略向左偏，而低點圖示則是略向右偏。接著納爾遜做出第三項檢定的統計資料，這組受試者應該沒有對機器發出任何意向。這應該是畫成一條底線，而且照理講也應該要與單憑運氣產生的線圖幾乎全無二致，因為這時機器是自行運作，完全沒有人想要影響結果。然而圖示卻完全不是那樣。圖形全都擠在一起。正中央則明顯是個例外，清楚突出一條細小長形圖案，簡直就像個緊握的小拳頭，在那裡對他耀武揚威。

納爾遜對著圖案大笑，笑得從椅子跌落。他竟然會忽略這點？就算是努力不去想任何事情，也有可能自行構成能量焦點。心思就是忍不住。設法完全不要去影響隨機事件產生器，彷彿是想辦法不要去想事情。凡是專心注意，全都要凝聚意識，或許這項舉動本身就要產生秩序。心靈始終是運

轉不息——注意、思考。我們思考，因此我們造成影響。

凝神專注的片刻

就這方面，普大工程異常研究實驗室向來都有若干證據。納爾遜見過某些人，通常是女士，有辦法影響隨機事件產生器，而且當她們專注其他事項之時，效果還特別精彩。納爾遜開始運用一種裝置來進行這類實驗，他把這種儀器稱為「連續型隨機事件產生器」——代表讓隨機事件產生器連續運作，看機器在例行工作整日期間，是否記錄下較多的正、反面事例，接著再驗證在這段作用期間，實驗室內發生了什麼事情。

納爾遜據此還發展出另一項觀念：人們從事日常觀察活動時的專心程度必然相當低，因為人們在從事例行活動時，也會同時受到周圍許多聲光、嗅覺的刺激。然而，當從事必須相當專心並投入感情的活動（聆聽音樂、觀賞影劇精彩片段、參加政治集會或宗教禮拜），這時人的所有意念便完全凝聚，以最激昂的心態投入活動。

納爾遜首先揣摩，意識促成條理秩序或發揮影響的能力，是否要看觀察者的專注程度來決定。其次則是，倘若就個人而言是這樣，那麼當不只一個人時，效果又是如何？他曾經在普大工程異常研究資料中見到親密配對組（關係異常密切的人），對隨機事件產生器的影響遠超過個別受試者。這便暗示，兩個心意相通的人，更有能力促使隨機系統產生條理秩序。假定集結一群民眾，讓所有人都專注於同一件事情，那麼效應是否還要更強大？群眾人數或受吸引程度，是否與效應值有某種

關連？他覺得，畢竟在我們生命當中，所有人都曾經在某些公眾集會時刻，感受到集體意識幾乎觸手可及。隨機事件產生器十分精密、靈敏，或許就正好感應得到這種意識。

納爾遜決定以眼前的幾次集會來測試這項理論。當時雅恩和鄧恩正打算參加國際意識研究實驗室聯合會的一九九三年四月分大會。這項大會每年召開兩次，由一群資深學者針對意識角色做資訊交流。當年稍後，納爾遜打算參加直接心靈療癒互動小組，聚會地點位於加州的伊色冷研究所，由十二名科學家檢驗心靈治療的可行研究方式，這個互動小組大有希望發展成影響深遠的研討會。在好萊塢，「優良會眾」總會得到若干尊崇的待遇。就納爾遜而言，他的課題則是，隨機事件產生器是不是也接收得到優良振動。

雅恩和鄧恩出發參加聚會，隨身攜帶了一個盒子和一台筆記型電腦，分別是隨機事件產生器以及用來記錄資料的電腦，在研討會期間，他們讓機器持續運作。納爾遜在埃薩倫會場也採用相同作法。他們想知道的是，這種由隨機活動穩定轉移的歷程，是否能顯現出「資訊」環境中的若干變化，還有這是否與共通資訊場和會眾的集體意識有關。這兩組嘗試和一般以隨機事件產生器所做嘗試有一點不同，那就是與會團體完全不會想去影響機器。

當兩組人馬回到普林斯頓分析結果時，他們發現裡面出現了若干無從否認的效應。他們決定執行一系列同類實驗。在另一次同類會議（這次是意識研究協會的聚會，由國際意識研究實驗室聯合會贊助），所得資料還更明確無疑。圖解中央出現大幅斜坡，就在那二十分鐘期間，現場觀眾全都聚精會神，針對日常生活的儀式進行熱烈討論。納爾遜還檢視日誌，聆聽團體成員的現場討論錄音

內容。這是現場五十位來賓的特殊分享時刻，其中有許多人都加入討論並發表意見。當時有一位來賓，儘管對隨機事件產生器的結果一無所知，卻表示團體的能量不同了，而且這種改變幾乎觸摸得到。納爾遜在他完成的埃薩倫研究中發現，集會討論到最精彩時刻，所產生的資料也最大幅偏離隨機結果。

結果耐人尋味，不過這項觀念還必須接受各方立場檢視，更深入接受考驗。不過，要想做更好的實驗，他就需要真正可以攜行的裝備。硬體設備相當笨重，使用不便，還必須自備電源。納爾遜想到可以採用惠普公司生產的掌上型電腦，尺寸比口袋型錄音機大一些，上面再擺一台迷你型隨機事件產生器，連線接到序列埠，然後用一片魔鬼沾固定位置。

既然不會有人表達任何意向，因此納爾遜並不關心結果是正面多或反面多。他只想確定，這種機器是否朝任何方向，偏離五十比五十的隨機活動結果。任何變化，無論是正面較多或反面較多，或有時正面較多，接著有時反面較多，全都可以視為背離機會原則。所得資料必須採用另一種統計方法來做分析，和普大工程異常研究實驗室的普通研究不同。納爾遜決定採用「卡方」統計法，分析時取每次運作結果的平方值來標繪圖解。凡是有反常行為，只要出現延宕或極端偏離隨機正反形式，有違預期的單調結果，很容易都會顯現出來。

納爾遜稱之為「場意識」中的實驗，有時也以「場隨機事件產生器」相稱。這個名字帶有巧妙的雙關意涵。這是種外界場中的隨機事件產生器，不過也是用來測試是否存有「意識場」的裝置。

納爾遜決定在各式各樣的場合試用他的場隨機事件產生器——商務會議、學術會議、一場幽默

研討會、演奏會和劇場演出。他找出讓觀眾專心投入的精彩事例——大批群眾全都同時專注於同一強烈思緒的片刻。有次，一位論派普救異教聯盟（CUUPS）的一位教友表示他對普大工程異常研究很感興趣，於是納爾遜便借給他一台場隨機事件產生器，讓這台機器在他們的十五次例行異教集會上現身——包括安息日還有在滿月時舉辦的典禮。

普大工程異常研究計畫有位工作人員的朋友是某音樂劇場的藝術總監，那個大型音樂劇場稱為《狂歡會》（*The Revels*），每年十二月在全美八座都市推出並在新年期間上演。那位總監來找納爾遜，談到想要在演出時試用場隨機事件產生器。這似乎很理想；有儀式、有音樂，還有群眾參與。納爾遜審閱作品，請那位藝術總監從劇情當中挑出五段最精彩部分，這些情節最能影響觀眾，因此也最能影響機器。一九九五年，場隨機事件產生器在兩座都市的十場演出現身，另外在一九九六年，還在八座都市的幾場演出期間出現在會場。結果就像是預先套好招，納爾遜預測的重要關頭，每一次都讓機器產生錯雜資料。

一種明確模式浮現眼前。機器偏離隨機傾向逐漸出現某種秩序，和凝神專注的高峰關頭準確吻合：會議時的特殊發言內容、幽默研討會上的高潮頂點、異教儀式最熱情片刻。就隨機事件產生器而言，活動變遷十分細膩微妙，而這些效應卻都相當猛烈——三倍於普大工程異常研究所得效應，超乎其個別受試者企圖獨力影響機器所得結果。異教聚會期間，場隨機事件產生器兩度瘋狂偏離常軌，兩次都是出現在滿月儀式，反面紀錄遠超過常態。

一位論派普救異教聯盟的一位教友聽納爾遜談起所得結果，他覺得這沒什麼好奇怪。「大致

上，」他表示，「我們的安息日並不是非常私密或非常激情，不過有時在滿月時就是這樣。」

活動形式並不是真的很重要。最重要的似乎是團體的激昂程度，活動讓群眾神往的能耐，而且若是團體凝聚成某種集體共振也會有幫助，特別是對民眾意義重大，而且能夠引發激情的內容。就幽默研討會而言，隨機事件產生器是在主秀上演當晚最嚴重偏離常軌，那場表演實在太好笑，觀眾起立向台上諧星致敬，還大嚷再演一次。顯然，最重要的是所有人都聚精會神、癡迷專注，想法全都一致。

這種情況明顯是由於每個人的心思全都專注於雷同事項，這便生成一種具有物理效應的團體量子超輻射。就某種意義而言，隨機事件產生器就像是種溫度計，可以測量團體的動態和相干性。只有商務會議和學術會議對機器沒有影響。倘若團體覺得煩悶，注意力飄忽不定，機器同樣也感到煩悶。只有心意相通的激昂關頭，才似乎有辦法凝聚充分力量，為隨機事件產生器的混沌無目標本性帶來若干秩序。

聖地的特殊氣場

納爾遜對聖地觀念相當著迷。這些地方是不是歷經幾百年不斷使用，才被賦予神聖性質，或者那些遺址當初就有某種特性（樹木或石塊的排列方式、地靈，或位置本身），隨後便延續下來，促使人類自然而然選擇那裡做特定用途？古代民族對地球的徵兆一向都非常敏感，他們能夠解讀特定構型，好比地脈，也很看重這類表象。倘若某處遺址本身就與眾不同，那裡是否就存在著某種好似

能量漩渦的集體意識，或者那裡是否始終都存有某種能量的共鳴？那麼這能不能在隨機事件產生器上留下任何紀錄？

納爾遜決定在美國境內搜尋，想找出美洲原住民用過的幾處聖地。納爾遜帶著機器來到懷俄明州的魔鬼塔天然名勝區，觀察一名巫醫進行例行療癒儀式，好幾個部落都認為那裡是神聖地點。隨後，他把一台掌上型隨機事件產生器裝進口袋，徒步環繞魔鬼塔，接著便前往南達科他州傷膝鎮，蘇族滅種大屠殺的發生地點。納爾遜探勘那處淒涼荒地、墓園和死難紀念碑。他深自湧起孤寂感受。後來，當他檢視那兩處遺址的資料，結果毫無疑問：他的機器輸出斷然受到影響，而且效應值還遠超過普大工程異常研究的普通結果，這就彷若曾經在那裡生活亡故的人，全都留下了思緒記憶並綿延至今。

最完美的機會出現在一趟埃及之旅中，可以用來仔細檢視集體記憶和共振的本質。納爾遜決定加入一趟為期兩週的旅行，和十九位同事組團前往埃及，他們打算拜訪重要神廟和古埃及人的幾處聖地，這樣他們就可以進行幾種非正式典禮，好比吟誦和冥想。藉由這趟旅程，他便有機會觀察在這類場所投入冥想活動的人，是否真的能夠對機器發揮更大影響；事實上，這類場所原本就是為了從事這類活動而建。

納爾遜的上衣口袋裝了一台掌上型隨機事件產生器，而且隨時都保持運作，他就這樣參觀各處重要遺址——斯芬克思大雕像、卡納克和盧克索的神廟，還有吉薩大金字塔。那台掌上型隨機事件產生器經常是開著，當旅遊團冥想或吟誦或只是在神廟間漫步，甚至當他隻身一人旅行或冥想之時

也都是開著。他還做筆記，詳盡記載各項活動的進行時間。

當他回到家裡，全面彙整他所得資料，這時便看出一種有趣的模式。機器的最強烈效應是出現在旅遊團參與儀式期間，好比在聖地吟誦之時。各主要金字塔的效應多數都很強，六倍於普大工程異常研究的普通隨機事件產生器實驗，兩倍於一般的場隨機事件產生器實驗。這類強大效應是他所見之最，和親密配對組的強度相當。然而，當他把自己去過的所有二十七處聖地的資料彙總起來，卻發現就在他徒步漫遊遺址，只是默然表達崇敬之時，所得結果卻還更為驚人。顯然，土地之靈本身便留下強大效應紀錄，和冥想團體完全可以相提並論。

當然，當他在口袋裡裝了掌上型隨機事件產生器四處旅遊，他本身的預期心態或許便造成影響——這種「實驗者效應」眾所皆知。這很可能是其他訪客的集體預期心態和敬畏之情所造成的，畢竟；他之前從未隻身去過那些遺址。不過，其他幾項控制變數卻證明情況還要略顯複雜。還有一次，當旅遊團在另一類場所從事吟誦、冥想活動，儘管那些地點並不帶有神聖之名，掌上型隨機事件產生器依舊呈現顯著效應，但都比較微弱。儘管有時候旅遊團成員似乎也能夠彼此應和（有次是在日蝕期間、一次是參加特殊占星活動，還有次是在日落生日派對），機器呈現的效應卻依舊很微弱，和隨機事件產生器標準實驗過程所觀察到的效應相比是大不了多少。

納爾遜還監視他親身專心投入的一連串儀式——在清真寺祈禱或幾項徒步儀式，還有觀察象形文字，並設法「解讀」的過程。這許多儀式都讓納爾遜全心投入，有些還讓他感動不已。不過，機器輸出依舊是略微偏離常態，然而這結果和他在普林斯頓家中，坐在隨機事件產生器前所得出的結

果，也沒有相差太多。顯然有某種共鳴在那些遺址迴盪，說不定還是綿延不絕的同調記憶。地點類型和旅遊團活動，似乎都可以助長產生團體意識。在聖地遺址，就算沒有吟誦歌詠，只要團體現身，或甚至就連地方本身，都擁有強烈的共鳴意識。就連比較世俗的活動進行期間，或待在比較平庸的場所，只要團體聚精會神，都會在機器留下效應紀錄。同時當納爾遜獨自一人，不管他是多麼專注投入，所產生的效應值都無法與團體影響相匹敵。

他的資料還有一項值得注意的要素。當他前往吉薩高原，來到胡夫大金字塔參觀，這時掌上型隨機事件產生器便偏離隨機常態。他們在王后陵寢和大甬道兩度齊聚吟誦，機器都朝正面偏轉，接著來到國王陵寢，機器在他們吟誦之時便朝逆向大幅偏轉。在卡納克時也發生了類似情況。納爾遜將結果描繪成圖，完成之際他便大感驚奇：兩組圖形都構成一座大金字塔。這令人不由得思索，就某個程度而言，掌上型隨機事件產生器是隨著納爾遜，同步經歷他那趟旅程。

電視節目實驗

迪安．雷丁也出席直接心靈療癒學會的聚會，而且還見到納爾遜的詭異資料。既然雷丁曾經與納爾遜共事，還一度與他協力撰寫普大工程異常研究資料的後設分析報告，自然成為重做納爾遜研究的人選。

雷丁在他的第一批研究當中也發現納爾遜所見現象，倘若房間裡面或遺址現場出現了場隨機事件產生器，這類效應就會出現。不過，若是距離很遠呢？要想跨越遠距使心意相通，最顯眼的工具

就是電視。所有人都看電視，通俗節目還特別普及。觀眾看電視時，心中是不是都在想相同的事情？要測試這點，雷丁需要的不只是一齣情境喜劇，還必須是大事件，要保證能讓觀眾正襟危坐。因此辛普森案陪審團裁決便成為最佳選擇。不過，就雷丁的初步研究而言，他選定了一九九五年三月的第六十七屆奧斯卡金像獎頒獎典禮，這個節目估計達到十億收視人數，構成他心目中的最大觀眾群之一。這群觀眾分別來自一百二十個國家，因此他們構成的整體注意力，便會從世界各地匯集而來。

雷丁希望進一步證明，這種效應是從任意距離同時產生，於是他使用兩台隨機事件產生器，分別擺放不同定點。他在三月二十七日觀看頒獎典禮之時，把一台擺在離他約十八公尺遠處，另一台則與他相距約十九公里，擺在他的實驗室中自行運作，而且不是放在電視機前面。節目播映期間，雷丁和他的助理便勤奮做筆記，逐一記載節目的每分鐘發展，寫下精彩和沉悶時刻。凡是出現高潮時刻，宣布最佳影片、最佳男主角和女主角得主時，全都做時間測定，並記下這是「高度相干」時段。

節目結束後，他檢視所得資料。當最精彩片段出現，機器的秩序層級便提升到極高點，僥倖出現這種情況的機率，達到千分之一的程度。就另一方面，當沉悶片段出現，秩序層級便達到最低點，僥倖出現這種情況的機率，便達到十分之一或更高。兩台電腦都在頒獎之後繼續運作四個小時，在這段控制期間，兩台電腦都出現了一個微弱高峰，或許是在回味頒獎典禮的結束情況，隨後便雙雙迅速回歸常態隨機行為。一年之後，雷丁重做自己的實驗，得到相仿結果。他在一九九六年

七月夏季奧運會也得到相同結果，當然就辛普森審判也是如此。

雷丁藉一九九六年超級盃試驗他的機器，當年二月的一個晚上，他還在一般黃金時段，針對所有四大電視台節目進行測試。超級盃球賽進入最重要關頭，機器略微偏離常軌，不過效應很弱，完全比不上辛普森案審判或奧斯卡金像獎那麼明顯。說不定這和運動比賽的一種簡明問題有關——參賽隊伍各有球迷支持加油，於是兩群球迷對每次表現的反應各有不同，激昂程度也高下有別。雷丁也明白，這或許也和廣告插播次數有關，播映過程不時都有廣告打斷比賽，特別是超級盃播映期間的廣告已經和比賽本身同樣受歡迎，於是精彩片段和沉悶片段就很難區辨。這些從研究結果都看得出來。

雷丁針對黃金時段電視節目做了另一項研究，他假定機器和人類觀察者都會在節目精彩關頭出現高峰，然後在結束之際，亦即通常都有廣告播出的時段緩和下來。結果正是如此。儘管效應值並非特別明顯，不過就在觀眾應該是最專心觀賞電視節目時，機器產生條理結果的傾向便達到高峰。

校準頻率的共鳴

戴特爾．維妥（Dieter Vaitl）和納爾遜是吉森大學臨床和生理心理學系的同事，他認為喜愛華格納音樂的人都是狂熱樂迷。多年下來，拜魯特節慶劇院（華格納為自己修建的劇院）差不多已經變成一處聖地，每年華格納迷都來此朝聖，定期舉辦華格納音樂節。這群人是真正的華格納狂，熟悉每個音符，每段激昂消沉情緒，還樂意花上十五個小時靜坐聆賞全套《尼布隆根的指環》（*Der*

Ring des Nibelungen）連環劇。拜魯特節慶劇院現場樂迷多數都是華格納專家。簡單來講，這就構成場隨機事件產生器實驗的理想群眾。

一九九六年，本身就是華格納熱情樂迷的維妥，頂著灰白油亮的蓬巴杜髮型，得意揚揚參加音樂節，還帶了一台場隨機事件產生器，隨身錄下第一輪多齣歌劇的演出情形。隔年他又做了相同實驗，然後過一年又重做一次。總計下來，那台隨機事件產生器花了無數小時，出席聆賞華格納的歌劇，從《崔斯坦與伊索德》（*Tristan und Isolde*）到《諸神的黃昏》（*Götterdämmerung*）總共九齣。整體看來，這三年期間的趨勢前後一致，在情緒最激昂的場面，或音樂表現最華麗的地方，例如合唱的部分，機器都呈現條理秩序整體變化。

就這點而言，普大工程異常研究實驗室和維妥所得結果並不相符。他們還曾經帶著場隨機事件產生器，前往觀賞紐約市多彩多姿的歌劇和各式表演，結果卻顯示，機器的反應並沒有達到顯著水準。顯然，觀眾的注意力必須能夠達到華格納樂迷的強度，否則對機器將絲毫不會產生影響。維妥得出結論，認為觀眾必須深入了解音樂，還要能夠校準頻率，才比較有可能產生共鳴。

還有人得出更有趣的結果，那是雷丁的另一位密切共事夥伴，來自阿姆斯特丹的迪克·畢爾曼（Dick Bierman）教授。畢爾曼經常試圖重做雷丁的研究，他決定拿場隨機事件產生器，前往一處傳說鬧鬼的住家做實驗。這處住家似乎有「喧鬧鬼」作祟——大型物件無端移動或移位，有人認為這是鬼魂作怪（因為常伴隨巨大聲響，所以才叫做喧鬧鬼）。有些人認為喧鬧鬼不過是人類發出的強烈能量，而且往往源自狂飆的青少年。為此，畢爾曼安裝了一台隨機事件產生器，根據那戶人家

所述，拿喧鬧作用出現時機來和機器的隨機輸出正反比例做對照。當房中據報有物品四處亂飛之際，機器也同時出現偏離機率的現象。這說不定是某個心思十分強烈的人所造成，藉由宇宙能量場中的強烈量子效應，造成這種喧鬧鬼效應。

集體意識的影響層面

傳說普林斯頓畢業典禮當天，太陽始終會高照其上空。當地傳言說，就算天氣預報有雨，當天的降雨都會停歇，直到畢業典禮結束為止。納爾遜每年都喜歡和太太參加畢業典禮，而且還不只一次談到天氣真好。這時他便開始納悶，或許這並不只是巧合。場隨機事件產生器研究在他心中引出幾項問題，不知道這種場意識如何在現實生活中運作。他想到或許是因為整個大學社群集體期望陽光普照，才產生效應驅散雨雲。

他完整蒐羅過去三十年的天氣報告，檢視普林斯頓畢業典禮前後，還有畢業日的天氣狀況，他想要查出每日降雨量，也檢視普林斯頓周圍六個城鎮的天氣，作為控制組。

納爾遜的分析顯現若干古怪效應，彷彿就在普林斯頓的學生畢業當天，大學周圍出現了某種集體雨傘。在那三十年期間，百分之七十二（將近四分之三）的畢業日都沒有下雨，周圍城鎮相較下只達三分之二（百分之六十七）。

從統計角度來講，這表示在畢業式期間，普林斯頓有某種神奇的晴天效應，而周圍所有城鎮的降雨量則和每年同期的常態雨量相等。甚至某次的普林斯頓畢業日當天降雨累積達六十六公釐，但

怪的是，這天降雨也在典禮中停歇，直到典禮結束。

納爾遜的普林斯頓天氣研究只是把小小的量尺，用來測度民眾能不能對環境產生正面效應。二十年來，超覺靜坐組織都在進行系統測試，接續完成幾十項研究，檢視團體冥想是否能夠紓緩世界的暴力和爭端。這項主張源自超覺靜坐祖師爺，印度瑜伽大師瑪赫西，他認為個人壓力導致世界壓力，而團體安寧則造就世界安寧。他提出假設，認為當某地有百分之一的人修習超覺靜坐，或者某族群中有百分之一的平方根人口數投入修習超覺靜坐悉諦課程，進行較高級的積極冥想方式，那麼各種衝突（槍擊等形式的犯罪率、藥物濫用率，甚至交通事故比例）全都可以紓減。

根據這種「瑪赫西」效應觀念，規律修習超覺靜坐讓人和一種聯結萬物的基本源場取得聯繫——這種概念和零點場不無相仿。只要投入人數夠多，協調性就必然會向外傳播，及於整個族群。

超覺靜坐組織將此命名為「超光放射」（Super Radiance），因為他們認為，就如腦中或雷射的超輻射能夠創造協調性和一統性，冥想也同樣能夠為社會帶來相同效應。世界各地都組成了瑜伽和平飛行團，專門針對幾個衝突地區進行「冥想精耕」（meditation intensives）。從一九七九年開始，美國的一支超光放射團體每天都在愛荷華州的費爾菲爾德城的瑪赫西國際大學聚集兩次，會眾從幾百人到八千人不等，設法為世界創造更高度的和諧氣息。

儘管超覺靜坐組織也曾受人譏笑，大半是由於推廣活動讓瑪赫西個人獲益使然，不過單以資料的價值就令人信服。其中有多項研究都在素富盛名的期刊上發表，好比《衝突解決期刊》（*Journal*

of Conflict Resolution）、《心靈和行為期刊》（Journal of Mind and Behavior），還有《社會指標研究》（Social Indicators）期刊，這表示那些研究必然都通過了嚴苛的審核程序。

最近有一項「華盛頓特區全國示範方案」研究，在一九九三年執行了兩個月，結果顯示當該地的超光放射團體會眾增長到四千人，暴力犯罪便開始遞減，下降達百分之二十四，而且直到實驗進入尾聲都持續下降，而在當年的前五個月期間，犯罪率卻都是穩定攀升。一旦團體解散，犯罪率馬上又提高。這項研究證明，這種效應不可能肇因於氣候、警方等因素，也不能歸功於專門打擊犯罪的任何防治活動。

另一項在美國二十四座都市執行的研究則顯示，每當一座都市規律修習超覺靜坐的人數，達到全市人口數的百分之一，那裡的犯罪率便下降達百分之二十四。接著有 項後續研究在四十八座都市執行，其中半數擁有百分之一冥想人口的都市，其犯罪率下降了百分之二十二，犯罪趨勢率也抑低百分之八十九，相形之下，控制都市組的兩種數值則是各提高了百分之二以及百分之五十三。

超覺靜坐組織甚至還研究過，團體冥想能不能影響世界和平。一九八三年有項研究審視以色列的超覺靜坐特別聚會，並逐日追蹤以阿衝突，為期兩個月。當參與冥想人數很多，當日黎巴嫩戰死人數便較少，比例下降百分之七十六，而且當地犯罪、交通和火警事故也全都減少了。這次同樣也把天氣、週末或假日等混淆影響全都納入控制。

超覺靜坐研究，還有納爾遜的場隨機事件產生器成果，都各自以小規模初步作法，為不信上帝的疏離世代帶來希望。正義力量畢竟還是能夠戰勝邪惡勢力。我們有能力創造更好的社群。我們能

夠凝聚眾人之力，讓世界變得更好。

蓋亞電圖

雷丁想出這種觀念的時候，自己都感到有點可笑。一九九七年底，他和納爾遜前往弗萊堡參加研討會，兩人還談到用隨機事件產生器做研究時，是不是也該把腦電圖儀一類的生理測量儀器納入。談到一半，雷丁提出：「何不看看蓋亞的腦電圖呢？」

納爾遜立刻抓住這個想法。由於腦電圖儀是藉由黏貼在頭皮的電極來讀取人腦活動，因此這種儀器或許能夠取得蓋亞的心靈讀數。蓋亞是指地球，許多人都喜歡使用這個稱呼，這是由詹姆斯·拉夫洛克（James Lovelock）起的名字，源自希臘的大地女神之名。他假定地球是一個生命體，本身具有意識。說不定他們可以在世界各定點架設隨機事件產生器，構成一套全球網絡。然後這台世界腦電圖儀就可以不停運轉，持續測得集體心靈的起伏狀態。

在他們命名構思期間，納爾遜的另一位同事想出「蓋亞電圖」一詞，縮略為EGG。納爾遜偏愛「智慧圈」（noosphere），這是法國學者所創名詞，反映出地球由一層智慧環繞的觀念。儘管後來納爾遜還根據這項觀念，在普林斯頓發展出獨立於普大工程異常研究之外的「地球意識計畫」，但到頭來還是以蓋亞電圖之名傳世。

倘若每個人所發出的意識場，果真都能夠在心意相通的片刻彼此結合，那麼納爾遜便希望檢視，我們這個時代最動人心弦的事件所引發的集體反應，是否能夠對極端敏感的量尺，好比隨機事

件產生器，產生某種共通影響。辛普森案審判就是這項研究的一項初步嘗試，多台機器在不同地點分別運作並比較結果。

剛開始納爾遜召集了一小群科學家，由他們在一九九八年八月啟動所屬隨機事件產生器。最後他總共召集了四十位科學家構成網絡，在世界各地操作隨機事件產生器。這項計畫激發了洶湧的資料浪濤。資料流不斷傾瀉而出，沿著網際網路蜂擁傳輸，接著便與現代歷史的重大關頭兩相比對——美國的小甘迺迪身亡和幾乎成案的柯林頓總統彈劾事件；巴黎的協和號墜機和南斯拉夫轟炸；洪水氾濫和火山爆發，以及第二千禧年元旦慶典。

就連蓋亞電圖儀正式運作之前，其原型機便接受了真正考驗，當時全世界最喜愛的王妃在巴黎的隧道遇難猝死。在這位威爾斯王妃的葬禮前後，以及出殯期間所記錄的資料都經過彙整，並與官方行事曆相互比對。結果發現，在黛安娜王妃所有公開儀式期間，機器都偏離隨機常軌，單憑運氣出現這種效應的機率為百分之一。

然而，當納爾遜檢視相仿資料，這次是德蕾莎修女的葬禮紀錄，時間稍後但相隔不久，機器並沒有顯現哀戚效應。德蕾莎修女早就病了，逝世並不出人意外。她年紀很大，活出精彩的一生，還留下輝煌的成就。顯然，一生紛擾的年輕王妃引起全世界關注，而且隨機事件產生器也測出這點。美國的選舉似乎並沒有引起世界關注，甚至連莫尼卡．陸文斯基（Monica Lewinsky）性醜聞都沒有。不過，元旦慶典、重大災害和慘禍，卻激起一陣冷顫，順著集體脊柱向外傳送，也藉由機器忠實顯現出來。就影響極深遠的事例而言，世貿中心毫不意外列名其上，這種極大幅效應，在九月

十一日的恐怖攻擊期間，還有在事發之後片刻都感受得到。

世界心靈

這批初步結果引出若干問題，吸引納爾遜和雷丁一探究竟。如果有所謂的世界心靈，那麼人類歷史上最壯闊、最偉大的時刻，或許就可以用世界心靈閃現的靈感火花來解釋，而且說不定負面意識就像是病菌，也能夠感染、宰制民眾。

第一次世界大戰之後，德國在各方面都陷入低潮。這種低落處境是否在量子能級影響德國人，讓最擅長以言辭煽惑人心的希特勒肇造出反派共同體，任其自行滋長壯大，還縱容最邪惡妖魔橫行？西班牙異端裁判所，是不是也該歸咎於集體意識？塞勒姆村的巫術審判呢？集體邪靈是否也生成相干性？

還有人類的最偉大成就方面呢？靈感乍現是不是也出自世界心靈？某些年代的藝術昌盛或高度覺醒現象，是否要歸功於某種能量結合？古希臘呢？文藝復興呢？創造力是否也能夠感染傳播，這能不能解釋維也納在一七九〇年代的爆發性創意成果，以及英國流行音樂在一九六〇年代的勃興發展？或許零點場就是種潛在因素，可以用來解釋某些莫名所以的自然同步模式，好比經過科學驗證的生理現象，近鄰婦女的月經週期會漸趨吻合。這是否也可以解釋這個世界的情緒、智力同步模式？

這是第一個跡象，顯示團體意識是藉由零點場一類的媒介，在無垠宇宙間發揮普適萬象的組織

因子功能。然而，以手頭的技術，納爾遜只能初步掌握吉光片羽證據，隨機活動的微小誤差。至今，他最多也只能測量一顆卵石，或充其量就是一把沙粒——世上某一個人或小群人士的量子效應。有一天，或許他會有辦法測量整片沙灘的效應，而那正是最根本要點。沙灘只應該整片測量，整個灘岸的沙粒是不可細分的。

自從艾德格·米切爾在二十五年前深深體驗到集體意識以來，科學界這才開始在實驗室中確認真相。

第12章 零點時代

二〇〇一年一月某個霜寒日子，來自十個國家的六十名科學家齊聚英國索塞克斯大學，擠在一間教室的灰黃狹窄角落，用心構思他們該如何飛越三十二兆公里跨入深空。美國航太總署已經在國內舉辦了幾場「突破推進物理學」專題討論會，這次國際會議也是針對同一課題：這是最早以推進方式為主題所舉辦的獨立討論會之一。果然，這引來眾多權威物理學家共襄盛舉，包括英國官方代表、一位航太總署高官、法國的眾多天體物理學家（分別來自馬賽天體物理學國家實驗室和重力、相對性與宇宙學國家實驗室）、來自美國和歐洲國家的多位教授，還有約十五位私營企業代表。這只是一場種子會議，並不是真正的科學研討會，主要目的是開創新局——作為二〇〇一年十二月才要舉辦的國際研討會的先導會議。不過，講堂室內無疑充滿期待氣氛，默認每位出席人士都是處於科學知識界的最前緣，甚至還可能目睹新時代初露曙光。研討會籌辦人葛拉翰·恩尼斯放出風聲，誘使英國多數主要報刊和科學雜誌都派代表來到會場，他預言在五年內，我們就能夠自行打造小型火箭，以曲速引擎讓衛星維持正確位置。

不管與會聽眾多麼具有威望，最崇高席位還是保留給哈爾·普索夫博士，當時他已經六十出

頭，略顯清瘦，不過依舊頂著一頭濃密華髮。普索夫花了將近三十年光陰費心思量，探究我們是否能夠駕馭星際空間。對現場少數年輕成員而言，普索夫已經成為某種崇拜偶像。有一位叫做理查·歐伯希（Richard Obousy）的年輕物理學家代表英國政府與會，他在大學時代偶然讀到普索夫的幾篇零點場論文，對其中蘊涵大感震驚，甚至還因此改變他的生涯走向。如今他遇上雙重良機，很可能認識這位大人物，還有機會在他之前先上台發表簡短引言，討論真空操控作法——當天重點課題的暖身演講。

從外界來看，沒有人會認為這是無關緊要的演練，或一群掌權技術專家以建造終極科技玩具來取樂。講堂內的科學家全都明白，地球殘存的化石燃料最多只夠用五十年，人類也面對最嚴重危機，眼看我們的世界由於溫室效應逐漸變成毒氣室。尋找新能源不只是為了推動太空船之需，也攸關人類存亡。必須找出新能源來為世界提供動力，也為下一個世代保障地球安全。

三十年來，不斷有人採用最古怪的嶄新物理觀念，私下進行各種實驗。有關祕密試驗場的謠言四處流傳，說是洛塞勒摩斯等地都編列幾十億「黑市」預算，引來航太總署或美國軍方一再強烈否認。就連英國航太公司本身都推動一項祕密計畫，代號為綠光計畫（Project Greenglow），目的是要研究關閉重力的可能作法。

此外還有眾多可能課題，全都以確鑿物理證據為基礎，首日會議主持人恩尼斯便表示，以此拋磚引玉，說不定能夠促成太空飛行的嶄新推進方式。或許我們可以控制慣量，藉此以微弱動力移動太空船這類大型物體；從數種核融合技術當中，選擇需要用到極高壓力和溫度的某種技術使用；仿

效俄國人運用放射性分裂反應爐；運用繫鏈（tethers）來吸取靜電能；運用物質—反物質效應，藉物質遇上對等反物質所生反應來滋生能量；改變電磁場；或者旋轉超導體。

有次美國航太總署在新墨西哥州阿布奎基市舉辦代表大會，他們在會上探討可不可能讓太空船自行產生蟲洞*，這就很像是卡爾·薩根（Carl Sagan）在《接觸未來》（*Contact*）書中描述的虛構情節。有幾家私營企業，包括洛克希德·馬丁公司（Lockheed Martin），都熱切參與並出手協助。這對地球上的日常生活，說不定有眾多實際用途。舉例來說，試想若是能夠關閉重力讓病患懸浮，或許就可以讓褥瘡就此消失。

或者還可以嘗試更古怪的事情——嘗試從空間虛無本身來吸取能量。科學家同意「零點場」代表一種極有希望的前景——恩尼斯便經常形容其為「無垠宇宙的免費午餐」，那是種無中生有、取之不盡的補給。加州馬里埔的休斯研究實驗室物理學家羅勃特·佛沃德（Robert Forward）就此寫成一篇論文，從學理探討實驗可能作法，從此物理學界才開始信服，明白這有可能實現，更重要的是，還得以從中取出能量。

隔天普索夫發表演講，他從量子力學角度來說明，若是打算從宇宙能量場吸取能量，有幾種方式可供選擇。你必須和重力退耦合，減弱慣性或是從真空產生充分能量來與這兩者抗衡。在此之前，美國空軍已經向佛沃德提出初步建議，認為他可以做研究來測量卡西米爾力，也就是介於兩片金屬板之間的量子作用力，這是由於兩板中介空間有局部屏蔽，阻隔真空中的零點起伏，於是零點場能量輻射便失去平衡。佛沃德是重力論專家，於是艾德華空軍基地菲利普斯實驗室的推進理事會

便指派他負責這項研究，這個理事會的使命，就是要發起研究來鑽研二十一世紀的太空推進動力。

他們已經證明，運用科技或可以更動真空起伏。然而，卡西米爾力的作用微弱得難以想像——若兩金屬板間距為千分之一公厘，則其壓力僅達大氣壓力的億分之一。伯尼·海甚和丹尼爾·柯爾發表了一篇論文，從學理指出，當建造一台真空引擎，把不計其數的同類碰撞金屬板納入，每組都各自生熱，最後便彼此接觸並產生動力。問題是每塊金屬板所產生的能量，最多也只達半個微瓦特——普索夫表示這實在是沒什麼好吹噓。你得擁有眾多以超高速運作的細小系統，才能指望更動真空起伏。

佛沃德認為，或許有可能做個實驗，改變真空情況，從而改動慣量。他建議進行四種實驗來測試這項概念。從事量子電動力學研究的科學家已經證明，一旦能夠操控原子的自發射率，就有可能控制這種真空起伏。根據普索夫的想法，電子繞行原子核所需能量，都是取自虛無空間的量子起伏，因此它們才能呼嘯急馳而不會減慢下來。他說，如果我們能夠操控那種場，那麼我們就能夠使原子不再穩定，然後就可以從中取得動力。

就理論而言，從零點場吸取能量是有可能辦到；就連自然科學界也曾推測，當宇宙線「動力提升」，或是當超新星和 γ 射線爆發源釋出能量時，就是出現了這種情況。此外還有幾種概念，好

＊：蟲洞（wormhole），宇宙中可能存在的連接兩個不同時空的狹窄隧道。

比聲、光波動的驚人轉換現象，或就稱為「聲致冷光」（sonoluminescence）。這種現象牽涉到強烈聲波轟擊水分產生氣泡，接著氣泡急速收縮崩陷並發出一道閃光。根據某些領域的理論，這種現象是肇因於氣泡裡面的零點場，一旦氣泡收縮，零點場便轉成光。不過，普索夫已經針對這所有觀念完成測試，他認為這些觀念都毫無前景可言。

美國空軍也曾經探討宇宙線是由零點場能量驅動的觀念，還發現質子可以在一種真空陷阱裡面推進加速，這種陷阱經過低溫冷卻，完全沒有碰撞現象——這就是個真空室，經過極度冷卻到最接近絕對零度。結果大概就是人類能力所能打造出的最虛無空間，一旦質子開始提高移動速率，就可以設法從質子真空起伏吸取能量。另一項觀念是要藉由專門設計的天線，讓零點能量的較活躍高頻部分減速。

普索夫也曾經在他的實驗室中隨性測試一種作法，當中牽涉到原子或分子的微擾基態。根據他構思的理論，這些都只是平衡態，和零點場的輻射／吸收動態交換有連帶關係。所以，當運用某種卡西米爾空腔（Casimir cavity），原子或分子便有可能經歷能量轉移，結果便會改動與基態有關的激發作用。當時他已經在一處同步加速設施展開實驗來測試這種現象，那個地方有一台特製次原子加速器，不過截至當時，所有實驗全都失敗。

於是，普索夫便想要徹底修改整套計畫，藉此來貫徹一項理念——威爾斯大學的廣義相對性理論學家米給爾．阿庫別瑞（Miguel Alcubierre）率先提出的一項假設。之前阿庫別瑞便曾費心斟酌，想知道《星際爭霸戰》電影中描述的曲速引擎是否實際可行。

假設不理會量子論，把它看成廣義相對性的問題。這時就不會訴諸波耳，而是求助於愛因斯坦。倘若設法更改時空度規，這會產生什麼結果？倘若用上愛因斯坦的彎曲時空，把真空當成一種可以極化的介質。接著按照諾貝爾獎得主李政道的講法，做一點「真空工程學」。這種詮釋可以解釋光線的彎曲現象，比方說，當光線接近大質量物體，由於該質量附近的真空折射率出現變化，於是光線便會彎曲。時空度規是由光的傳播來界定。或許有辦法降低零點場的折射率，接著這就會提高光速。倘若把時空做極大幅度修改，光速就會大幅提高。接著質量就會減小，能量鍵的強度則會提高——就理論而言，這些特徵就有可能促成星際旅行。

這個作為是要扭曲、擴展太空船後方的時空，並收縮前方的時空，接著就可以乘著時空浪頭以超光速前進。換句話說，這是採用工程師的手法來重組廣義相對性。倘若有辦法做到這點，就能夠建造出以十倍光速行進的太空船，地球上的人可以清楚看到這種現象，然而船內的太空人卻無緣目睹。最後就造出《星際爭霸戰》影片那種曲速引擎。

普索夫把這種手法稱為「度規工程學」（metric engineering），這樣一來，就可以讓時空把你推離地球，朝向目標前進。只要生成大規模的卡西米爾式作用力，這就有可能辦到。還有一種度規工程學或也可行，這也必須使用卡西米爾力，那就是移行穿越蟲洞，也就是普索夫所說的「宇宙地下鐵」。蟲洞把人類和宇宙的遙遠區域串連起來，就好像《接觸未來》書中的虛構情節。

「不過，我們還要多久才能真正實現這種種構想？」觀眾發問。普索夫咳嗽清理喉嚨，這是他的怪癖習性。「或許要花二十年才能實現，」他簡短答覆，「或者也可能要這麼多年才能斷定這完

全無法實現。」在他有生之年，大概是看不到太空旅行壯闊開展，不過他依舊抱持希望，期望在死前能夠開始吸取這種能量來作為地面燃料。

零點能量的未來應用

第一屆國際推進專題研討會無疑是成功了，長年獨力鑽研能量、推力問題的物理學家，來此聚會都有所得，而且說不定要歷經半個世紀，這些努力才能夠取得成果。所有人都清楚知道，他們的探索還只是開始，有一天，就如亞瑟·克拉克的說法，這會讓今天的最新成就，亦即大膽跨出地球大氣層的壯舉，看來就和十九世紀企圖以熱汽球克服飛行難關沒有兩樣。不過，普索夫還有許多老同事住在世界各地，這些人也都六十多歲了，他們長年投入，沒有浮誇，所從事的活動都比較踏實，卻也同樣具有革命創見。所有人都就這項觀念提出論斷，認為宇宙間的一切交流，全都是以脈動頻率為之，宇宙能量場則提供基礎，讓萬事萬物都彼此交流。

巴黎的數位生物企業團隊依舊待在他們的移動式小屋，這時他們捕捉、複製和傳輸細胞電磁訊號的技術已經臻於完美。自一九九七年以來，賓文尼斯特和他在數位生物企業的同事已經請得三項專利，涵括廣泛用途。就生物學家角色來看，賓文尼斯特自然認為這些用途具有醫學價值。他認為他的發現能夠另闢蹊徑，締造全新的數位生物學和數位醫學，取代如今效果難定的粗陋藥物療法。

他在心中尋思，若不需要分子本身，只需要分子的訊號，那麼就不必服藥，也不用取得身體樣本來做切片、化驗有毒物質，或檢測寄生生物、細菌等病原體。他在一項研究當中已經證明，可以

使用頻率發訊來偵測埃希氏大腸桿菌。我們知道，當膠乳分子經過敏化，對特定抗體有敏銳反應，這時只要出現大腸桿菌KI，膠乳便會凝聚。賓文尼斯特分別錄下大腸桿菌、另一種細菌，以及其他控制物質的訊號，接著他就將這些材料添入膠乳分子，結果發現大腸桿菌所凝聚的分子團最大，超過任何頻率發訊所得。不久之後，他的團隊成功檢測大腸桿菌的紀錄，幾乎達到完美地步。

採用數位記錄法，我們就可以找出普利昂（prions）蛋白一類的病原（目前還沒有檢測此類病原的可靠方法），而且也不必再浪費寶貴的實驗室資源來確定體內是否出現抗原，還有身體是否已經發動抗體來對抗。或許這也表示，說不定我們生病的時候並不需要吃藥。只要播放惡毒的頻率，就可以把不受歡迎的寄生生物或細菌趕走。

我們可以採用電磁方式來檢測危害作物的微生物，或以這些作法來查明食物是否經過基因改造。若是能夠找出正確頻率，我們就不必使用危險的殺蟲劑，只要使用電磁訊號，就可以殺死害蟲。甚至也不必親自進行這種檢測工作，幾乎所有的測試樣本。都可以藉由電子郵件傳遞，並在遠方遙控施用。

美國AND公司（AND Corporation），在紐約、多倫多和哥本哈根都設有辦事處，他們根據卡爾．普里布蘭姆和沃爾特．申普的腦部運作觀念，經年累月從事人工智慧研究。那家公司有一套獨家系統，稱為「全像神經技術」（Holographic Neural Technology），已經在全世界取得專利。這套系統使用全像原理和波編碼法，讓電腦花不到一分鐘，就能學得成千上萬的刺激—反應記憶，還能夠在一秒鐘之內，對成千上萬的同類模式做出反應。按照AND公司的想法，他們的系統是腦部運

作的人工複製品。只擁有少數突觸的單一神經元細胞，能夠在片刻間學得記憶。幾百萬組記憶便可以疊加起來。這套模型顯示，這種細胞是如何記憶抽象思維——好比一項概念或一張臉孔。AND公司對這項技術有一套壯闊計畫，他們打算建立策略商務單位，各司不同專業，若是發展得宜，就有可能讓資訊處理的方式徹底改觀，而且幾乎涵括一切產業。

弗里茨－艾伯特．波普和他的生物物理學國際研究院科學家團隊，也開始實驗生物光子發射檢測法，希望藉此來斷定食物是否新鮮。他的實驗和背後的理論途徑，已經逐漸獲得科學界採信。

迎向全新的世界觀

迪安．雷丁把他的若干研究貼上網際網路，延攬網友參與，加入幾項龐大的電腦化實驗。布勞德和塔爾格繼續探索人類意向和心靈治療，執行更多研究。布蘭達．鄧恩和羅勃特．雅恩的資料堆積如山，而且還持續增加。羅傑．納爾遜投入地球意識計畫，使用集體宇宙震動儀來繼續測量微弱震顫。

艾德格．米切爾在一九九九年計算預期系統大會（CASYS）上發表基本方針演講，那場數學研討會在比利時的列日市召開，由預期系統研究學會贊助籌辦。他結合量子全像和人類意識所得綜合理論，也被大會納入討論。他說，生物體內存有量子共振，還有零點場能夠把資訊編成密碼並促成即時溝通這兩項發現意義重大，稱得上是人類意識的羅塞塔石碑。他三十年來所鑽研的各方領域，終於開始融於一爐。

就在那次研討會上，他和普里布蘭姆都受到表揚，嘉許他們探索外太空和內太空的成就——普里布蘭姆是以全像腦部的科學研究為人認可，米切爾則是以知性科學傑出學術成果獲得殊榮。同年，普里布蘭姆獲頒達格瑪暨瓦茨拉夫・哈維爾獎（Dagmar and Václav Havel Prize），酬謝他結合科學與人文之功績。

哈爾・普索夫在美國航太總署擔任小組委員，隸屬「突破推進計畫」的非正式小組委員會。他說，待在先進深空運輸組的這群人，是位於「邊陲的邊陲」。

普索夫主持高等研究學院，肩負資訊交流職掌，凡是發明家或公司開發出奇巧器械，自認為有辦法接通零點場，全都是他的服務對象。他會針對各項發明做最徹底測試——從器械輸出的能量，必須超過輸入的才行。至今他已經測試了三十種裝置，全都沒有通過考驗。不過他依舊充滿信心，不改開疆闢土的科學精神。

就他們研究發現的真正內涵而言，這類實際用途只不過是虛幻的技術表象。所有這些人（雅恩和普索夫、波普和普里布蘭姆）除了是科學家之外，也全都是哲學家，而當他們加緊推動實驗工作，百忙之中偶爾也會想到，他們深耕所得影響十分深遠，甚至還有可能構成一門嶄新科學。他們已經初窺堂奧，逐漸揭開量子物理學的眾多不解之祕。彼得・米洛尼（Peter Milonni）在美國航太總署的洛塞勒摩斯設施工作，他曾經揣測，倘若量子論的奠基前輩當初是以古典物理學來鑽研零點場，那麼所得結果就比較會讓科學界稱心如意，也不致於像量子物理學這樣產生出許多無解難題。如今有些人認為，有一天會出現修正版古典論，將零點場納入考量並取代量子論。這些科學家的研

究成果，說不定會把量子物理學的「量子」兩字拿掉，並創造出統一的世界物理學，巨細靡遺解釋萬物。

這群科學家各自投入發現奇航。年輕時代的他們都是頭角崢嶸，研究生涯開展初期，也各自謹守若干信條——科學同儕的觀念和公認識見：

人類是種生存機器，大體上就是以化學物質和遺傳編碼來維持運作。

腦部是獨行其事的器官，也是意識所在位置，而且其主要原動力也是化學作用——細胞的交流和DNA的編碼。

人類基本上是孤立於所處世界之外，而且他的心靈也是與肉體分離。

時間和空間都是有限的普適秩序。

沒有東西能夠超越光速。

他們每個人都遇上違背這類思想的反常事例，而且都有勇氣提出質疑，自主鑽研一探究竟。他們一個接一個苦心孤詣投入實驗、嘗試錯誤，終於各自認清形勢，這每項信條，亦即物理學和生物學的礎石，或許都是錯的：

世界的溝通並不是發生在牛頓的有形領域，而是發生於海森堡的次原子世界。

細胞和DNA是藉由頻率來溝通。

腦部是以脈動波來感知世界並自行留下紀錄。

宇宙有種次結構基礎，這種支撐構造基本上就是記錄萬物的媒介，萬物便得以藉此來彼此溝通。

人類和所處環境不可分割。有生命的意識並不是種孤立的實體，而且能夠提高世界其餘部分的條理秩序。人類的意識擁有龐大力量，可以自我療癒，能夠療癒世界——或也可以說，我們有辦法隨心所欲來改造世界。

這群科學家每天都在他們的實驗室裡探得雪泥鴻爪，由他們的發現瞥見可能真相。他們發現，人類相當了不起，絕對不只是演化偶發現象或遺傳生存機器。他們的成果暗示，智慧並非各行其是，而是統一的，遠比達爾文或牛頓想像中的更壯闊、更精緻，它並不是種隨機、混沌的過程，而是有理性並有其目的。他們發現，在生命的動態川流當中，秩序主宰優勢。

這些發現說不定就能夠從多方面產生實際用途，改變未來世代的生活，包括消耗較少燃料的旅行和瞬間懸浮。不過就以人類最高遠潛能方面的學問而論，他們的研究還令人聯想起遠更為深遠的意涵。從前也有人偶然表現若干異能（預感、「前世」、千里眼影像、心靈治療天賦），這類異能總是很快就會被斥為無稽，或被貶為大膽妄為伎倆。這群科學家的成果，暗指這類能力非屬異常，也非罕見，而是所有人都有的本領。

他們的成果暗示，人類擁有的能力，超乎想像之所能及。我們都遠比自己所想更有本事。如果我們能夠依循科學途徑來認識這種潛能，那麼我們說不定就能學會如何條理運用這類本領。如此就能夠全面大幅改進我們的生活，從溝通和自我了解，到我們與所處物質世界之互動等無所不包。科學能夠幫助我們了解自己，終至認識本身的所有潛能，促使我們踏上人類歷史的最後演化階段。

這類實驗也協助確認另類醫學的功效，就實際經驗方面，這已經有確切證據，卻從來不知其所以然。如果我們終於能夠創建從能量層級來治療人類的醫學科學，探出所處理「能量」的明確本質，那麼就增進健康方面，這就擁有難以想像的潛在用途。

這類發現也為傳統文化的先賢智慧與民俗傳說提出科學證據。他們的理論從科學角度，驗證許多神話和宗教信仰，儘管人類自古對這類理念都信奉不移，迄今卻只能仰賴信心。他們這一切成果，為人類智者早就了解的知識搭起一套科學架構。

就如許多「原始」文化所見，澳洲傳統原住民也認為岩石、石塊和山脈都是活的，而且我們透過「吟唱」讓世界成真——我們是在命名時創造萬物。布勞德和雅恩的發現證明這可不是迷信。亞求阿族和華歐拉尼族印第安人就是抱持這種信念。追究到最底層，我們確實彼此分享夢境。

這場即將來臨的科學革命，預示二元論就要終結。這絕對不會摧毀上帝，科學就要第一次證實上帝存在——科學要證明確實有高等集體意識。不再需要兩套真理，科學真理和宗教真理，可以有一以貫之的世界觀。

這場科學思想方面的革命，也很可能讓我們恢復樂觀意識，人類的這種自我樂觀感受早被剝

奪，禍首是二十世紀的枯槁哲學體系，而這個體系主要就是衍生自科學所信奉的觀點。我們並非生來孤單，也不是在漠然宇宙中的孤寂行星上過著悲慘的生活。我們一向都不孤單，始終都是大我整體的一部分。自古以來，我們始終都身處萬物核心。萬物並未零落瓦解。核心確實存續，而且是經過我們撐持才保不墜。

我們的力量遠超過我們所知，有能力療癒自己、親友，甚至我們的社群。我們每個人都有這種本領（並能凝聚成更強大的集體力量）來改善我們此生的命運。我們的生活，就所有方面來講，都掌握在我們手中。

這些都是大膽的洞見和發現，卻幾乎無人聽聞。三十年來，這群先驅都是在小型數學研討會陳述發現，或是在為推廣前緣科學交流而籌辦的年會上，針對極小型科學團體發表所得。他們都了解、景仰彼此所做研究，而且在這類小型聚會上也都受到同儕認可。這群科學家多半是在年輕時代就有發現，隨後偏離坦途，終至以此為一生職志，而在此之前，他們都已經深受敬重，甚至為人景仰。如今他們都將屆退休之齡，然而在更廣大的科學界，他們的研究成果卻始終未能發揚光大。他們就像哥倫布，沒有人相信他們返航所述經歷。他們的觀點幾乎無人聞問，科學界依舊死守信念，堅信地球是平的。

就零點場而言，也只有太空推進活動方面才為人採信。儘管這群先驅所採的科學協定非常嚴謹，正統學界卻沒有人認真鑽研他們的其他發現。還有賓文尼斯特等人士，則只有遭受排擠的份。如今米切爾已經七十一歲，多年以來，他四處講述自己的外太空探勘成就，靠演講籌款來挹注他的

意識研究。雅恩不時還會撰寫論文，提出無懈可擊的統計證據，遞交某一工程學相關期刊，結果對方皆馬上退件不予刊登。原因和科學無關，而是由於內容蘊涵足以撼動現有科學世界觀。

不過，雅恩和普索夫以及其他科學家，都了解自己所得的意義。所有人都依舊不屈不撓，抱持真正發明家的自信埋頭苦幹。守舊途徑只不過是又一個熱汽球。科學進展始終要不斷面對抗力。新觀念始終要被視為異端。他們的證據很可能會徹底改變世界。多方領域都要去蕪存菁，還有些途徑則要繼續探尋。許多途徑或許要成為迂迴旁支，甚至是死路一條，不過，初步實驗性探索總算是完成了。

這是個起點，是第一步。真正的科學，全都是這樣開始的。

致謝

本書緣起於八年之前，那時我在研究期間不斷巧遇奇蹟。我所謂的奇蹟，並不是指人們平常所說的海水分開或麵包無止境增長這一類事蹟，而是指和我們的信念不符、完全違背世界運作道理的現象。我遇上的奇蹟都是涉及療癒術方面所得出的嚴謹科學證據，而這些療法全部徹底違反我們人類的生物學原理。

舉例來說，我找到幾項很不錯的順勢療法研究。這些研究都採用隨機雙盲設計，還納入安慰劑控制組（現代科學藥學研究的金本位制），結果顯示，你可以把一種物質稀釋到極端稀薄，連一顆分子都不剩，再把這種（和純水並沒有兩樣的）稀釋液拿給病人服用，結果卻能夠改善病情。我發現有些針灸研究，而且是非常嚴謹的研究，也產生類似結果；沿著所謂的能量經絡，在身體特殊定點用細針穿刺皮膚，對特定病情具有療效。

至於心靈療癒現象，儘管有些研究的品質很差，卻也有幾項還不錯，足以顯示這其中出現了很有意思的現象，因此說不定遠距心靈治療還真的有些道理，並不只是安慰劑或正面感受發揮了作用。這其中有許多研究，甚至連病人都完全不知道有人想要藉心靈來治療他們。然而，卻有證據顯

示，有些人能夠在一段距離之外集中注意某位病患，還以若干手法紓緩他們的病情。

這類發現令人驚奇，卻也讓我極感不安。這類作法的根本原理和現代科學有關人體的基本典範完全相左。這些醫學體系據說都是在「能量層級」發揮作用，不過我也不斷揣測，他們所講的到底是指哪種能量。

另類社群經常使用「微妙能量」一類的術語來抒發見解，不過，我還想追根究柢，並不以此為滿足。這種能量是從哪裡來的？儲存在哪裡？有什麼微妙之處？這是不是人類能量場一類的東西？還有，除了可以解釋另類療癒形式之外，這類能量是不是還能解答生命中的許多未解謎團？是不是有某種我們還不是真正了解的能源？

倘若順勢醫療等作法能夠生效，那麼這就要顛覆我們對本身的肉體和生物真相的一切信念。這兩者（順勢療法和正統醫學）肯定有一種錯了。這就等於是一種新的生物學、一種新的物理學，也似乎有必要接納所謂的能量醫學，採信其中所含道理。

我開始私下探究，追查是否有任何科學家針對暗含另類世界觀的領域進行研究。我前往世界許多地區，面見物理學家和從事其他先端研究的頂尖科學家，足跡遍布俄羅斯、德國、法國、英國、南美洲、中美洲和美國。我和其他國家的許多科學家以書信、電話聯繫。我參加研討會，聆聽現場提出的嶄新激進發現。基本上，我決定只採信論述有憑有據，能遵循嚴謹科學準則做研究的科學家之言。這種專研能量和療癒的另類社群已經帶了夠多揣測成分，我希望一切新理論都能夠有扎實基礎，採用可以驗證的數學或實驗精確方程式為本，構成真正的物理學，來推敲解析並做理解。

由於我打算藉由科學來論斷傳統和另類醫學誰是孰非，因此也可以說，我希望科學界能夠為我提供一套新科學。

開始探究之後，我便發現一個由頂尖科學家組成的社群，他們的人數雖少，卻能團結一心，而且全都擁有過人名望，所有人都投入相同領域，針對若干細節進行研究。他們的發現令人難以置信。他們所從事的研究，恐怕要推翻生物化學和物理學的現有定律。他們的研究成果，不只能夠解釋順勢療法和心靈療癒術的可能效應。他們的理論和實驗，也融合構成一套新科學，一套嶄新的世界觀。

《療癒場》集中討論書中所提重要科學家的觀點，大半內容都是根據訪問所得來鋪陳，再加上鑽研他們所發表重要著作的閱讀心得。其中最主要的學者包括：雅克·賓文尼斯特、威廉·布勞德、布蘭達·鄧恩、貝恩哈德·海甚、巴西爾·奚里、羅勃特·雅恩、埃德·梅伊、彼得·馬瑟、艾德格·米切爾、羅傑·納爾遜、弗里茨–艾伯特·波普、卡爾·普里布蘭姆、哈爾·普索夫、迪安·雷丁、阿方索·魯埃達、沃爾特·申普、瑪莉蓮·施利茲、赫爾穆特·施密特、伊莉莎白·塔爾格、羅素·塔爾格、查爾斯·塔特和遺傳學者侯美婉。他們對我大力協助、鼓舞打氣，或親自面見，或藉由電話、信函聯繫。這群科學家多半都接受了好幾次訪問，還有許多人和我討論了不下十次。我衷心感謝他們讓我這麼頻繁前往請教，針對諸般事項下苦工一再查核。他們撥冗一再接見，還指正我的疏失，他們對我的幫助不可估量。

我特別要向迪安·雷丁致謝，他教導我統計學知識，還有普索夫、波普和馬瑟，他們等於是為

我上了一堂物理學，普里布蘭姆指導我腦神經動力學知識，此外，米切爾還與我分享最新的發展態勢。

我還要對以下人士表達謝意，他們全都曾經與我討論或以書信往返：Andrei Apostol、Hanz Betz、Dick Bierman、Marco Bischof、Christen Blom-Dabl、Richard Broughton、Toni Bunnell、William Corliss、Deborah Delanoy、Suitbert Ertel、George Farr、Peter Fenwick、Peter Cariaev、Valerie Hunt、Ezio Insinna、David Lorimer、Hugh MacPherson、Robert Morris、Richard Obousy、Marcel Odier、Beverly Rubik、Rupert Sheldrake、Dennis Stillings、William Tiller、Marcel Truzzi、Dieter Vaitl、Harald Walach、Hans Wendt和Tom Williamson。

儘管有大批書籍和論文都對我的思想和結論發揮影響，產生若干貢獻，這裡要特別提出雷丁於一九九七年發表的《有知的宇宙：心靈現象的科學真相》（*The Conscious Universe: The Scientific Truth of Psychic Phenomena*）和理查．布勞頓於一九九一年發表的《超心理學：科學羅生門》（*Parapsychology: The Controversial Science*），感謝兩書作者就心靈現象彙整證據；鐸西醫師（Larry Dossey）寫了多本書籍，探討心靈療癒並提出非常有用的證據；還有歐溫．拉茲洛，感謝他在一九九五年發表的《相互關連的宇宙：跨學域一統理論的概念基礎》（*The Interconnected Universe: Conceptual Foundations of Transdisciplinary Unified Theory*）書中，就真空提出幾項奇妙理論。

我要特別向哈潑柯林斯出版社（HarperCollins）工作團隊表達謝意，特別是我的編輯團隊，包括Larry Ashmead和Krista Stroever，謝謝他們支持這項計畫，並提出中肯建言和鼓舞。這裡也特別

要感謝辛勤整理手稿的Andrew Coleman。此外還要謝謝我的《醫師對你隱瞞的事》（*What Doctors Don't Tell You*）工作團隊的鼓舞支持，特別是Julie McLean和Sharyn Wong，她們在最後時刻出手幫忙，做出重大貢獻；還有Kathy Mingo，有這位可靠幫手，我才能夠兼顧家庭和工作。

我要特別謝謝我的英國代理人Peter Robinson，還有我的國際代理人Daniel Benor，感謝他們以如許熱情，接下這項計畫。這裡也必須特別提出我在美國的代理人，感謝Russell Calen，他全心投入，堅定推動這項計畫，這種表現令人讚佩無以復加。

這裡要特別提到我的孩子，凱特琳和安雅，從她們兩人身上，我每天都有療癒場的一手體驗。和往常一樣，這本書的最大功臣非我的先生布賴安·哈伯德莫屬，他讓我了解這本書的真正意義，也教我認識相互關係的真正意義。

參考文獻

Abraham, R., McKenna, T. and Sheldrake, R., *Trialogues at the Edge of the West: Chaos, Creativity and the Resacralization of the World* (Santa Fe, NM: Bear, 1992).

Adler, R. *et al.*, 'Psychoneuroimmunology: interactions between the nervous system and the immune system', *Lancet*, 1995; 345: 99-103.

Adler, S. (in a selection of short articles dedicated to the work of Andrei Sakharov), 'A key to understanding gravity', *New Scientist*, April 30, 1981: 277-8.

Aïssa, J. *et al.*, 'Molecular signalling at high dilution or by means of electronic circuitry', *Journal of Immunology*, 1993; 150: 146A.

Aissa, J., 'Electronic transmission of the cholinergic signal', *FASEB Journal*, 1995; 9: A683.

Arnold, A., *The Corrupted Sciences* (London: Paladin, 1992).

Atmanspacher, H., 'Deviations from physical randomness due to human agent intention?', *Chaos, Solitons and Fractals*, 1999; 10(6): 935-52.

Auerbach, L., *Mind Over Matter: A Comprehensive Guide to Discovering Your Psychic Powers* (New York: Kensington, 1996).

Backster, C., 'Evidence of a primary perception in plant life', *International Journal of Parapsychology*, 1967; X: 141.

Ballentine, R., *Radical Healing: Mind-Body Medicine at its Most Practical and Transformative* (London: Rider, 1999).

Bancroft, A., *Modern Mystics and Sages* (London: Granada, 1978).

Barrett, J., 'Going the distance', *Intuition*, 1999; June/July: 30-1.

Barrow, J. D., *Impossibility: The Limits of Science and the Science of Limits* (Oxford: Oxford University Press, 1998).

Barrow, J., *The Book of Nothing* (London: Jonathan Cape, 2000).

Barry, J., 'General and comparative study of the psychokinetic effect on a fungus culture', *Journal of Parapsychology*, 1968; 32: 237-43.

Bastide, M., *et al.*, 'Activity and chronopharmacology of very low doses of physiological immune inducers', *Immunology Today*, 1985; 6: 234-5.

Becker, R. O., *Cross Currents: The Perils of Electropollution, the Promise of Electromedicine* (New York: Jeremy F. Tarcher/Putnam, 1990).

Becker, R. O. and Selden, G., *The Body Electric: Electromagnetism and the Foundation of Life* (London: Quill/William Morrow, 1985).
Behe, M. J., *Darwin's Black Box: The Biochemical Challenge to Evolution* (New York: Touchstone, 1996).
Benor, D. J., 'Survey of spiritual healing research', *Complementary Medical Research*, 1990; 4: 9-31.
Benor, D. J., *Healing Research*, vol.4 (Deddington, Oxfordshire: Helix Editions, 1992).
Benstead, D. and Constantine, S., *The Inward Revolution* (London: Warner, 1998).
Benveniste, J., 'Reply', *Nature*, 1988; 334: 291.
Benveniste, J., 'Reply (to Klaus Linde and coworkers) "Homeopathy trials going nowhere" ', *Lancet*, 1997; 350: 824', Lancet, 1998; 351: 367.
Benveniste, J., 'Understanding digital biology', unpublished position paper, June 14, 1998.
Benveniste, J., 'From water memory to digital biology', *Network: The Scientific and Medical Network Review*, 1999; 69: 11-14.
Benveniste, J., 'Specific remote detection for bacteria using an electromagnetic/digital procedure', *FASEB Journal*, 1999; 13: A852.
Benveniste, J., Arnoux, B. and Hadji, L., 'Highly dilute antigen increases coronary flow of isolated heart from immunized guinea-pigs', *FASEB Journal*, 1992; 6: A1610. Also presented at 'Experimental Biology- 98 (FASEB)', San Francisco, April 20, 1998.
Benveniste, J., Jurgens, P. *et al.*, 'Transatlantic transfer of digitized antigen signal by telephone link', *Journal of Allergy and Clinical Immunology*, 1997; 99: S175.
Benveniste, J. *et al.*, 'Digital recording/transmission of the cholinergic signal', *FASEB Journal*, 1996; 10: A1479.
Benveniste, J. *et al.*, 'Digital biology: specificity of the digitized molecular signal', *FASEB Journal*, 1998; 12: A412.
Benveniste, J. *et al.*, 'A simple and fast method for *in vivo* demonstration of electromagnetic molecular signaling (EMS) via high dilution or computer recording', *FASEB Journal*, 1999; 13: A163.
Benveniste, J. *et al.*, 'The molecular signal is not functioning in the absence of "informed" water', *FASEB Journal*, 1999; 13: A163.
Berkman, L. F. and Syme, S. L., 'Social networks, host resistance and mortality: a nine-year follow-up study of Alameda County residents', *American Journal of Epidemiology*, 1979; 109(2): 186-204.
Bierman, D. J. (ed.), *Proceedings of Presented Papers*, 37th Annual Parapsychological Association Convention, Amsterdam (Fairhaven, Mass.: Parapsychological Association, 1994).
Bierman, D., 'Exploring correlations between local emotional and global emotional events and the behavior of a random number generator', *Journal of Scientific Exploration*, 1996; 10: 363-74.
Bierman, D. J., 'Anomalous aspects of intuition', paper presented at the Fourth Biennial European Meeting of the Society for Scientific Exploration, Valencia, Spain, October 9-11, 1998.
Bierman, D. J. and Radin, D. I., 'Anomalous anticipatory response on randomized future conditions', *Perceptual and Motor Skills*, 1997; 84: 689-90.
Bischof, M., 'The fate and future of field concepts - from metaphysical origins to holistic understanding in the biosciences', lecture given at the Fourth Biennial European Meeting of the Society for Scientific Exploration, Valencia, Spain, October 9-11, 1998.

Bischof, M., 'Holism and field theories in biology: non-molecular approaches and their relevance to biophysics', in J. J. Clang *et al.* (eds), *Biophotons* (Amsterdam: Kluwer Academic, 1998): 375-94.
Blom-Dahl, C. A., 'Precognitive remote perception and the third source paradigm', paper presented at the Fourth Biennial European Meeting of the Society for Scientific Exploration, Valencia, Spain, October 9-11, 1998.
Bloom, W. (ed.), *The Penguin Book of New Age and Holistic Writing* (Harmondsworth: Penguin, 2000).
Bohm, D., *Wholeness and the Implicate Order* (London: Routledge, 1980).
Boyer, T., 'Deviation of the blackbody radiation spectrum without quantum physics', *Physical Review*, 1969; 182: 1374.
Braud, W. G., 'Psi-conducive states', *Journal of Communication*, 1975; 25(1): 142-52.
Braud, W. G., 'Psi conducive conditions: explorations and interpretations', in B. Shapin and L. Coly (eds), *Psi and States of Awareness*, Proceedings of an International Conference held in Paris, France, August 24-26, 1977.
Braud, W. G., 'Blocking/shielding psychic functioning through psychological and psychic techniques: a report of three preliminary studies', in R. White and I. Solfvin (eds), *Research in Parapsychology*, 1984 (Metuchen, NJ: Scarecrow Press, 1985): 42-4.
Braud, W. G., 'On the use of living target systems in distant mental influence research', in L. Coly and J. D. S. McMahon (eds), *Psi Research Methodology: A Re-Examination*, Proceedings of an international conference held in Chapel Hill, North Carolina, October 29-30, 1988.
Braud, W. G., 'Distant mental influence of rate of hemolysis of human red blood cells', *Journal of the American Society for Psychical Research*, 1990; 84(1): 1-24.
Braud, W. G., 'Implications and applications of laboratory psi findings', *European Journal of Parapsychology*, 1990-91; 8: 57-65.
Braud, W. G., 'Reactions to an unseen gaze (remote attention): a review, with new data on autonomic staring detection', *Journal of Parapsychology* 1993; 57: 373-90.
Braud, W. G., 'Honoring our natural experiences', *Journal of the American Society for Psychical Research*, 1994; 88(3): 293-308.
Braud, W. G., 'Reaching for consciousness: expansions and complements', *Journal of the American Society for Psychical Research*, 1994; 88(3): 186-206.
Braud, W. G., 'Wellness implications of retroactive intentional influence: exploring an outrageous hypothesis', *Alternative Therapies*, 2000; 6(1): 37-48.
Braud, W. G. and Schlitz, M., 'Psychokinetic influence on electrodermal activity', *Journal of Parapsychology* 1983; 47(2): 95-119.
Braud, W. G. and Schlitz, M., 'A methodology for the objective study of transpersonal imagery', *Journal of Scientific Exploration*, 1989; 3(1): 43-63.
Braud, W. G. and Schlitz, M., 'Consciousness interactions with remote biological systems: anomalous intentionality effects', *Subtle Energies*, 1991; 2(1): 1-46.
Braud, W. *et al.*, 'Further studies of autonomic detection of remote staring: replication, new control procedures and personality correlates', *Journal of Parapsychology*, 1993; 57: 391-409.
Braud, W. *et al.*, 'Attention focusing facilitated through remote mental interaction', *Journal of the American Society for Psychical Research*, 1995; 89(2): 103-15.
Braud, W. *et al.*, 'Further studies of the bio-PK effect: feedback, blocking, generality/ specificity', in R. White and J. Solfvin (eds), *Research in Parapsychology* 1984 (Metuchen, NJ: Scarecrow Press, 1985): 45-8.

Brennan, B. A., *Hands of Light: A Guide to Healing Through the Human Energy Field* (New York: Bantam, 1988).
Brennan, J. H., *Time Travel: A New Perspective* (St. Paul, Minn.: Llewellyn, 1997).
Broughton, R. S., *Parapsychology: The Controversial Science* (New York: Ballantine, 1991).
Brown, G., *The Energy of Life: The Science of What Makes our Minds and Bodies Work* (New York: Free Press/Simon & Schuster, 1999).
Brockman, J., *The Third Culture: Beyond the Scientific Revolution* (New York: Simon & Schuster, 1995).
Buderi, R., *The Invention that Changed the World: The Story of Radar from War to Peace* (London: Abacus, 1998).
Bunnell, T., 'The effect of hands-on healing on enzyme activity', *Research in Complementary Medicine*, 1996; 3: 265-40: 314; 3rd Annual Symposium on Complementary Health Care, Exeter, December 11-13, 1996.
Burr, H., *The Fields of Life* (New York: Ballantine, 1972).
Byrd, R. C., 'Positive therapeutic effects of intercessory prayer in a coronary care unit population', *Southern Medical Journal*, 1988; 81(7): 826-9.
Capra, F., *The Turning Point: Science, Society and the Rising Culture* (London: Flamingo, 1983).
Capra, F., *The Tao of Physics: An Explanation of the Parallels Between Modern Physics and Eastern Mysticism* (London: Flamingo, 1991).
Capra, F., *The Web of Life: A New Synthesis of Mind and Matter* (London: Flamingo, 1997).
Carey, J., *The Faber Book of Science* (London: Faber & Faber, 1995).
Chaikin, A., *A Man on the Moon: The Voyages of the Apollo Astronauts* (Harmondsworth: Penguin, 1998).
Chopra, D., *Quantum Healing: Exploring the Frontiers of Mind/Body Medicine* (New York: Bantam, 1989).
Clarke, A. C., 'When will the real space age begin?', *Ad Astra*, May/June 1996:13-15.
Clarke, A. C., *3001: The Final Odyssey* (London: HarperCollins, 1997).
Coats, C., *Living Energies: An Exposition of Concepts Related to the Theories of Victor Schauberger* (Bath: Gateway, 1996).
Coen, E., *The Art of Genes: How Organisms Make Themselves* (Oxford: Oxford University Press, 1999).
Cohen, S. and Popp, F. A., 'Biophoton emission of the human body', *Journal of Photochemistry and Photobiology B: Biology* 1997; 40:187-9.
Coghill, R. W., *Something in the Air* (Coghill Research Laboratories, 1998).
Coghill, R. W., *Electrohealing: The Medicine of the Future* (London: Thorsons, 1992).
Cole, D. C. and Puthoff, H. E., 'Extracting energy and heat from the vacuum', *Physical Review E*, 1993; 48(2): 1562-65.
Cornwell, J., *Consciousness and Human Identity* (Oxford: Oxford University Press, 1998).
Damasio, A. R., *Descartes' Error: Emotion, Reason and the Human Brain* (New York: G. P. Putnam, 1994).
Davelos, J., *The Science of Star Wars* (New York: St Martin's Press, 1999).
Davenas, E. *et al.*, 'Human basophil degranulation triggered by very dilute antiserum against IgE', *Nature*, 1988; 333(6176): 816-18.
Davidson, J., *Subtle Energy* (Saffron Walden: C. W. Daniel, 1987).
Davidson, J., *The Web of Life: Life Force; The Energetic Constitution of Man and the Neuro-Endocrine Connection* (Saffron Walden: C. W. Daniel, 1988).

Davidson, J., *The Secret of the Creative Vacuum: Man and the Energy Dance* (Saffron Walden: C.W. Daniel, 1989).
Dawkins, R., *The Selfish Gene* (Oxford: Oxford University Press, 1989).
Delanoy, D. and Sah, S., 'Cognitive and psychological psi responses in remote positive and neutral emotional states', in R. Bierman (ed.) *Proceedings of Presented Papers*, American Parapsychological Association, 37th Annual Convention, University of Amsterdam, 1994.
Del Giudice, E., 'The roots of cosmic wholeness are in quantum theory', *Frontier Science: An Electronic Journal*, 1997; 1(1).
Del Giudice, E. and Preparata, G., 'Water as a free electric dipole laser', *Physical Review Letters*, 1988; 61:1085-88.
Del Giudice, E. *et al.*, 'Electromagnetic field and spontaneous symmetry breaking in biological matter', *Nuclear Physics*, 1983; B275(F517): 185-99.
deLange deKlerk, E. S. M. and Bloomer, J., 'Effect of homoeopathic medicine on daily burdens of symptoms in children with recurrent upper respiratory tract infections', *British Medical Journal*, 1994; 309:1329-32.
Demangeat, L. *et al.*, 'Modifications des temps de relaxation RMN à 4MHz des protons du solvant dans les très hautes dilutions salines de silice/lactose', *Journal of Medical Nuclear Biophysics*, 1992; 16:135-45.
Dennett, D. C., *Consciousness Explained* (London: Allen Lane/Penguin, 1991).
DeValois, R. and DeValois, K., 'Spatial vision', *Annual Review of Psychology*, 1980: 309-41.
DeValois, R. and DeValois, K., *Spatial Vision* (Oxford: Oxford University Press, 1988).
DiChristina, M., 'Star travelers', *PopularScience*, 1999, June: 54-9.
Dillbeck, M. C. *et al.*, 'The Transcendental Meditation program and crime rate change in a sample of 48 cities', *Journal of Crime and Justice*, 1981; 4: 25-45.
Dobyns, Y. H., 'Combination of results from multiple experiments', Princeton Engineering Anomalies Research; *PEAR Technical Note* 97008, October 1997.
Dobyns, Y. H. *et al.*, 'Response to Hansen, Utts and Markwick: statistical and methodological problems of the PEAR remote viewing (sic) experiments', *Journal of Parapsychology*, 1992; 56:115-146.
Dossey, L., *Space, Time and Medicine* (Boston, Mass.: Shambhala, 1982).
Dossey, L., *Recovering the Soul: A Scientific and Spiritual Search* (New York: Bantam, 1989).
Dossey, L., *Healing Words: The Power of Prayer and the Practice of Medicine* (San Francisco: HarperSanFrancisco, 1993).
Dossey, L., *Prayer Is Good Medicine: How to Reap the Healing Benefits of Prayer* (San Francisco: HarperSan Francisco, 1996).
Dossey, L., *Be Careful What You Pray For . . . You Just Might Get It: What We Can Do About the Unintentional Effect of Our Thoughts, Prayers, and Wishes* (San Francisco: HarperSan Francisco, 1998).
Dossey, L., *Reinventing Medicine: Beyond Mind–Body to a New Era of Healing* (San Francisco: HarperSan Francisco, 1999).
DuBois, D. M. (ed.), *CASYS '99*: Third International Conference on Computing Anticipatory Systems (Liège, Belgium: CHAOS, 1999).
DuBois, D. M. (ed.), *CASYS 2000*: Fourth International Conference on Computing Anticipatory Systems (Liège, Belgium: CHAOS, 2000).
Dumitrescu, I. F., *Electrographic Imaging in Medicine and Biology: Electrographic Methods in Medicine and Biology* J. Kenyon (ed.), C. A. Galia (trans.) (Sudbury, Suffolk: Neville Spearman, 1983).

Dunne, B. J., 'Co-operator experiments with an REG device', Princeton Engineering Anomalies Research, *PEAR Technical Note* 91005, December 1991.

Dunne, B. J., 'Gender differences in human/machine anomalies', *Journal of Scientific Exploration*, 1998; 12(1): 3-55.

Dunne, B. and Bisaha, J., 'Precognitive remove viewing in the Chicago area: a replication of the Stanford experiment', *Journal of Parapsychology*, 1979; 43:17-30.

Dunne, B. J. and Jahn, R. G., 'Experiments in remote human/machine interaction', *Journal of Scientific Exploration*, 1992; 6(4): 311-32.

Dunne, B. J. and Jahn, R. G., 'Consciousness and anomalous physical phenomena, Princeton Engineering Anomalies Research, School of Engineering/Applied Science, *PEAR Technical Note* 95004, May 1995.

Dunne, B. J. *et al.*, 'Precognitive remote perception', Princeton Engineering Anomalies Research, *PEAR Technical Note* 83003, August 1983.

Dunne, B. J. *et al.*, 'Operator-related anomalies in a random mechanical cascade', *Journal of Scientific Exploration*, 1988; 2(2): 155-79.

Dunne, B. J. *et al.*, 'Precognitive remote perception III: complete binary data base with analytical refinements', Princeton Engineering Anomalies Research, *PEAR Technical Note* 89002, August 1989.

Dunne, J. W., *An Experiment in Time* (London: Faber, 1926).

Dziemidko, H. E., *The Complete Book of Energy Medicine* (London: Gaia, 1999).

Endler, P. C. *et al.*, 'The effect of highly diluted agitated thyroxine on the climbing activity of frogs', *Veterinary and Human Toxicology*, 1994; 36: 56-9.

Endler, P. C. *et al.*, 'Transmission of hormone information by non-molecular means', *FASEB Journal*, 1994; 8: A400(abs).

Ernst, E. and White, A., *Acupuncture: A Scientific Appraisal* (Oxford: Butterworth-Heinemann, 1999).

Ertel, S., 'Testing ESP leisurely: report on a new methodological paradigm', paper presented at the 23rd International SPR Conference, Durham, UK, September 3-5, 1999.

Feynman, R. P., *Six Easy Pieces: The Fundamentals of Physics Explained* (Harmondsworth: Penguin, 1998).

Forward, R., 'Extracting electrical energy from the vacuum by cohesion of charged foliated conductors', *Physical Review B*, 1984; 30:1700.

Fox, M. and Sheldrake, R., *The Physics of Angels: Exploring the Realm Where Science and Spirit Meet* (San Francisco: HarperSanFrancisco, 1996).

Frayn, M., *Copenhagen* (London: Methuen, 1998).

Frey, A. H., 'Electromagnetic field interactions with biological systems', *FASEB Journal*, 1993; 7: 272.

Fröhlich, H., 'Long-range coherence and energy storage in biological systems', *International Journal of Quantum Chemistry*, 1968; 2: 641-49.

Fröhlich, H., 'Evidence for Bose condensation-like excitation of coherent modes in biological systems', *Physics Letters*, 1975; 51A: 21.

Galland, L., *The Four Pillars of Healing* (New York: Random House, 1997).

Gariaev, P. P. *et al.*, 'The DNA-wave biocomputer', paper presented at CASYS 2000: Fourth International Conference on Computing Anticipatory Systems, Liège, Belgium, August 9-14, 2000.

Gerber, R., *Vibrational Medicine: New Choices for Healing Ourselves* (Santa Fe: Bear, 1988).

Gleick, J., *Chaos: Making a New Science* (London: Cardinal, 1987).
Grad, B., 'Some biological effects of "laying-on of hands": a review of experiments with animals and plants', *Journal of the American Society for Psychical Research*, 1965; 59:95-127.
Grad, B., 'Healing by the laying on of hands; review of experiments and implications', *Pastoral Psychology*, 1970; 21:19-26.
Grad, B., 'Dimensions in "Some biological effects of the laying on of hands" and their implications', in H. A. Otto and J. W. Knight (eds), *Dimensions in Wholistic Healing: New Frontiers in the Treatment of the Whole Person* (Chicago: Nelson-Hall, 1979): 199-212.
Grad, B. *et al.*, 'The influence of an unorthodox method of treatment on wound healing in mice', *International Journal of Parapsychology* 1963; 3(5): 24.
Graham, H., *Soul Medicine: Restoring the Spirit to Healing* (London: Newleaf, 2001).
Green, B., *The Elegant Universe: Superstrings, Hidden Dimensions and the Quest for the Ultimate Theory* (London: Vintage, 2000).
Green, E. E., 'Copper wall research psychology and psychophysics: subtle energies and energy medicine: emerging theory and practice', *Proceedings*, First Annual Conference, International Society for the Study of Subtle Energies and Energy Medicine (ISSSEEM), Boulder, Colo., June 21-25, 1991.
Greenfield, S. A., *Journey to the Centers of the Mind: Toward a Science of Consciousness* (New York: W. H. Freeman, 1995).
Greyson, B., 'Distance healing of patients with major depression', *Journal of Scientific Exploration*, 1996; 10(4): 447-65.
Goodwin, B., *How the Leopard Changed Its Spots: The Evolution of Complexity* (London: Phoenix, 1994).
Grinberg-Zylberbaum, J. and Ramos, J., 'Patterns of interhemisphere correlations during human communication', *International Journal of Neuroscience*, 1987; 36: 41-53.
Grinberg-Zylberbaum, J. *et al.*, 'Human communication and the electrophysiological activity of the brain', *Subtle Energies*, 1992; 3(3): 25-43.
Gribbin, J., *Almost Everyone's Guide to Science* (London: Phoenix, 1999).
Gribbin, J., *Q Is for Quantum: Particle Physics from A to Z* (London: Phoenix Giant, 1999).
Hagelin, J. S. *et al.*, 'Effects of group practice of the Transcendental Meditation Program on preventing violent crime in Washington DC: results of the National Demonstration Project, June-July, 1993', *Social Indicators Research*, 1994; 47:153-201.
Haisch, B., 'Brilliant disguise: light, matter and the Zero Point Field', *Science and Spirit*, 1999; 10: 30-1.
Haisch, B. M. and Rueda, A., 'A quantum broom sweeps clean', *Mercury: The Journal of the Astronomical Society of the Pacific*, 1996; 25(2): 12-15.
Haisch, B. M. and Rueda, A., 'The Zero Point Field and inertia', presented at Causality and Locality in Modern Physics and Astronomy: Open Questions and Possible Solutions, A symposium to honor Jean-Pierre Vigier, York University, Toronto, August 25-29, 1997.
Haisch, B. M. and Rueda, A., 'The Zero Point Field and the NASA challenge to create the space drive', presented at Breakthrough Propulsion Physics workshop, NASA Lewis Research Center, Cleveland, Ohio, August 12-14, 1997.
Haisch, B. M. and Rueda, A., 'An electromagnetic basis for inertia and gravitation: what are the implications for twenty-first century physics and technology?', presented at

Space Technology and Applications International Forum – 1998, cosponsored by NASA, DOE & USAF, Albuquerque, NM, January 25-29, 1998.

Haisch, B. M. and Rueda, A., 'Progress in establishing a connection between the electromagnetic zero point field and inertia', presented at Space Technology and Applications International Forum – 1999, cosponsored by NASA, DOE & USAF, Albuquerque, NM, January 31 to February 4, 1999.

Haisch, B. M. and Rueda, A., 'On the relation between zero-point-field induced inertial mass and the Einstein-deBroglie formula', *Physics Letters A* (in press during research).

Haisch, B., Rueda, A. and Puthoff, H. E., 'Beyond E=mc^2: a first glimpse of a universe without mass', *Sciences*, November/December 1994: 26-31.

Haisch, B., Rueda, A. and Puthoff, H. E., 'Inertia as a zero-point-field Lorentz force', *Physical Review A*, 1994; 49(2): 678-94.

Haisch, B., Rueda, A. and Puthoff, H. E., 'Physics of the zero point field: implications for inertia, gravitation and mass', *Speculations in Science and Technology*, 1997; 20: 99-114.

Haisch, B., Rueda, A. and Puthoff, H. E., 'Advances in the proposed electromagnetic zero-point-field theory of inertia', paper presented at AIAA 98-3143, Advances ASME/SAE/ASEE Joint Propulsion Conference and Exhibit, Cleveland, Ohio, July 13-15, 1998.

Hall, N., *The New Scientist Guide to Chaos* (Harmondsworth: Penguin, 1992).

Hameroff, S. R., *Ultimate Computing: Biomolecular Consciousness and Nanotechnology* (Amsterdam: North Holland, 1987).

Haraldsson, E. and Thorsteinsson, T., 'Psychokinetic effects on yeast: an exploratory experiment', in W. G. Roll, R. L. Morris and J. D. Morris (eds), *Research in Parapsychology* (Metuchen, NJ: Scarecrow Press, 1972): 20-21.

Harrington, A. (ed.), *The Placebo Effect: An Interdisciplinary Exploration* (Cambridge, Mass.: Harvard University Press, 1997).

Harris. W. S. *et al.*, 'A randomized, controlled trial of the effects of remote, intercessory prayer on outcomes in patients admitted to the coronary care unit', *Archives of Internal Medicine*, 1999; 159(19): 2273-78.

Hawking, S., *A Brief History of Time: From the Big Bang to Black Holes* (London: Bantam Press, 1988).

Hill, A., 'Phantom limb pain: a review of the literature on attributes and potential mechanisms', www.stir.ac.uk.

Ho, Mae-Wan, 'Bioenergetics and the coherence of organisms', *Neuronetwork World*, 1995; 5: 733-50.

Ho, Mae-Wan, 'Bioenergetics and Biocommunication', in R. Cuthbertson *et al.* (eds), *Computation in Cellular and Molecular Biological Systems* (Singapore: World Scientific, 1996): 251-64.

Ho, Mae-Wan, *The Rainbow and the Worm: The Physics of Organisms* (Singapore: World Scientific, 1999).

Hopcke, R. H., *There Are No Accidents: Synchronicity and the Stories of Our Lives* (New York: Riverhead, 1997).

Horgan, J., *The End of Science: Facing the Limits of Knowledge in the Twilight of the Scientific Age* (London: Abacus, 1998).

Hunt, V. V., *Infinite Mind: The Science of Human Vibrations* (Malibu, Calif.: Malibu, 1995).

Hyvarien, J. and Karlssohn, M., 'Low-resistance skin points that may coincide with acupuncture loci', *Medical Biology*, 1977; 55: 88-94, as quoted in the *New England*

Journal of Medicine, 1995; 333(4): 263.
Ibison, M., 'Evidence that anomalous statistical influence depends on the details of random process', *Journal of Scientific Exploration*, 1998; 12(3): 407-23.
Ibison, M. and Jeffers, S., 'A double-slit diffraction experiment to investigate claims of consciousness-related anomalies', *Journal of Scientific Exploration*, 1998; 12(4): 543-50.
Insinna, E., 'Synchronicity and coherent excitations in microtubules', *Nanobiology*, 1992; 1:191-208.
Insinna, E., 'Ciliated cell electrodynamics: from cilia and flagella to ciliated sensory systems', in A. Malhotra (ed.) *Advances in Structural Biology* (Stamford, Connecticut: JAI Press, 1999): 5.
Jacobs, J., 'Homoeopathic treatment of acute childhood diarrhoea', *British Homoeopathic Journal*, 1993; 82: 83-6.
Jahn, R. G., 'The persistent paradox of psychic phenomena: an engineering perspective', *IEEE Proceedings of the IEEE*, 1982; 70(2): 136-70.
Jahn, R., 'Physical aspects of psychic phenomena', *Physics Bulletin*, 1988; 39: 235-37.
Jahn, R. G., 'Acoustical resonances of assorted ancient structures', *Journal of the Acoustical Society of America*, 1996; 99(2): 649-58.
Jahn, R. G., 'Information, consciousness, and health', *Alternative Therapies*, 1996; 2(3): 32-8.
Jahn, R., 'A modular model of mind/matter manifestations', *PEAR Technical Note* 2001.01, May 2001 (abstract).
Jahn, R. G. and Dunne, B. J., 'On the quantum mechanics of consciousness with application to anomalous phenomena', *Foundations of Physics*, 1986; 16(8): 721-72.
Jahn, R. G. and Dunne, B. J., *Margins of Reality: The Role of Consciousness in the Physical World* (London: Harcourt Brace Jovanovich, 1987).
Jahn, R. and Dunne, B., 'Science of the subjective', *Journal of Scientific Exploration*, 1997; 11(2): 201-24.
Jahn, R. G. and Dunne, B. J., 'ArtREG: a random event experiment utilizing picture-preference feedback', *Journal of Scientific Exploration*, 2000; 14(3): 383-409.
Jahn, R. G. *et al.*, 'Correlations of random binary sequences with prestated operator intention: a review of a 12-year program', *Journal of Scientific Exploration*, 1997; 11: 345-67.
Jaynes, J., *The Origin of Consciousness in the Breakdown of the Bicameral Mind* (Harmondsworth: Penguin, 1990).
Jibu, M. and Yasue, K., 'A physical picture of Umezawa's quantum brain dynamics', in R. Trappl (ed.) *Cybernetics and Systems Research*, '*92* (Singapore: World Scientific, 1992).
Jibu, M. and Yasue, K., 'The basis of quantum brain dynamics', in K. H. Pribram (ed.) *Proceedings of the First Appalachian Conference on Behavioral Neurodynamics*, Radford University, September 17-20, 1992 (Radford: Center for Brain Research and Informational Sciences, 1992).
Jibu, M. and Yasue, K., 'Intracellular quantum signal transfer in Umezawa's quantum brain dynamics', *Cybernetic Systems International*, 1993; 1(24): 1-7.
Jibu, M. and Yasue, K., 'Introduction to quantum brain dynamics', in E. Carvallo (ed.), *Nature, Cognition and System III* (London: Kluwer Academic, 1993).
Jibu, M. and Yasue, K., 'The basis of quantum brain dynamics', in K. H. Pribram (ed.), *Rethinking Neural Networks: Quantum Fields and Biological Data* (Hillsdale, NJ: Lawrence Erlbaum, 1993): 121-45.

Jibu, M. *et al.*, 'Quantum optical coherence in cytoskeletal microtubules: implications for brain function', *BioSystems*, 1994; 32: 95-209.

Jibu, M. *et al.*, 'From conscious experience to memory storage and retrieval: the role of quantum brain dynamics and boson condensation of evanescent photons', *International Journal of Modern Physics B*, 1996; 10(13/14): 1735-54.

Kaplan, G. A. *et al.*, 'Social connections and morality from all causes and from cardiovascular disease: perspective evidence from eastern Finland, *American Journal of Epidemiology*, 1988; 128: 370-80.

Katchmer, G. A. Jr, *The Tao of Bioenergetics* (Jamaica Plain, Mass.: Yang's Martial Arts Association, 1993).

Katra, J. and Targ, R., *The Heart of the Mind: How to Experience God Without Belief* (Novato, Calif.: New World Library, 1999).

Kelly, M. O. (ed.), *The Fireside Treasury of Light: An Anthology of the Best in New Age Literature* (London: Fireside/Simon & Schuster, 1990).

Kiesling, S., 'The most powerful healing God and women can come up with', *Spirituality and Health*, 1999; winter: 22-7.

King, J. *et al.*, 'Spectral density maps of receptive fields in the rat's somatosensory cortex', in *Origins: Brain and Self Organization* (Hillsdale, NJ: Lawrence Erlbaum, 1995).

Klebanoff, N. A. and Keyser, P. K., 'Menstrual synchronization: a qualitative study', *Journal of Holistic Nursing*, 1996; 14(2): 98-114.

Krishnamurti and Bohm, D., *The Ending of Time: Thirteen Dialogues* (London: Victor Gollancz, 1991).

Lafaille, R. and Fulder, S. (eds), *Towards a New Science of Health* (London: Routledge, 1993).

Laszlo, E., *The Interconnected Universe: Conceptual Foundations of Transdisciplinary Unified Theory* (Singapore: World Scientific, 1995).

Laughlin, C. D., 'Archetypes, neurognosis and the quantum sea', *Journal of Scientific Exploration*, 1996; 10: 375-400.

Lechleiter, J. *et al.*, 'Spiral waves: spiral calcium wave propagation and annihilation in Xenopus laevis oocytes', *Science*, 1994; 263: 613.

Lee, R. H., *Bioelectric Vitality: Exploring the Science of Human Energy* (San Clemente, Calif.: China Healthways Institute, 1997).

Lessell, C. B., *The Infinitesimal Dose: The Scientific Roots of Homeopathy* (Saffron Walden: C. W. Daniel, 1994).

Levitt, B. B., *Electromagnetic Fields; A Consumer's Guide to the Issues and How to Protect Ourselves* (New York: Harcourt Brace, 1995).

Liberman, J., *Light: Medicine of the Future* (Santa Fe, NM: Bear, 1991).

Light, M., *Full Moon* (London: Jonathan Cape, 1999).

Liquorman, W. (ed.), *Consciousness Speaks: Conversations with Ramesh S. Balsekar* (Redondo Beach, Calif.: Advaita Press, 1992).

Lorimer, D. (ed.), *The Spirit of Science: From Experiment to Experiment* (Edinburgh: Floris, 1998).

Lovelock, J., *Gaia: A New look at Life on Earth* (Oxford: Oxford University Press, 1979).

Loye, D., *An Arrow Through Chaos* (Rochester, Vt.: Park Street Press, 2000).

Loye, D., *Darwin's Lost Theory of Love: A Healing Vision for the New Century* (Lincoln, Neb.: iUniverse.com, Inc., 2000).

Marcer, P. J., 'A quantum mechanical model of evolution and consciousness', *Proceedings of the 14th International Congress of Cybernetics*, Namur, Belgium, August 22-26, 1995, Symposium XI: 429-34.

Marcer, P. J., 'Getting quantum theory off the rocks', *Proceedings of the 14th International Congress of Cybernetics*, Namur, Belgium, August, 22-26, 1995, Symposium XI: 435-40.
Marcer, P. J., 'The jigsaw, the elephant and the lighthouse', *ANPA 20 Proceedings*, 1998, 93-102.
Marcer, P. J. and Schempp, W., 'Model of the neuron working by quantum holography', *Informatica*, 1997; 21: 519-34.
Marcer, P. J. and Schempp, W., 'The model of the prokaryote cell as an anticipatory system working by quantum holography', *Proceedings of the First International Conference on Computing Anticipatory Systems*, Liège, Belgium, August 11-15, 1997.
Marcer, P. J. and Schempp, W., 'The model of the prokaryote cell as an anticipatory system working by quantum holography', *International Journal of Computing Anticipatory Systems*, 1997; 2: 307-15.
Marcer, P. J. and Schempp, W., 'The brain as a conscious system', *International Journal of General Systems*, 1998; 27(1-3): 231-48.
Mason, K., *Medicine for the Twenty-First Century: The Key to Healing with Vibrational Medicine* (Shaftesbury, Dorset: Element, 1992).
Master, F. J., 'A study of homeopathic drugs in essential hypertension', *British Homoeopathic Journal*, 1987; 76: 120-1.
Matthews, D. A., *The Faith Factor: Proof of the Healing Power of Prayer* (New York: Viking, 1998).
Matthews, R., 'Does empty space put up the resistance?', *Science*, 1994; 263: 613.
Matthews, R., 'Nothing like a vacuum', *New Scientist*, February 25, 1995: 30-33.
Matthews, R., 'Vacuum power could clean up', *Sunday Telegraph*, December 31, 1995.
McKie, R., 'Scientists switch to warp drive as sci-fi energy source is tapped', *Observer*, January 7, 2001.
McMoneagle, J., *Mind Trek: Exploring Consciousness, Time, and Space through Remote Viewing* (Charlottesville, Va.: Hampton Road, 1997).
McMoneagle, J., *The Ultimate Time Machine: A Remote Viewer's Perception of Time, and Predictions for the New Millennium* (Charlottesville, Va.: Hampton Road, 1998).
Miller, R. N., 'Study on the effectiveness of remote mental healing', *Medical Hypotheses*, 1982; 8: 481-90.
Milonni, P.W., 'Semi-classical and quantum electrodynamical approaches in nonrelativistic radiation theory', *Physics Reports*, 1976; 25:1-8.
Mims, C., *When We Die* (London: Robinson, 1998).
Mitchell, E., *The Way of the Explorer: An Apollo Astronaut's Journey Through the Material and Mystical Worlds* (London: G. P. Putnam, 1996).
Mitchell, E., 'Nature's mind', keynote address to CASYS 1999: Third International Conference on Computing Anticipatory Systems, August 8, 1999 (Liège, Belgium: CHAOS, 1999).
Moody, R. A. Jr, *The Light Beyond* (New York: Bantam, 1989).
Morris, R. L. *et al.*, 'Comparison of the sender/no sender condition in the ganzfeld', in N. L. Zingrone (ed.), *Proceedings of Presented Papers*, 38th Annual Parapsychological Association Convention (Fairhaven, Mass.: Parapsychological Association).
Moyers, W., *Healing and the Mind* (London: Aquarian/Thorsons, 1993).
Murphy, M., *The Future of the Body: Explorations into the Further Evolution of Human Nature* (Los Angeles: Jeremy P. Tarcher, 1992).
Nash, C. B., 'Psychokinetic control of bacterial growth?', *Journal of the American Society for Psychical Research*, 1982; 51: 217-21.

Nelson, R. D., 'Effect size per hour: a natural unit for interpreting anomalous experiments', Princeton Engineering Anomalies Research, School of Engineering/Applied Science, *PEAR Technical Note* 94003, September 1994.

Nelson, R., 'FieldREG measurements in Egypt: resonant consciousness at sacred sites', Princeton Engineering Anomalies Research, School of Engineering/Applied Science, *PEAR Technical Note* 97002, July 1997.

Nelson, R., 'Wishing for good weather: a natural experiment in group consciousness', *Journal of Scientific Exploration*, 1997; 11(1): 47-58.

Nelson, R. D., 'The physical basis of intentional healing systems', Princeton Engineering Anomalies Research, School of Engineering/Applied Science, *PEAR Technical Note* 99001, January 1999.

Nelson, R. D. and Radin, D. I., 'When immovable objections meet irresistible evidence', *Behavioral and Brain Sciences*, 1987; 10: 600-601.

Nelson, R. D. and Radin, D. I., 'Statistically robust anomalous effects: replication in random event generator experiments', in L. Henckle and R. E. Berger (eds) *RIP 1988* (Metuchen, NJ: Scarecrow Press, 1989).

Nelson, R. D. and Mayer, E. L., 'A FieldREG application at the San Francisco Bay Revels, 1996', as reported in D. Radin, *The Conscious Universe: The Scientific Truth of Psychic Phenomena* (New York: HarperEdge, 1997): 171.

Nelson, R. D. *et al.*, 'A linear pendulum experiment: effects of operator intention on damping rate', *Journal of Scientific Exploration*, 1994; 8(4): 471-89.

Nelson, R. D. *et al.*, 'FieldREG anomalies in group situations', *Journal of Scientific Exploration*, 1996; 10(1): 111-41.

Nelson, R. D. *et al.*, 'FieldREGII: consciousness field effects: replications and explorations', *Journal of Scientific Exploration*, 1998; 12(3): 425-54.

Nelson, R. *et al.*, 'Global resonance of consciousness: Princess Diana and Mother Teresa', *Electronic Journal of Parapsychology*, 1998.

Ness, R. M. and Williams, G. C., *Evolution and Healing: The New Science of Darwinian Medicine* (London: Phoenix, 1996).

Nobili, R., 'Schrödinger wave holography in brain cortex', *Physical Review A*, 1985; 32: 3618-26.

Nobili, R., 'Ionic waves in animal tissues', *Physical Review A*, 1987; 35:1901-22.

Nuland, S. B., *How We Live: The Wisdom of the Body* (London: Vintage, 1997).

Odier, M., 'Psycho-physics: new developments and new links with science', paper presented at the Fourth Biennial European Meeting of the Society for Scientific Exploration, Valencia, October 9-11, 1998.

Ornstein, R. and Swencionis, C. (eds), *The Healing Brain: A Scientific Reader* (New York: Guilford Press, 1990).

Orme-Johnson, W. *et al.*, 'International peace project in the Middle East: the effects of the Maharishi technology of the unified field', *Journal of Conflict Resolution*, 1988; 32: 776-812.

Ostrander, S. and Schroeder, L., *Psychic Discoveries* (New York: Marlowe, 1997).

Pascucci, M. A. and Loving, G. L., 'Ingredients of an old and healthy life: centenarian perspective', *Journal of Holistic Nursing*, 1997; 15:199-213.

Penrose, R., *The Emperor's New Mind: Concerning Computers, Minds and The Laws of Physics* (Oxford: Oxford University Press, 1989).

Penrose, R., *Shadows of the Mind: A Search for the Missing Science of Consciousness* (London: Vintage, 1994).

Peoc'h, R., 'Psychokinetic action of young chicks on the path of an illuminated source', *Journal of Scientific Exploration*, 1995; 9(2): 223.
Pert, C., *Molecules of Emotion: Why You Feel the Way You Feel* (London: Simon & Schuster, 1998).
Pinker, S., *How the Mind Works* (Harmondsworth: Penguin, 1998).
Pomeranz, B. and Stu, G., *Scientific Basis of Acupuncture* (New York: Springer-Verlag, 1989).
Popp, F. A., 'Biophotonics: a powerful tool for investigating and understanding life', in H. P. Dürr, F. A. Popp and W. Schommers (eds), *What is Life?* (Singapore: World Scientific), in press.
Popp, F. A. and Chang, Jiin-Ju, 'Mechanism of interaction between electromagnetic fields and living systems.' *Science in China (Series C)*, 2000; 43: 507-18.
Popp, F. A., Gu, Qiao and Li, Ke-Hsueh, 'Biophoton emission: experimental background and theoretical approaches', *Modern Physics Letters B*, 1994; 8(21/22): 1269-96.
Powell, A. E., *The Etheric Double and Allied Phenomena* (London: Theosophical Publishing House, 1979).
Pribram, K. H., *Languages of the Brain: Experimental Paradoxes and Principles in Neuropsychology* (New York: Brandon House, 1971).
Pribram, K. H., *Brain and Perception: Holonomy and Structure in Figural Processing* (Hillsdale, NJ: Lawrence Erlbaum, 1991).
Pribram, K. H. (ed.), *Rethinking Neural Networks: Quantum Fields and Biological Data*, Proceedings of the First Appalachian Conference on Behavioral Neurodynamics (Hillsdale, NJ: Lawrence Erlbaum, 1993).
Pribram, K. H., 'Autobiography in anecdote: the founding of experimental neuropsychology', in R. Bilder (ed.), *The History of Neuroscience in Autobiography* (San Diego, Calif.: Academic Press, 1998): 306-49.
Puthoff, H., 'Toward a quantum theory of life process', unpublished, 1972.
Puthoff, H. E., 'Experimental psi research: implication for physics', in R. Jahn (ed.), *The Role of Consciousness in the Physical World*, AAA Selected Symposia Series (Boulder, Colo.: Westview Press, 1981).
Puthoff, H. E., 'ARV (associational remote viewing) applications', in R. A. White and J. Solfvin (eds), *Research in Parapsychology 1984*, Abstracts and Papers from the 27th Annual Convention of the Parapsychological Association, 1984 (Metuchen, NJ: Scarecrow Press, 1985).
Puthoff, H., 'Ground state of hydrogen as a zero-point-fluctuation-determined state', *Physical Review D*; 1987, 35: 3266.
Puthoff, H. E., 'Gravity as a zero-point-fluctuation force', *Physical Review A*, 1989; 39(5): 2333-42.
Puthoff, H. E., 'Source of vacuum electromagnetic zero-point energy', *Physical Review A*, 1989; 40: 4857-62.
Puthoff, H., 'Where does the zero-point energy come from?', *New Scientist*, December 2, 1989: 36.
Puthoff, H., 'Everything for nothing', *New Scientist*, July 28, 1990: 52-5.
Puthoff, H. E., 'The energetic vacuum: implications for energy research', *Speculations in Science and Technology*, 1990; 13(4): 247.
Puthoff, H. E., 'Reply to comment', *Physical Review A*, 1991; 44: 3385-86.
Puthoff, H. E., 'Comment', *Physical Review A*, 1993; 47(4): 3454-55.

Puthoff, H. E., 'CIA-initiated remote viewing program at Stanford Research Institute', *Journal of Scientific Exploration*, 1996; 10(1): 63-76.

Puthoff, H., 'SETI, the velocity-of-light limitation, and the Alcubierre warp drive: an integrating overview', *Physics Essays*, 1996; 9(1): 156-8.

Puthoff, H., 'Space propulsion: can empty space itself provide a solution?', *Ad Astra*, 1997; 9(1): 42-6.

Puthoff, H. E., 'Can the vacuum be engineered for spaceflight applications? Overview of theory and experiments', *Journal of Scientific Exploration*, 1998; 12(10): 295-302.

Puthoff, H., 'On the relationship of quantum energy research to the role of metaphysical processes in the physical world', 1999, posted on www. meta-list.org.

Puthoff, H. E., 'Polarizable-vacuum (PV) representation of general relativity', September 1999, posted on Los Alamos archival website www.lanl.gov/worldview/.

Puthoff, H., 'Warp drive win? Advanced propulsion', *Jane's Defence Weekly*, July 26, 2000: 42-6.

Puthoff, H. and Targ, R., 'Physics, entropy, and psychokinesis', in L. Oteri (ed.), *Quantum Physics and Parapsychology*, Proceedings of an International Conference held in Geneva, Switzerland, August 26-27, 1974.

Puthoff, H. and Targ, R., 'A perceptual channel for information transfer over kilometer distances: historical perspective and recent research', *Proceedings of the IEEE*, 1976; 64(3): 329-54.

Puthoff, H. and Targ, R., 'Final report, covering the period January 1974-February 1975', December 1, 1975, *Perceptual Augmentation Techniques*, Part I and II, SRI Projects 3183, classified documents until July 1995.

Puthoff, H. E. *et al.*, 'Calculator-assisted PSI amplication II: use of the sequential-sampling technique as a variable-length majority vote code', in D. H. Weiner and D. I. Radin (eds), *Research in Parapsychology 1985*, Abstracts and Papers from the 28th Annual Convention of the Parapsychological Association, 1985 (Metuchen, NJ: Scarecrow Press, 1986).

Radin, D. I., *The Conscious Universe: The Scientific Truth of Psychic Phenomena* (New York: HarperEdge, 1997).

Radin, D. and Ferrari, D. C., 'Effect of consciousness on the fall of dice: a meta-analysis', *Journal of Scientific Exploration*, 1991; 5: 61-84.

Radin, D. I. and May, E. C., 'Testing the intuitive data sorting model with pseudorandom number generators: a proposed method', in D. H. Weiner and R. G. Nelson (eds), *Research in Parapsychology 1986* (Metuchen, NJ: Scarecrow Press, 1987): 109-11.

Radin, D. and Nelson, R., 'Evidence for consciousness-related anomalies in random physical systems', *Foundations of Physics*, 1989; 19(12): 1499-514.

Radin, D. and Nelson, R., 'Meta-analysis of mind-matter interaction experiments, 1959-2000', www.boundaryinstitute.org.

Radin, D. I., Rebman, J. M. and Cross, M. P., 'Anomalous organization of random events by group consciousness: two exploratory experiments', *Journal of Scientific Exploration*, 1996: 143-68.

Randles, J., *Paranormal Source Book: The Comprehensive Guide to Strange Phenomena Worldwide* (London: Judy Piatkus, 1999).

Reanney, D., *After Death: A New Future for Human Consciousness* (New York: William Morrow, 1991).

Reed, D. *et al.*, 'Social networks and coronary heart disease among Japanese men in Hawaii', *American Journal of Epidemiology*, 1983; 117: 384-96.

Reilly, D., 'Is evidence for homeopathy reproducible?', *Lancet*, 1994; 344: 1601-06.
Robinson, C. A. Jr, 'Soviets push for beam weapon', *Aviation Week*, May 2, 1977.
Rosenthal, R., 'Combining results of independent studies', *Psychological Bulletin*, 1978; 85: 185-93.
Rubik, B., *Life at the Edge of Science* (Oakland, Calif.: Institute for Frontier Science, 1996).
Rueda, A. and Haisch, B., 'Contribution to inertial mass by reaction of the vacuum to accelerated motion', *Foundations of Physics*, 1998; 28(7): 1057-107.
Rueda, A., Haisch, B. and Cole, D. C., 'Vacuum zero-point-field pressure instability in astrophysical plasmas and the formation of cosmic voids', *Astrophysical Journal*, 1995; 445: 7-16.
Sagan, Carl, *Contact* (London: Orbit, 1997).
Sanders, P. A. Jr, *Scientific Vortex Information: An M.I.T.-Trained Scientist's Program* (Sedona, Ariz.: Free Soul, 1992).
Sardello, R., 'Facing the world with soul: disease and the reimagination of modern life', *Aromatherapy Quarterly*, 1992; 35: 13-7.
Schiff, M., *The Memory of Water: Homeopathy and the Battle of Ideas in the New Science* (London: Thorsons, 1995).
Schiff, M., 'On consciousness, causation and evolution', *Alternative Therapies*, July 1998; 4(4): 82-90.
Schiff, M. and Braud, W., 'Distant intentionality and healing: assessing the evidence', *Alternative Therapies*, 1997; 3(6): 62-73.
Schlitz, M. J. and Honorton, C., 'Ganzfeld psi performance within an artistically gifted population', *Journal of the American Society for Psychical Research*, 1992; 86(2): 83-98.
Schlitz, M. and LaBerge, S., 'Autonomic detection of remote observation: two conceptual replications', in D. J. Bierman (ed.) *Proceedings of Presented Papers*, 37th Annual Parapsychological Association Convention, Amsterdam (Fairhaven, Mass.: Parapsychological Association, 1994): 352-60.
Schlitz, M. J. and LaBerge, S., 'Covert observation increases skin conductance in subjects unaware of when they are being observed: a replication', *Journal of Parapsychology*, 1997; 61: 185-96.
Schmidt, H., 'Quantum processes predicted?', *New Scientist*, October 16, 1969: 114-15.
Schmidt, H., 'Mental influence on random events', *New Scientist and Science Journal*, June 24, 1971; 757-8.
Schmidt, H., 'Toward a mathematical theory of psi', *Journal of the American Society for Psychical Research*, 1975; 69(4): 301-319.
Schmidt, H., 'Additional affect for PK on pre-recorded targets', *Journal of Parapsychology*, 1985; 49: 229-44.
Schnabel, J., *Remote Viewers: The Secret History of America's Psychic Spies* (New York: Dell, 1997).
Schwarz, G. *et al.*, 'Accuracy and replicability of anomalous after-death communication across highly skilled mediums', *Journal of the Society for Psychical Research*, 2001; 65: 1-25.
Scott-Mumby, K., *Virtual Medicine: A New Dimension in Energy Healing* (London: Thorsons, 1999).
Senekowitsch, F. *et al.*, 'Hormone effects by CD record/replay', *FASEB Journal*, 1995; 9: A392 (abs).

Sharma, H., 'Lessons from the placebo effect', *Alternatives Therapies in Clinical Practice*, 1997; 4(5): 179-84.

Shealy, C. N., *Sacred Healing: The Curing Power of Energy and Spirituality* (Boston, Mass.: Element, 1999).

Sheldrake, R., *A New Science of Life: The Hypothesis of Formative Causation* (London: Paladin, 1987).

Sheldrake, R., 'An experimental test of the hypothesis of formative causation', *Rivista Di Diologia-Biology Forum*, 1992; 85(3/4): 431-3.

Sheldrake, R., *The Presence of the Past: Morphic Resonance and the Habits of Nature* (London: HarperCollins, 1994).

Sheldrake, R., *The Rebirth of Nature: The Greening of Science and God* (Rochester, Vt.: Park Street Press, 1994).

Sheldrake, R., *Seven Experiments That Could Change the World: A Do-It-Yourself Guide to Revolutionary Science* (London: Fourth Estate, 1995).

Sheldrake, R., 'Experimenter effects in scientific research: how widely are they neglected?', *Journal of Scientific Exploration*, 1998; 12(1): 73-8.

Sheldrake, R., 'The sense of being stared at: experiments in schools', *Journal of the Society for Psychical Research*, 1998; 62: 311-23.

Sheldrake, R., 'Could experimenter effects occur in the physical and biological sciences?', *Skeptical Inquirer*, 1998; 22(3): 57-8.

Sheldrake, R., *Dogs that Know When Their Owners Are Coming Home and Other Unexplained Powers of Animals* (London: Hutchinson, 1999).

Sheldrake, R., 'How widely is blind assessment used in scientific research?', *Alternative Therapies*, 1999; 5(3): 88-91.

Sheldrake, R., 'The "sense of being stared at" confirmed by simple experiments', *Biology Forum*, 1999; 92: 53-76.

Sheldrake, R. and Smart, P. ,'A dog that seems to know when his owner is returning: preliminary investigations', *Journal of the Society for Psychical Research*, 1998; 62: 220-32.

Sheldrake, R. and Smart, P. ,'Psychic pets: a survey in north-west England', *Journal of the Society for Psychical Research*, 1997; 68: 353-64.

Sicher, F., Targ, E. *et al.*, 'A randomized double-blind study of the effect of distant healing in a population with advanced AIDS: report of a small scale study', *Western Journal of Medicine*, 1998; 168(6): 356-63.

Sigma, R., *Ether-Technology: A Rational Approach to Gravity Control* (Kempton, Ill.: Adventures Unlimited Press, 1996).

Silver, B. L., *The Ascent of Science* (London: Solomon Press/Oxford University Press, 1998).

Snel, F. W. J., 'PK Influence on malignant cell growth research', *Letters of the University of Utrecht*, 1980; 10: 19-27.

Snel, F. W. J. and Hol, P. R., 'Psychokinesis experiments in casein induced amyloidosis of the hamster', *Journal of Parapsychology*, 1983; 5(1): 51-76.

Snellgrove, B., *The Unseen Self: Kirlian Photography Explained* (Saffron Walden: C. W. Daniel, 1996).

Solfvin, G. F., 'Psi expectancy effects in psychic healing studies with malarial mice', *European Journal of Parapsychology*, 1982; 4(2): 160-97.

Stapp, H., 'Quantum Theory and the Role of Mind in Nature; *Foundations of Physics*, 2001; 31:1465-99.

Squires, E. J., 'Many views of one world – an interpretation of quantum theory', *European Journal of Physics*, 1987; 8: 173.
Stanford, R., '"Associative activation of the unconscious" and "visualization" as methods for influencing the PK target', *Journal of the American Society for Psychical Research*, 1969; 63: 338-51.
Stevenson, I., *Children Who Remember Previous Lives* (Charlottesville, Va.: University Press of Virginia, 1987).
Stillings, D., 'The historical context of energy field concepts', *Journal of the U.S. Psychotronics Association*, 1989; 1(2): 4-8.
Talbot, M., *The Holographic Universe* (London: HarperCollins, 1996).
Targ, E., 'Evaluating distant healing: a research review', *Alternative Therapies*; 1997; 3(6): 74-8.
Targ, E., 'Research in distant healing intentionality is feasible and deserves a place on our national research agenda', *Alternative Therapies*, 1997; 3(6): 92-6.
Targ, R. and Harary, K., *The Mind Race: Understanding and Using Psychic Abilities* (New York: Villard, 1984).
Targ, R. and Katra, J., *Miracles of Mind: Exploring Nonlocal Consciousness and Spiritual Healing* (Novato, Calif.: New World Library, 1999).
Targ, R. and Puthoff, H., *Mind-Reach: Scientists Look at Psychic Ability* (New York: Delacorte Press, 1977).
Tart, C., 'Physiological correlates of psi cognition', *International Journal of Parapsychology* 1963; 5: 375-86.
Tart, C., 'Psychedelic experiences associated with a novel hypnotic procedure: mutual hypnosis', in C. T. Tart (ed.) *Altered States of Consciousness* (New York: John Wiley, 1969): 291-308.
'"The truth about psychics" - what the scientists are saying ...', *The Week*, March 17, 2001.
Thomas, Y., 'Modulation of human neutrophil activation by "electronic" phorbol myristate acetate (PMA)', *FASEB Journal*, 1996; 10: A1479.
Thomas, Y. *et al.*, 'Direct transmission to cells of a molecular signal (phorbol myristate acetate, PMA) via an electronic device, *FASEB Journal*, 1995; 9: A227.
Thompson Smith, A., *Remote Perceptions: Out-of-Body Experiences, Remote Viewing and Other Normal Abilities* (Charlottesville, Va.: Hampton Road, 1998).
Thurnell-Read, J., *Geopathic Stress: How Earth Energies Affect Our Lives* (Shaftesbury, Dorset: Element, 1995).
Tiller, W. A., 'What are subtle energies', *Journal of Scientific Exploration*, 1993; 7(3): 293-304.
Tsong, T. Y., 'Deciphering the language of cells', *Trends in Biochemical Sciences*, 1989; 14: 89-92.
Utts, J., 'An assessment of the evidence for psychic functioning', *Journal of Scientific Exploration*, 1996; 10: 3-30.
Utts, J. and Josephson, B. D., 'The paranormal: the evidence and its implications for consciousness' (originally published in slighter shorter form), *New York Times Higher Education Supplement*, April 5, 1996: v.
Vaitl, D., 'Anomalous effects during Richard Wagner's operas', paper presented at the Fourth Biennial European Meeting of the Society for Scientific Exploration, Valencia, Spain, October 9-11, 1998.
Vincent, J. D., *The Biology of Emotions*, J. Hughes (trans) (Oxford: Basil Blackwell, 1990).

Vithoulkas, G., *A New Model for Health and Disease* (Mill Valley, Calif.: Health and Habitat, 1991).
Wallach, H., 'Consciousness studies: a reminder', paper presented at the Fourth Biennial European Meeting of the Society for Scientific Exploration, Valencia, Spain, October 9-11, 1998.
Walleczek, J., 'The frontiers and challenges of biodynamics research', in Jan Walleczek (ed.), *Self-organized Biological Dynamics and Nonlinear Control: Toward Understanding Complexity, Chaos and Emergent Function in Living Systems* (Cambridge: Cambridge University Press, 2000).
Weiskrantz, L., *Consciousness Lost and Found: A Neuropsychological Exploration* (Oxford: Oxford University Press, 1997).
Wezelman, R. *et al.*, 'An experimental test of magic: healing rituals', *Proceedings of Presented Papers*, 37th Annual Parapsychological Association Convention, San Diego, Calif. (Fairhaven, Mass.: Parapsychological Association, 1996): 1-12.
Whale, J., *The Catalyst of Power: The Assemblage Point of Man* (Forres, Scotland: Findhorn Press, 2001).
White, M., *The Science of the X-Files* (London: Legend, 1996).
'Why atoms don't collapse', *New Scientist*, July 9, 1997: 26.
Williamson, T., 'A sense of direction for dowsers?', *New Scientist*, March 19, 1987: 40-3.
Wolf, F. A., *The Body Quantum: The New Physics of Body Mind, and Health* (London: Heinemann, 1987).
Wolfe, T., *The Right Stuff* (London: Picador, 1990).
Youbicier-Simo, B. J. *et al.*, 'Effects of embryonic bursectomy and *in ovo* administration of highly diluted bursin on an adrenocorticotropic and immune response to chickens', *International Journal of Immunotherapy*, 1993; IX: 169-80.
Zeki, S., *A Vision of the Brain* (Oxford: Blackwell Scientific, 1993).
Zohar, D. *The Quantum Self* (London: Flamingo, 1991).

國家圖書館出版品預行編目資料

療癒場：探索意識、宇宙能量場與超自然現象 / 琳恩.麥塔嘉(Lynne McTaggart)著；蔡承志譯. -- 三版. -- 臺北市：商周出版：家庭傳媒城邦分公司發行, 2014.01
面； 公分. -- (Open mind ; 31)
譯自：The field : the quest for the secret force of the universe
ISBN 978-986-272-503-0(平裝)

1.另類療法 2.心身醫學

418.995 102024525

Open Mind 31

療癒場：探索意識、宇宙能量場與超自然現象

作　　者／琳恩・麥塔嘉（Lynne McTaggart）
譯　　者／蔡承志
責任編輯／羅珮芳
版　　權／黃淑敏、吳亭儀、邱珮芸
行銷業務／周佑潔、黃崇華、張媖茜
總 編 輯／黃靖卉
總 經 理／彭之琬
事業群總經理／黃淑貞
發 行 人／何飛鵬
法律顧問／元禾法律事務所 王子文律師
出　　版／商周出版
台北市104民生東路二段141號9樓
電話：(02) 25007008 傳真：(02)25007759
E-mail:bwp.service@cite.com.tw
Blog：http://bwp25007008.pixnet.net/blog
發　　行／英屬蓋曼群島商家庭傳媒股份有限公司城邦分公司
台北市中山區民生東路二段141號2樓
書虫客服服務專線：02-25007718、02-25007719
24小時傳真服務：02-25001990、02-25001991
服務時間：週一至週五9：30-12：00；13：30-17：00
劃撥帳號：19863813；戶名：書虫股份有限公司
讀者服務信箱E-mail：service@readingclub.com.tw
城邦讀書花園：www.cite.com.tw
香港發行所／城邦（香港）出版集團有限公司
香港灣仔駱克道193號東超商業中心1F；E-mail：hkcite@biznetvigator.com
電話：(852)25086231 傳真：(852)25789337
馬新發行所／城邦（馬新）出版集團【Cite (M) Sdn Bhd】
41, Jalan Radin Anum, Bandar Baru Sri Petaling,
57000 Kuala Lumpur, Malaysia.
電話：(603) 90578822 傳真：(603) 90576622
email:cite@cite.com.my
封面設計／廖韡
內頁排版／陳健美
印　　刷／韋懋實業股份有限公司
經 銷 商／聯合發行股份有限公司
地　　址：新北市231新店區寶橋路235巷6弄6號2樓
電　　話：(02) 2917-8022 傳真：(02) 2911-0053

■2006年10月25日初版
■2021年2月5日四版
定價350元

Printed in Taiwan

城邦讀書花園
www.cite.com.tw

 ISBN 978-986-272-503-0

廣　告　回　函
北區郵政管理登記證
北臺字第000791號
郵資已付，免貼郵票

104　台北市民生東路二段141號2樓

英屬蓋曼群島商家庭傳媒股份有限公司城邦分公司　收

請沿虛線對摺，謝謝！

書號：BU7031X	書名：療癒場（四版）	編碼：

請於此處用膠水黏貼

商周出版

讀者回函卡

感謝您購買我們出版的書籍！請費心填寫此回函卡，我們將不定期寄上城邦集團最新的出版訊息。

不定期好禮相贈！
立即加入：商周出版
Facebook 粉絲團

姓名：＿＿＿＿＿＿＿＿＿＿ 性別：☐男 ☐女

生日：西元＿＿＿＿年＿＿＿＿月＿＿＿＿日

地址：＿＿＿＿＿＿＿＿＿＿

聯絡電話：＿＿＿＿＿＿＿＿ 傳真：＿＿＿＿＿＿＿＿

E-mail ：

學歷：☐ 1. 小學 ☐ 2. 國中 ☐ 3. 高中 ☐ 4. 大學 ☐ 5. 研究所以上

職業：☐ 1. 學生 ☐ 2. 軍公教 ☐ 3. 服務 ☐ 4. 金融 ☐ 5. 製造 ☐ 6. 資訊
☐ 7. 傳播 ☐ 8. 自由業 ☐ 9. 農漁牧 ☐ 10. 家管 ☐ 11. 退休
☐ 12. 其他＿＿＿＿＿＿＿＿

您從何種方式得知本書消息？

☐ 1. 書店 ☐ 2. 網路 ☐ 3. 報紙 ☐ 4. 雜誌 ☐ 5. 廣播 ☐ 6. 電視
☐ 7. 親友推薦 ☐ 8. 其他＿＿＿＿＿＿＿＿

您通常以何種方式購書？

☐ 1. 書店 ☐ 2. 網路 ☐ 3. 傳真訂購 ☐ 4. 郵局劃撥 ☐ 5. 其他＿＿＿＿

您喜歡閱讀那些類別的書籍？

☐ 1. 財經商業 ☐ 2. 自然科學 ☐ 3. 歷史 ☐ 4. 法律 ☐ 5. 文學
☐ 6. 休閒旅遊 ☐ 7. 小說 ☐ 8. 人物傳記 ☐ 9. 生活、勵志 ☐ 10. 其他

對我們的建議：＿＿＿＿＿＿＿＿＿＿

請於此處用膠水黏貼

療癒場｜探索意識、宇宙能量場與超自然現象

The Field: The Quest for the Secret Force of the Universe

Lynne McTaggart
琳恩．麥塔嘉

蔡承志——譯